이낙연의 언어

형용사는 명사의 적이다
이낙연의 언어

초판 3쇄 발행 | 2020년 5월 4일

지 은 이 | 유종민
펴 낸 이 | 이성범
펴 낸 곳 | 도서출판 타래
표지디자인 | 김인수
본문디자인 | 권정숙

주소 | 서울시 영등포구 양평로30길 14, 911호
　　　(양평동 6가 세종앤까뮤스퀘어)
전화 | (02)2277-9684~5 | 팩스 | (02)323-9686
전자우편 | taraepub@nate.com
출판등록 | 제2012-000232호

ISBN 978-89-8250-125-8 (13320)

* 이 책은 저작권법에 의해
  한국 내에서 보호를 받는 저작물이므로
  무단 전재와 무단 복제를 금합니다.
* 값은 뒤표지에 있습니다.
* 파본은 구입한 서점에서 교환해 드립니다.

형용사는 명사의 적이다

이낙연의 언어

유종민 지음

도서출판 타래

서 문

5할은 기자, 5할은 정치인

　이 책은 이낙연 전 국무총리에 대한 책이 아니다. 정확히 말하면 이 전 총리의 '언어'에 대한 책이다. 그는 최근 여러 여론조사에서 수 개월째 선호도 1위를 달리고 있다. 소위 '핫한' 정치인이다. 일각에서는 잘나가는 정치인에 편승하는 책이라고 치부할 수 있지만 우리 독자는 그렇게 우매하지 않고 그렇게 한다고 읽어줄 리도 없다.
　이 책은 그의 언어 내공을 밝히는 것이 목적이기 때문이다.

　2000년 그는 국회의원에 당선되면서 20년 이상 정치생활을 해온, 뼛속까지 정치인이지만 정치인이기에 앞서 21년 동안 기자였다. 10년이 지나면 직업은 사람의 일부가 된다고 할 수 있다. 그는 20년 동안 기자로, 또 다른 20년을 정치인으로 살아왔으니 그의 인생 5할은 기자이고 나머지 5할은 정치인이라고 해도 무방하다. 또한 내리 4선 의원에 다섯 번의 대변인직을 수행했다. 정당의 입으로 국민 앞에 섰다.

언어 내공

 20년 동안 기자생활로 다져진 글쓰기와 20년 동안 정치생활을 하면서 국민의 입이 되어준 말하기는 어떤 모습일까? 실제로 그는 문재인 정부 초대 국무총리로 지명된 후 수 개월 동안 존재감이 드러나지 않았다. 대통령중심제에서 국무총리는 별로 주목받는 자리가 아니지만 총리가 된 해에 국회의 대 정부 질문에서 그 존재감이 폭발했다. 날선 야당의원들의 질문 세례를 우아한 촌철살인 화법으로 막아내 화제가 된 것이다. 기존 기성정치에서 볼 수 없던 장면이다. 서로 물고 뜯고 깎아내리는 대 정부 질문에서 우아하게 빗겨가지만 할 말은 다하는 그의 화법은 생소했고 이질적이었다.

 그는 21년 동안의 기자생활과 다섯 번의 대변인 역할로 말과 글에 능통하다. 단순히 '말 잘한다'는 수준이 아니었다. 그는 자상한 대학생 같다가도 엄히 꾸짖는 노교수와 같았다. 때로는 강하게 밀어붙이고 때로는 허무하다 할 정도로 힘을 쏙 뺐다. 생소한 느낌마저 주는 그의 언어는 능숙한 음악가가 흥에 겨워 즉흥적인 변주를 가미한 듯했다.
 이것은 하루 아침에 얻은 '기술'이 아니다. '내공'이다. 며칠 배운다고 얻는 것이 아니다. 영어 단어로 보면 'extraordinary'에 가깝다. 'ordinary(평범)'을 'extra(뛰어넘는)'는 '비범함'을 지니고 있었다.

총리의 언어

이에 나는 2017년 〈총리의 언어〉라는 책을 펴냈다. 한 명의 언어 내공이 어떻게 완성되는지 알고 싶었기 때문이다. 그러다보니 그가 어떤 인생길을 걸어왔는지 들여다보아야 했다. 또한 그동안 해온 말이나 글도 살펴보아야 했다.

〈총리의 언어〉가 나온 지 3년이 지났다. 그동안 많은 말과 글이 있었다. 〈총리의 언어〉에서는 이낙연이라는 인물 속에서 그의 말과 글을 살펴보았다면 이번에 개정 증보판으로 나온 〈이낙연의 언어〉는 그의 언어에 더 무게를 두어 체계화하였다. 단순히 '이낙연'으로서가 아니라 20년 동안 기자로 단련된 '글쓰기'와 20년 동안 정치인으로 훈련된 사람의 '말하기'를 밝히고자 했다.

이순신, 볼테르, 한비자에게 묻다

그래서 이 책은 크게 4부로 나뉘어 있다. 1부 '쓰기의 언어'는 이순신, 2부 '말하기의 언어'는 볼테르, 3부 '생각의 언어'는 한비자를 중심으로 이낙연의 말과 글을 들여다본다.

특히 1부에서는 성웅 이순신 장군의 '난중일기'를 중심으로 김훈 작가의 저서 〈연필로 쓴다〉에 등장한 글을 많이 인용했다. 이 전 총리의 글은 이순신 장군의 글과 많이 닮았다. 〈난중일기〉의 문장 속에는 단어보다 침묵이 더 많이 들어 있다. 짧고 단호하고 공정하다. 이순신 장군은 군량미를 훔친 자를 처벌한 글을 쓰면서 "군량미를 훔쳤다. 목을 베었다"가 끝이다. 목이 떨어져 나간 자에 대한 연민이나 감정은 전혀 안 보인다. 공과 사가 분명하며 사실과 감정이 엄격히 구분되어 있다. 쌀 한 되까지 적는 디테일이 있고 치열할 정도로 팩트에 충실하다. 20년 넘게 기자생활을 한 사람이 글을 쓴다면 당연히 이렇게 써야 했다. 이순신 장군의 관점에서 '이낙연의 글쓰기'를 분석했다.

2부에서는 '시대의 달변가' 볼테르를 중심으로 '이낙연의 말하기'를 분석한다. 볼테르의 대표적 명언 중에 "나는 당신의 의견에 동의하지 않는다. 그러나 당신이 그것을 말할 수 있는 권리를 위해 죽을 때까지 싸울 것이다."가 있다. 언론의 자유와 관용의 정신을 강조한 말이다.

20년 넘게 언론계에 몸 담았던 이 전 총리에게는 각별한 문장이다. 볼테르는 '촌철살인'의 화법으로 당시 정치와 종교의 폐단을 지적했다. 살아있는 권력에 밉보인 그는 수감생활과 망명이 아닌 망명생활을 보내야만 했다. 그 와중에 시대의 역작 〈칸디드〉를 썼는데 이 책을 읽은 아나톨 프랑스는 "볼테르의 손 끝에서 펜은 달리며 웃는다."라고 말하기도 했다. 이것은 말을 옮기면 그대로 글이 된다는 이 전 총리의 화법과 닿아 있었다. 또한 볼테르는 "형용사는 명사의 적이다."라는 말을 남겼다. 정제되고 상대방의 허를 찌르는 이 전 총리의 화법이 그랬다.

3부에서는 한비자의 세계관으로 '이낙연의 생각'을 추적한다. 이 전 총리는 국무회의 때 한비자의 말을 인용한 것으로 유명하다. 즉 "정곡을 찌르면 목숨을 잃고 정곡에서 벗어나면 자리를 잃을 것이다."라는 말로 목숨과 자리 중 하나는 내걸고 일하자는 말로 알려져 있다. 중용의 미덕을 강조한 것인데 이것은 여러 군데서 보인다. 한비자는 법가 사상의 대표적인 학자이자 정치인으로 옛 성인의 말에 의지해 현 시대와 동떨어진 정책을 내세우는 것을 경계했다.

또한 한비자는 정치를 위한 3가지 도로 이익, 힘, 명분을 꼽았다. 이익은 민심을 얻는 근본이고 힘은 법령을 시행하는 추진력이며 명분은 모든 사람이 따라야 할 근거다. 이 중 이익과 명분도 좋지만 그것을 풀어가는 실행력인 힘을 중시했다. 이 전 총리도 성장과 포용이라는 진보적 가치를 추구하는 과정에서 발생할 수 있는 문제는 실용적인 해결이 필요하다는 실용적 진보주의를 주창했다. 두 사람 사이의 사상적 연관성을 엿볼 수 있다.

4부에서는 정치인의 언어에 대해 알아본다. '멀쩡한 사람도 정치인만 되면 왜 막말을 하는가?'라는 기본적인 질문부터 이 전 총리의 화법이 화제가 될 수밖에 없는 정치현실을 거꾸로 되짚어본다. 또한 그의 말 중 언론에 잘 소개되지 않은 어록을 살펴본다. 마지막으로 부록에는 이 전 총리의 가족사부터 개인적인 취미나 선호하는 음식까지 인간 이낙연을 알고 싶어하는 분들에게 도움이 될 내용을 넣었다.

언어는 현재진행형

〈총리의 언어〉를 읽어본 독자에게는 이 전 총리의 언어관을 다시 한 번 정리하는 계기가 될 것이고 아직 못 읽어본 분에게는 그동안 국회의원, 전직 국무총리로 알려진 이낙연이라는 인물을 다시 보는 계기가 될 것이다. 또한 책을 다 읽고 덮을 때는 이낙연이라는 인물은 사라지고 20년 동안 말과 글을 다듬은 사람의 모습만 남을 것으로 기대한다.

한 사람의 생각은 말과 글로 알 수 있다. 또한 말과 글은 생각을 만든다. 생각이 바뀌면 생활이 바뀌고 인생이 바뀐다. 단순히 글 잘 쓰고 말 잘하는 데만 그친다고 생각하면 곤란하다. 잘 쓰고 잘 말해야 한다. 인생이 바뀌기 때문이다. 이것은 하루 아침에 이루어지지 않는다.

글쓰기, 말하기를 다룬 책들이 시중에 계속 쏟아져 나오는 것이 그 반증이다. 부단한 노력과 의식적 훈련이 뒤따라야 한다. 하지만 여기 20년 동안 말과 글을 다듬은 한 인물의 노하우와 생생한 경험이 있다. 이 책 한 권에 그것을 모두 담을 수는 없을 것이다. 따라서 이 책은 항상 현재진행형이다.

〈총리의 언어〉 독자님께 감사드리는 부분이다. 결과보다 과정을 보고 과정 안에서 결과를 끄집어내는 분들이다. 언어의 내공을 탐구하는 과정은 계속될 것이다. 그 지난한 탐사 과정을 독자 여러분과 함께 하길 바란다.

목 차

서 문 • 04

1부 • 쓰기의 언어　　　　　　013

이순신의 언어　15 ｜ 기자의 언어　32 ｜
단문의 매력　43 ｜ 메모의 힘　52 ｜
문장의 디테일　62 ｜ 글의 재료　71 ｜
소통의 문장　81 ｜ 하루 한 글　92 ｜
쓰기의 완결　99 ｜ #실전, 쓰기　107 ｜

2부 • 말하기의 언어　　　　　　109

볼테르의 언어　111 ｜ 대변인의 언어　120 ｜
문장의 주인　127 ｜ 질문력　136 ｜ 말줄임표　144 ｜
말의 몸통　150 ｜ 명사의 적　156 ｜ 말의 온도　163 ｜
몸의 언어　172 ｜ 좋은 욕　180 ｜ 말의 잔　193 ｜
마침표의 미학　200 ｜ #실전, 말하기　207 ｜

목 차

3부 • 생각의 언어　　　　　　　　209

　　한비자의 언어 211 ｜ 낮은 언어 225 ｜ 사나운 개 232 ｜
　　훌륭한 거짓말 242 ｜ 리더의 언어 251 ｜ 중용의 글 260 ｜
　　글 안의 길 269 ｜ #실전, 생각하기 276 ｜

4부 • 정치의 언어　　　　　　　　277

　　정치인의 입 279 ｜ 언어의 격 286 ｜ 언행 293 ｜
　　주머니 속 송곳 300 ｜ 총리의 어록 307 ｜

```
결 어               316
약 력               322
참고인용             326
부록 : 이낙연 Who?   329
```

1부

쓰기의 언어

약팽소선(若烹小鮮) : 나라 다스림은 작은 생선을 굽는 것과 같다

- 작은 물고기를 구울때 덜렁거리면 부서지고 만다며 디테일 강조 -

| 이순신의 언어 |

이이를 물리다

이순신은 조선 중기의 무신이다. 임진왜란 당시 조선 수군을 통솔했던 제독이자 구국영웅으로, 자는 여해(汝諧)이며, 시호는 충무(忠武)이다.

이순신은 서른두 살이라는 늦은 나이에 무과에 급제해 벼슬길에 나섰다. 하지만 불의와 타협하지 않는 강직한 성품 때문에 승진이 늦고 모함을 받는 등 어려움을 겪었다. 일례로 이조 판서 이이가 만나자고 하자 "이 판서는 집안의 웃어른이므로 먼저 찾아뵈어야 하지만, 그분이 관리들을 임명하는 자리에 있으니 지금 만나면 누가 될 것"이라며 거절했다고 한다.

삼도 바다를 지키다

이순신은 1590년에 좌의정 유성룡의 추천으로 전라좌도 수군절도사가 되었다. 그는 이때 군사들을 훈련시키는 한편 거북선을 만들고 군량미를 확보해 불과 1년 만에 강력한 수군을 만들었다. 이듬해인 1592년에 임진왜란이 일어나자, 옥포에서 일본 수군과 첫 해전을 벌여 크게 이겼다. 이어 사천에서는 거북선을 처음 사용해 10여 척의 적선을 격파했고, 당포 해전과 당항포 해전, 부산포 해전 등에서도 크게 이겼다. 한산도 대첩에서는 거북선을 앞세워 학이 날개를 펼친 모양의 '학익진'이라는 진법으로 일본 수군을 대파했다. 계속되는 해전에서 모두 승리한 이순신은 전라도, 경상도, 충청도의 수군 전체를 지휘하는 삼도 수군통제사가 되었다.

대승과 운명

하지만 1597년에는 이순신의 전공을 시기한 사람들과 일본의 흉계로 인해 적의 장수를 놓아주었다는 모함을 받아 감옥에 갇히게 되었다. 가까스로 죽음을 면한 이순신은 도원수 권율 밑에서 직책이 없는 보통 병사로 백의종군했다. 그런데 그해 삼도 수군통제사가 된 원균이 칠천량에서 크게 패해 함선과 군사를 모두 잃고 전사하는 일이 벌어졌다. 이순신은 다시 삼도 수군통제사에 임명되어 명량에서 13척의 함선과 120여 명의 병력을 거느리고 133척의 적군과 대결해 크게 이겼다.

이후 이순신은 노량에 집결한 일본군과 싸우다 총탄을 맞아 1598년에 세상을 떠났다. 노량 해전에서도 조선 수군은 일본 수군의 함대 200여 척을 격침시키는 대승을 거두었다.

백원짜리 동전

  제16대 임금인 인조는 무신에게 주는 최고의 시호인 '충무공'을 내렸다. 제21대 임금인 정조는 직접 비문을 지어 이순신의 묘에 세우기도 했다. 임금이 신하의 묘에 비문을 지은 것은 오직 이것 하나뿐이다. 이순신은 시와 글에도 재능이 뛰어나 '난중일기'와 시조 등 훌륭한 작품을 남겼다. 오늘날 백 원짜리 동전에는 이순신의 초상이 들어 있다.
  이순신이 나라를 구한 영웅이 될 수 있었던 것은 그의 강직한 성품과 철저한 준비 덕분이었다. 그는 전라좌도 수군절도사로 임명된 뒤 철저히 준비해 조선 수군을 막강한 군대로 만들어 놓았고, 전투에 나가서는 물러섬 없이 싸워 23전 23승의 신화를 일구어 냈다.

난중일기와 SNS

  난중일기를 통해 본 이순신과 이낙연 전 총리의 유사점은 크게 네 가지이다.
  첫째 일상의 집요한 기록이다.

이순신은 거의 매일 하루도 빼먹지 않고 난중일기를 남겼다. 그런 근면함은 이 전 총리의 SNS에서 확인할 수 있다.

그는 매일 하루의 업무중 국민들이 알아야 할 내용을 10줄 내외로 요약하여 SNS에 올렸다. 페이스북에만 올린 것이 아니라 해당 내용을 카피하여 카카오 스토리, 트위터에도 똑같이 올렸다. 한번쯤은 빠뜨릴 만도 한데 그렇지 않았다. 페이스북에 올라온 내용은 어김없이 카카오 스토리, 트위터에도 올라왔고 현재는 인스타그램에도 올리고 있다.

건조체와 간결체

둘째 글의 형식인 문체이다.

난중일기를 보면 글 형식을 놓고 볼때 건조체에 가깝다. 건조체는 화려한 수식 없이 사실만 담담하게 표현한 문체이다. 문장이 무뚝뚝하고 건조한 느낌을 주므로 감성적인 글에는 어울리지 않다. 내용을 충실하게 전달하는 데 효과적이며, 기사문, 설명문에서 많이 찾아 볼 수 있다.

이 전 총리의 글을 보면 굉장히 짧은 문장으로 사실만 나열한 글이 많다. 대부분의 정치인들이 공적인 자리에서 말하기 어려운 사적인 생각을 내비치는데 SNS를 활용하는 것과 대조적이다. 마치 기사를 쓰듯이 그는 SNS에 글을 올렸다.

기사식 글쓰기

셋째, 내용의 디테일을 들 수 있다.

이순신의 난중일기를 보면 군량미를 받은 내역을 1되까지 놓치지 않고 일일히 기록한다. "아침에 송한련이 군량 4되, 겉곡식 1되, 기름 5되, 꿀 3되를 바쳤다. 김태정은 볍쌀 2섬 1말을 바쳤다." 식이다.

또 임금께 올리는 장계에는 누가 어떤 공적을 세웠는지 일일히 적고 특전을 베풀어달라고 고한다. 이름 앞에는 관노비인지, 토병인지, 격군인지 신분과 직위까지 적었다. 미사어구는 생략하고 오직 사실만을 기술해 내용에 군더더기가 없다.

넷째, 가치 중립적이다.

죄를 지은 자에게는 그에 상응하는 처벌을 했다. 난중일기에 가장 많은 부분을 차지하는 부분이기도 했다. 군량미를 훔친 자, 백성을 괴롭힌 자, 탈영한 자, 도둑질한 자, 간음한 자는 누구라도 때리고, 가두고, 목을 베었다. 그 과정에서 개인전 친분이나 감정은 일체 드러나지 않았다. 곤장을 때리는 횟수도 일정했다. 죄에 상응한 만큼 때렸고 예외가 없었다.

위 두가지는 이 전 총리의 글에서도 확인 된다. 그는 철저히 팩트 중심의 글을 썼다. 또 산불현장에서는 타버린 볍씨까지 챙길만큼 현장 중심의 디테일을 강조했다. 20년이 넘는 기자 생활을 통해 체득한 자산이다.

또 그는 도지사와 총리 시절 실무자들과 함께 하는 자리에서 자리의 성격, 인원과 상관없이 참석자의 소속과 이름을 다 외워 동석자들을 감동하게 했다. 자신이 할 수 있는 선물이라는 것이다. 이것은 마치 이순신이 임금에 올린 장계를 연상하게 했다.

내면을 형성한 소중한 시간

동아일보는 지령 3만호를 맞아 오랜 기간 동아일보와 인연을 맺어온 각계각층 인사들을 중심으로 '나와 동아일보'를 시리즈로 연재한다. 여기에 이 전 총리가 쓴 글을 보면 앞서 얘기한 내용의 종합본이라고 할 수 있다. 일부를 소개한다.

"스물여덟부터 마흔아홉까지. 인생의 한복판을 나는 동아일보 기자로 살았다. 나는 많은 것을 배웠다.

첫째, 진실을 알기는 몹시 어렵다는 것을 깨달았다. 나는 전두환 정부의 금융실명제 연기처럼 굵은 특종을 곧잘 했다. 그러나 공천 탈락 예상자를 잘못 보도해 여러 정치인들께 상처를, 유권자들께 혼란을 드렸다. 다른 오보도 적지 않았다. 특종보다 오보가 나에게 더 깊은 교훈을 남겼다. 지금도 나는 진실에 신중하다.

둘째, 어느 경우에나 공정해야 한다는 것을 철칙으로 익혔다. 나는 국회의원에게 폭행을 당했다. 내 기사가 싫었던 의원은 의사당 안에서 나에게 주먹질을 했다. 나는 그것을 세상에 알리지 않았다. 그 대신 동료 기자에게 조용히 부탁했다. "앞으로 그 의원 기사는 자네가 써주게. 나는 공정할 자신이 없네." 나는 공정을 내 브랜드로 삼고 싶어 한다.

셋째, 말과 글은 알기 쉬워야 하며, 그러려면 평범하고 명료해야 한다는 것을 마음에 새겼다. 김중배 편집국장은 논어의 술이부작(述而不作)을 가르쳐 주셨다. 꾸미지 말고 있는 대로 쓰라는 뜻으로 들었다. 이것을 나는 지금도 훈련한다.

넷째, 죽을 때까지 공부해야 한다는 것을 터득했다. 인생과 자연의 비밀은 너무 많고, 세상의 변화는 너무 빠르기 때문이다. 지금도 나는 일주일에 하루는 책을 읽으려 노력한다.

동아일보 기자 21년. 많이 일했고, 많이 마셨다. 괴로운 날도 많았다. 그래도 좋은 시절이었다. 나의 내면을 형성한 소중한 수업 기간이었다."

자신이 오보를 낸 부끄러운 과거도 스스럼 없이 밝힐 만큼 그는 진실을 밝히는데 주저함이 없다. 또 주먹질을 한 국회의원에 대해 기사를 공정히 쓰지 못할 것이 두려워 동료 기자에게 부탁도 한다. 글에 기교를 부리기보다 최대한 꾸미지 않고 진실을 전달하려고 지금도 공부하고 훈련한다. 난중일기에서 보여준 이순신의 말과 글과 맞닿아 있음을 알 수 있다.

키워드 ①: 바다

말과 글 이외에도 두 사람을 잇는 키워드는 뭐가 있을까. 세가지를 꼽자면 '바다', '어머니', '서민' 이다.

먼저 '바다'이다.

이순신과 이 전 총리는 각각 전라도의 수군절도사와 전남도지사를 지냈다.

수군절도사는 조선 시대에 각 도의 수군을 지휘하고 감독하던 사령관을 뜻한다. 수군절도사를 줄여 '수사'라고도 불렀으며, 문신이 많았던 병마절도사와는 달리 무신 출신이 많았다. 수군절도사는 해안 방어가 중요했던 경상도와 전라도, 함경도에는 3명을, 경기도와 충청도, 평안도에는 2명을, 황해도와 강원도에는 1명을 두었다. 하지만 도의 우두머리인 관찰사나 육군 사령관인 병마절도사가 수군절도사를 겸하는 경우가 많았기 때문에 실제로는 주로 남쪽 지방에만 수군절도사를 배치했다. 경상도와 전라도는 각각 2명씩, 경기도, 충청도는 각각 1명씩 두어 총 6명의 수군절도사가 있었다. 특히 경상도와 전라도는 각각 좌수사와 우수사를 두어 왜구의 침입에 효과적으로 대응할 수 있도록 했다. 이후 임진왜란 중에 수군절도사들이 각각 따로 움직여 왜군에 신속하게 대응하지 못하자 경상도와 전라도, 충청도의 수군을 총괄하는 3도 수군통제사 제도가 새로 만들어졌다. 당시 전라 좌수사였던 이순신이 초대 3도 수군통제사가 되었다.

이 전 총리는 2017년 국무총리로 임명되기까지 약 3년간 전남 도정을 책임지는 도지사였다. 그는 도지사 시절 바다와 섬에 대한 관심이 각별했는데, 그도 그럴 것이 전국의 수산 생산물의 절반이 전남에서 나오기 때문이다. 그는 또 관광 산업에도 눈을 돌려 '남도문예르네상스' 기치를 내걸고 '가고 싶은 섬' 가꾸기를 추진한다. 그는 "도지사 선거를 준비하는 과정에서 전남을 잘 아는 원로 지도자들을 찾아다니며 만났다. 그 자리에서 '어르신이 지금 전남지사를 하신다면 무엇을 할 것인가'라고 질문했다. 고건 전 총리는 '섬'이라고 했다. '왜 하필 섬이냐'고 묻자, '다른 지역이 도저히 따라올 수 없는 전남만의 자산 아니냐'고 반문하더라."며, 추진 배경과 관련하여 고건 전 총리와의 대화를 꼽았다.

이에 힘입어 2016년에는 관광 만족도와 호감도 평가에서 전남이 전국 2위를 차지한다. 4278만 명이 전남을 찾아 전남 관광 5,000만 명 시대를 눈앞에 연 것이다. 이에 그는 '2016 전라남도 문화관광해설사 경진대회' 축사에서 "전남이 관광지 만족도 조사에 2위라는 기적 같은 수치를 달성했다."며 김대중 전 대통령의 "기적은 기적처럼 오지 않는다."는 명연설을 인용, 기적 뒤에는 항상 땀과 노력이 숨어 있듯이 더욱 노력하겠다는 뜻을 밝히기도 했다.

키워드 ② : 어머니

두번째 키워드는 '어머니'이다.

이순신의 난중일기를 보면 어머니에 대한 언급이 자주 나온다. 특히 '어머니께서 무탈하시니 다행이다'라는 서술은 난중일기에서 꽤 자주 등장하는 표현이다. 1593년 6월 12일 일기를 보면 충무공이 흰머리를 뽑았다고 기록한 일기가 있는데 그 이유가 바로 늙으신 어머니가 계시기 때문이라고 한다. 이후 자당께서 돌아가신 날에는 '어찌하랴, 어찌하랴, 세상에 나 같은 사람이 어디 있겠는가. 어서 죽느니만 못하구나'(1597년 4월 19일)라고 지극히 슬퍼하고 있다. 심지어 다음 일기에는 꿈에 죽은 두 형(희신, 요신)이 나타나 함께 임종을 지키지도 못하고 장례도 함께하지 못했다며 애통함에 서로 붙들고 통곡했다고 한다.

이 전 총리의 경우도 2006년 팔순을 맞이하신 어머니를 위해 〈어머니의 추억〉을 펴낸다. 당시 국회의원이었던 이낙연 등 칠남매가 어머니를 위해 1년 동안 각각 쓴 글들을 묶은 책이다. 삶이 주는 고난을 이겨내고 가족을 위해 헌신하신 세상 모든 어머니의 사랑을 그려낸다. 팔순을 맞은 어머니에게 바치는 사모곡이다.

가장 외로운 얼굴

그는 서문에서 "자식들의 속살을 드러내는 것 같아 부끄럽고, 어머니의 삶에 대해 말하는 것이 외람되게 느껴지기도 한다"며 "일곱 남매를 삐뚤어 지지 않게 길러주신 어머니께 한없는 감사의 마음으로 책을 드린다"고 말했다. 여기 그 내용의 일부를 소개한다.

"어머니께서 예순을 넘기면서부터 음식이 짜졌습니다. 어떤 때는 쓴맛이 나기도 했습니다. 그것을 어머니께서도 곧 아시게 됐습니다. 한번은 저희들 앞에서 이렇게 말씀하시는 것이었습니다. '내가 만든 음식이 내가 먹어봐도 맛이 이상하다. 너희들도 맛없으면 먹지 마라.' 그 말씀을 하시는 순간의 어머니 얼굴은, 제가 본 어머니 얼굴 가운데서 가장 외로운 얼굴이었습니다."

- 〈어머니의 추억〉 39쪽 '큰아들 낙연이의 추억' 중에서

갈수록 연로해지는 어머니에 대한 안타까움이 절절히 묻어나는 대목이다.

앙드레지드의 좁은 문

그의 이런 모습은 '맹모삼천지교 포럼'이라는 단체에 연사로 초청되어 어머니에 대한 일화를 소개한 내용에서도 엿볼 수 있다.

"저는 열세 살에 어머니 품을 떠나 혼자 학교를 다니고 어른이 된 지 50년만인 재작년부터 전남에서 어머니와 함께 삽니다. 제가 이제까지 어머니 앞에서 언성을 높인 적이 없는 것은 잘한 일입니다. 그러나 어머니가 저를 어렵게 대하시는 것은 제 불효입니다. 심지어 어머니는

제 손도 잡지 않으십니다.

그런 어머니가 며칠 전부터 제 손을 잡고 자꾸 "미안하다"고만 말씀하십니다. "걱정 많은 사람에게 어미까지 걱정을 주니 미안하다"는 것입니다. 91세의 어머니가 호흡곤란으로 심장박동기를 다셨거든요.

제가 어머니의 일생을 말씀드리기로 한 계기가 있습니다. 지인이 보내주신 앙드레 지드의 '좁은 문' 가운데 한 대목 때문이었습니다. "매일 매일 일상의 바람이 폭풍처럼 지나가도 사람의 가슴 속에 꺼지지 않는 촛불이 있다는 것을 믿느냐?", 전쟁을 치르듯이 평생을 살아오신 어머니의 가슴 속에 꺼지지 않는 촛불이 있었음을 압니다."

앙드레 지드의 '좁은 문'을 인용한 그에게서 한평생 일곱 남매를 키우느라 온전히 자신을 희생하신 어머니에 대한 사랑과 경외감을 느낄 수 있다.

어머니의 그림자

그는 전남 도지사 시절 어머니의 모습을 이렇게 기억한다.

"불 켜진 창문에 미치는 실루엣. 밤 11시든 12시든 퇴근해 관사에 이르면 항상 그 모습이 보인다. 나를 기다리시는 어머니의 그림자다."

그의 어머니는 아들이 전남 도지사에 당선된 뒤 침샘염을 앓아 수

술을 받았는데 음식을 삼킬 수 없어 목에 호스를 연결했다고 한다. 그 상태에서 아들의 취임식에 가겠다고 하자 병원 측은 극구 만류한다. 하지만 결국 그 뜻을 꺾지 못하고, 3시간 안에 돌아와야 한다는 단서를 달고 외출을 허가해야만 했다.

그렇게 그의 어머니는 분홍색 한복을 차려입고 취임식이 열린 도청 강당의 객석 제일 앞줄에 앉게 됐는데, 그는 "취임식이 끝난 뒤 어머니가 제게 '지사님'이라고 하시더라. 아들한테 '님'자를 붙이시고……."라며 황송해했다.

다행히 취임식 후 회복이 빨리 진행되었다. 병원에서 "청년들 못지않은 속도"라고 할 정도였다. 그는 "어머니의 기쁨과 회복 사이에 딱히 어떤 인과관계가 있는지 모르겠지만, 빠른 회복 얘기를 듣고 내게 어머니의 기쁨이 생생히 다가왔다"고 전했다.

키워드 ③ : 서민

세번째 키워드는 '친서민'이다.

충무공 이순신을 주인공으로 한 대하 역사소설 '이순신의 7년'을 쓴 정찬주 작가는 소설의 핵심을 '이순신은 임금의 신하가 아니라 백성의 신하'라는 말로 요약한다. 소설에서 이순신을 부하 장졸들과 허심탄회하게 막걸리를 마시고, 낮은 계급의 부하가 상을 당해도 직접 문상을 하고, 효심도 정말 지극했던 사람으로 표현한 이유다. 또 이순신의 말투를 충청도 사투리로 쓴 것도 그는 "당시 벼슬아치들은 사극에 나오는 근엄한 '계급 언어'를 썼지만, 나는 이순신이 백성과 함께한다는 의미로 사투리를 썼을 거라고 봤다. 이순신이 한양에서 태어났다고는 하지만 어머니 고향인 아산에서 성장했기 때문에 소설의 리얼리즘 측면에서도 사투리를 쓰는 게 맞다고 본다"고 설명했다.

이 전 총리는 전라도 출신이지만 거의 사투리를 쓰지 않는다. 하지만 그가 사투리를 쓰는 경우가 있다. 바로 서민들과 대화할 때이다. 다소 딱딱하고 고압적인 느낌을 줄 수 있는 자리에서 그는 사투리를 적절히 구사했다.

한번은 강릉 화재 당시 그는 강릉 옥계면 노인복지회관에 마련된 대피소를 찾아가 70세 이상 고령 주민들을 따뜻하게 위로했다. 주민들에게 "이렇게 합시다요잉"이라며 사투리 섞인 말투로 조곤조곤 정부의 대책을 설명하였는데, 이를 두고 칭찬하는 네티즌들이 많았다. 그동안 보여주기식 전시행정만 보아온 터이다.

재미있는 일화도 있다. 제1회 섬의날 기념식에서 그가 제주시 마라도 마라리 송재영 경로당 회장과 화상통화를 할 때이다. 그는 송 회장의 안부를 물은 뒤 "마라도에 갔었지만 자장면을 먹어보지 못했다. 돈을 빌리면 가파도 사람은 빌린 돈을 갚아야 되지만 마라도 사람은 말아도 된다"며 아재개그와 사투리가 섞인 농담으로 주변을 웃게 했다.

이순신의 7년

앞서 언급한 '이순신의 7년'하고 이 전 총리하고는 각별한 인연이 있다.

'이순신의 7년'을 펴낸 정찬주 작가는 이 소설을 쓰게 된 배경을 설명하면서 이 전 총리를 지목한다. 그는 2001년 고향 근처인 화순으로 낙향해 작품 활동을 이어가면서 자연스럽게 가까이 있는 이순신 장군 유적에 관심을 갖게 됐고, 소설을 구상하던 중 이 전 총리를 만났다고 한다.

"낙향 후 5년쯤 지났을 무렵 작가로서 멀리서 소재를 찾을 게 아니라 눈앞의 소재를 써야겠다 싶어 이순신 장군에 관한 소설을 구상하게 됐죠. 답사와 공부를 하면서 10년쯤 보냈습니다. 그러던 어느 날 당시 국회의원이었던 이낙연 총리가 저희 집을 찾아왔어요. 그때 하신 말씀이 '어느 고장을 가든 다 의향(의로운 고향)이라고 하는데, 호남도 마찬가지다. 그런데 아쉬운 것은 구체적으로 의향을 알 수 있는 문학 작품이 없다'는 거였죠. 그래서 제가 '이순신에 대해 10여년 연구를 했다. 언제 기회가 되면 소설 집필에 들어가겠다'고 했죠. 그런데 이 분이 어느 날 보니 전남 도지사에 당선됐고, 곧바로 제게 담당 공무원을 보냈어요. 이 소설을 전남도청 홈페이지에 연재하기로 합의했죠."

그는 "도청에서 소설을 연재한 것은 지자체 최초일텐데, 이 총리가 기자 출신으로 감성이 있었기 때문에 신문에 소설 연재하듯 발상했던 것 같다. 참 어려운 일이고 예산이 있어야 하는 건데 대단하다"며 소설 집필에 들어가게 해준 이 전 총리에게 감사를 표했다.

그렇게 시작된 연재는 2015년 1월부터 2017년 12월까지 1주일에 1회씩 이어졌고, 원고지 8천매 분량의 방대한 소설은 2016년 5월부터

단행본으로 출간돼 7권까지 마무리됐다.

이 소설은 이순신이 1591년 전라좌수사에 부임한 뒤 1598년 임진왜란 노량해전에서 최후를 맞기까지 과정을 문학적인 상상력을 더해 재구성한 것이다. 흔히 알려진 완전무결한 '영웅 이순신'이 아니라 백성들과 희로애락을 함께한 '인간 이순신'의 삶과 임진왜란 7년 전쟁의 이모저모를 입체적으로 조명했다.

이락사와 이낙연

이순신은 덕수 이씨이고 이 전 총리는 전주 이씨이다. 다만 이순신이 서거한 관음포가 보이는 뒷산에 이순신을 애도하기 위한 사당이 있다. 사당의 이름은 '이락사(李落祠)'이다. 이충무공의 이(李)와 떨어질 락(落)을 합쳐서 만든 이름이다. 비슷한 예로 '삼국지연의'에는 서촉을 정벌하던 방통이 적장 장임의 꾀에 넘어가 계곡에서 포위돼 죽는 장면이 나온다. 계곡에 들어선 방통은 '낙봉파(落鳳坡)'라는 글귀를 보고, '아뿔싸! 내가 여기서 꾐에 빠져 죽겠구나'라고 생각했다. 방통의 호는 봉추(鳳雛)였고, 낙봉파의 낙자는 떨어질 낙(落)자였기 때문이다. 봉추가 떨어지는 곳이라는 지명을 보고 죽음을 예감했다.

이낙연 이름의 낙자는 떨어질 락(落)이 아니다. 물이름 낙(洛)에 못 연(淵)이다. 이락사하고는 전혀 연관성이 없다. 이락사와 이낙연, 발음의 유사성 하나는 꼽을만하다.

김훈과 이낙연

　난중일기를 소개하면서 김훈 작가의 산문 '연필로 쓰기' 중 '내 마음의 이순신'을 많이 인용했다.
　김 작가의 글은 이 전 총리의 글과 유사하다. 김 작가 역시 이 전 총리와 같이 20년 넘게 기자 생활을 한 사람이다. 한 명은 소설가로 전향했고 다른 한 명은 정치가의 길을 걸었다. 두 사람의 글에서 비슷한 인상을 받는 것이 놀랄 일은 아니다. 두 사람 모두 20년 넘게 기자 생활을 하면서 글을 갈고 닦은 사람이기 때문이다. 김 작가는 아직도 글을 쓸 때 컴퓨터 자판 대신 연필로 쓴다고 한다. 김 작가는 "연필로 글을 쓰면 내 몸이 글을 밀고 나가고 있다는 삶의 근거를 느끼게 해준다."며, "연필은 나의 삽이다. 지우개는 나의 망설임이다."는 말을 하기도 했다.
　두 사람의 글은 이순신의 글과 맞닿아있다.

| 기자의 언어 |

7월 3일: 음란한 여자를 처벌했다. 각 배에서 여러 번 군량을 훔친 자를 처형했다.
9월 11일: 남평의 색리와 순천 격군으로 세 번이나 군량을 훔친 자들을 처형했다.

부하의 목을 베거나 곤장을 때릴 때 이순신 장군은 어떤 개인적 감정도 노출하지 않았다. '목을 베었다, 때렸다, 가두었다'가 전부다. 그는 자비로운 장군이 아니었고 무자비한 장군도 아니었다. 자비나 무자비로 재단할 수 없이, 일이 그렇게 될 수밖에 없는 길을 그는 걸어갔다. 나는 이 무정한 문장들을 읽으며 '목을 베었다, 때렸다' 뒤에서 슬픔을 내면 안으로 밀어 넣는 이순신 장군을 느꼈다. 그는 말하지 않고 갈 길을 갔다.

- 김훈 산문 〈연필로 쓰기〉 4화_내 마음의 이순신

공사의 구별

　난중일기 중에서 공무상 업무를 적은 글을 읽어보면 이순신 장군의 개인적 감정은 전혀 노출되어 있지 않다. 반면, 사적인 글을 올릴 때는 감정을 숨기지 않았다. 아들 면이 왜구의 손에 죽었을 때는 "통곡하고 또 통곡하도다! 하늘이 어찌 이렇게 모질 수 있는가? 내가 죽고 네가 사는 것이 올바른 이치인데 네가 죽고 내가 사는 것은 무슨 괴상한 이치란 말인가? 온 세상이 깜깜하고 해조차 색이 바래 보인다. 슬프다. 내 작은 아들아, 나를 버리고 어디로 갔느냐! 출중하고 영민하니 하늘이 세상에 남겨두질 않으시는구나. 내 죄가 너에게 화를 미쳤구나. 나는 세상에 살아 있지만 장차 어디에 의지하겠는가? 부르짖고 슬피 울 뿐이다. 하룻밤을 넘기기가 한 해와 같도다."라며 죽은 아들에 대한 애절한 감정을 그대로 드러냈다.

사실과 감정의 구별

　반면, 이순신 장군은 공무적인 글을 쓸 때는 전혀 다른 사람이었다. 개인적인 감정은 철저히 숨기고 오직 사실만 나열했다. 아무리 슬픈 일이 있더라도 무대 위에서는 웃고 떠드는 코미디언의 모습을 연상시켰다. 이낙연도 마찬가지였다. 그는 오랜 기자생활을 통해 공과 사, 사실과 주장을 구분하는 법을 터득했다. 공적인 업무에 사적 감정을 개입시키지 않았고 사실과 주장을 혼동해 말하는 법이 없었다. 사실 인간이 하는 이상 감정이 앞설 때도 있기 마련이다. 인간은 감정의 동물이기 때문이다.

무고한 사람을 죽인 연쇄살인범 앞에서 이성을 유지하기는 쉽지 않다. 이런 장면은 범죄영화에서도 '약방의 감초'처럼 등장한다. 연쇄살인범을 잡은 형사가 그를 법의 심판대에 올릴지 아니면 자기 손으로 처단할지 번민하는 모습을 자주 그린다. 관객은 그의 선택을 통해 당연히 예상했던 결과라고 생각하거나 통쾌한 복수를 기대한 관객에게는 아쉬움을 안겨준다. 그만큼 인간은 이성과 감정 사이에서 끊임없이 번민해야 하는 존재다.

하지만 기자는 그러면 안된다. 팩트 앞에서 냉정해야 하고 더욱이 있는 그대로 독자에게 투영해야 한다. 자신의 감정을 섞어 독자의 고유한 판단을 어지럽히면 안 된다.

동아일보에 입사하다

1979년 그는 동아일보에 입사해 국제부에서 기자생활을 시작했다. 입사 후 얼마 지나지 않아 광주 5.18 민주항쟁을 겪게 된다. 당시 언론은 그 내용을 보도할 수 없었고, 그는 훗날 그것이 원죄로 가슴에 박혔다고 후술한다. 그 당시 언론은 정부의 나팔수와 다름없었는데, 그는 이후 정치부 기자로 10년을 더 일한다.

이낙연은 변함없는 사람

그는 정치부 기자 시절 동교동계를 담당하다가 김대중 전 대통령과 인연을 맺는다. 김 전 대통령이 1987년 6·29선언으로 사면복권되자 밀착 취재를 담당한 것이다.

그는 '최대한 가까이 붙으라'는 회사의 지시에 따라 24시간 김대중 전 대통령 가까이 있었는데, 심지어 김 전 대통령이 차에 오르기도 전에 그가 먼저 타 있곤 했다.

김 전 대통령은 그에게 DJ-YS 후보단일화 실패 배경, 대선 패배 예상 등 차 안에서 모든 얘기를 해줬다. 그만큼 그를 신뢰한 것이다.

김 전 대통령은 그의 팩트 중심 보도와 분석력을 높이 샀던 것으로 알려져 있는데, 김 전 대통령은 바이라인(기자명)이 달리지 않은 글을 보고서도 그가 쓴 기사를 찾아낼 수 있을 정도였다고 한다. 그는 김 전 대통령에 대해 이렇게 회상한다. "외람되지만 DJ는 저의 운명이었습니다. DJ의 첫 대통령 도전이 시작된 1970년에 저의 남루한 20대 청춘도 시작됐습니다. DJ가 두 번째 대통령에 도전하신 1987년에 저는 DJ 전담기자였습니다. 기자로서는 DJ의 승용차에 가장 자주 동승하고 DJ를 가장 많이 독대했습니다. 1989년 DJ는 국회의원 보궐선거 지원 차 방문하신 전남 영광에서 저의 아버지를 우연히 만나 '이낙연은 변함없는 사람'이라고 말씀해 주셨습니다. 아버지는 1991년 작고하실 때까지 그 일을 자랑하셨습니다. 그 후 DJ가 대통령으로서 공천하신 2000년 총 선거로 저는 국회에 진출했습니다."

그도 그럴 것이 그가 스무 살의 대학 1학년이던 1970년, 김 전 대통령이 신민당 대통령 후보로 결정되었고, 그는 열병을 앓듯이 김 전 대통령에게 빠져들었다. 그는 그날을 떠올리며 학교 수업보다 김 전 대통령의 연설을 듣는 것이 더 좋았고, 법학 교과서보다 신문 정치면이 더 재미있었다고 얘기한다.

아버지 다음으로 존경

그는 2009년 지인들에게 보낸 이메일을 통해 "김 전 대통령과 관련된 나의 경험은 책으로 써야 할 정도."라며 "내 삶은 김 전 대통령을 빼고 설명하기 어렵다. 앞으로도 그럴 것."이라고 말한 바 있다. 또 평소에 "아버지 다음으로 존경하는 분이 김 전 대통령."이라고 입버릇처럼 이야기하기도 했다.

그는 김 전 대통령 취임 사흘 째가 되던 날에 서울 마포구 동교동에서 김 전 대통령의 부인인 이희호 여사를 만나 "인생의 고비마다 김 전 대통령이 함께 계셨다."며 "동교동 자택에서 김 전 대통령과 매운탕을 먹을 때 당신 국에 있는 생선을 떠주고, 대선 유세 때는 승용차에 먼저 타고 있어도 이해해 주셨다."고 회상하기도 했다.

아직도 그의 방에는 김 전 대통령이 글을 쓰는 사진이 액자에 걸려 있다. 그는 평소 그 사진을 보면서 김 전 대통령의 고매한 영혼, 높은 학식과 합리적 지혜, 그러면서도 쉬운 말과 글, 무엇보다도 대중에 대한 깊은 애정을 본받기 위해 노력한다고 한다.

세계를 넓게 배우다

정치부 차장으로 기자 생활을 하던 그는 마흔 살이 되던 해 3년 2개월간 일본 도쿄 특파원으로 일하게 된다. 사실 그는 특파원으로 가기 전 김대중 전 대통령으로부터 국회의원 출마 제안을 받았다. 훗날 그는 동아일보 인터뷰에서 당시를 이렇게 회상한다.

"기자생활 10년차이던 39세 때 DJ 측으로부터 출마 권유를 받았어요. 당시 이훈평 비서관과 국창근 비서관이 찾아와 동아일보 근처 서린호텔에서 만났죠. '출마 안 할래? 서경원 밀입북 사건이 정치 재개를 준비하시는 총재님(김대중 전 대통령)에게는 너무 큰 타격이다. 빨리 복구하려면 서경원과 정반대 이미지를 가진 사람이 필요하다. 너가 제격이다. 과격하지 않고 학교(서울대 법대) 제대로 나왔고 젊고.' 이훈평 비서관이 말했어요. '형님 뜻이냐? 총재님 뜻이냐?'라고 물으니 '아이, 우리 뜻이라고 해둬.'라고 했어요. 사실 DJ의 지시였겠죠. 저는 '3불가론'을 폈어요.

'첫째, 붓에 물이 한참 올라 있다. 지금은 꺾기 아깝다. 둘째, 회사에서 도쿄로 가라는데 원하던 곳이라 거절하기가 힘들다. 셋째, DJ에게 당신 뜻에 맞는 국회의원 한 명 늘어나는 것보다 당신을 좋아하는 기자 한 명이 더 있는 것이 나을 수도 있다. 나는 아버지 다음으로 DJ를 좋아한다.' 그때 의원을 했더라면 지금쯤 '물갈이 대상'이 되었을까? 10년 후 제안을 받아들여 의원이 되었어요."

이 기간 동안 그는 선진국의 이모저모를 공부하고 국제적 식견과 감각을 키웠다. 특히 도쿄에서의 경험은 나중에 그가 국회 최고의 일본 전문가로 성장할 수 있는 자산이 되는데, 이후 그는 국회의원이 되어 한일의원연맹 수석부회장직까지 맡게 된다.
귀국 후에 그는 논설위원과 국제부장으로서 칼럼을 기고한다.

팩트

그는 21년의 기자 생활을 하는 동안 팩트 체크가 일상화되었다.
특히 기사의 경우 한번 배포되면 그것을 되돌리기가 쉽지 않다. 정정 보도 청구권이 있기는 하지만, 기사를 본 사람이 그 정정 보도를 다 본다고 장담할 수도 없다. 또 설사 정정 보도를 한다고 하더라도 잘못된 기사를 보고 난 후 생긴 편견이나 덧씌워진 이미지는 완전히 지울 수가 없다. 대부분의 사람들은 '아니 땐 굴뚝에 연기 나랴'는 생각을 가지고 있기 때문이다. 설사 충분히 정정 보도가 난다고 하더라도 의심의 눈초리를 쉽게 거두지 못한다.
특히 지명도가 높은 연예인이나 정치인과 같은 소위 '공인'의 경우는 잘못된 보도가 치명적이다. 이미지 실추는 물론 재기 불능의 상태까지 갈 수 있다.

따라서 그만큼 신중해야 한다.

그가 자주 인용하는 말 중에 '논평은 자유지만 팩트는 신성하다(Comments are free but facts are sacred)'는 말이 있다. 영국 가디언지 편집국장 찰스 스콧의 명언으로 그는 기자생활 21년 동안 이 말을 항상 잊지 않았다고 한다.

그가 얼마나 팩트를 중요시하는지 알 수 있는 대목이다.

팩트의 전쟁

기사 작성뿐만 아니라 토론에 있어서도 팩트 체크는 필수적이다.

어떻게 보면 논쟁은 소위 '팩트의 전쟁'이라고 할 수 있다. 상대방이 가지고 있는 팩트를 반박할 더 많은 정보, 더 정확한 정보가 논쟁의 우위를 결정하는 것이다.

따라서 잘못된 정보를 가지고 논리를 펼쳐가는 것은 공중누각(空中樓閣)을 쌓는 것과 다를 바가 없다.

상대가 그 정보의 오류를 지적한 순간 아무리 높게 쌓아올린 탑이라 하더라도 순식간에 무너져 버린다. 논리의 오류야 다시 정정할 수 있지만 팩트가 틀린 경우라면 빼도 박도 못하기 때문이다. 따라서 토론을 사전 준비할 때는 꼼꼼히 팩트 체크를 해야 한다.

물을 문, 들을 문

팩트를 잘 수집하기 위해서는 잘 보고 잘 들어야 한다. 이 전 총리는 기자의 자세로 "신문의 '문' 자는 '들을 문(聞)'이다. 그러나 많은 기자는 '물을 문(問)'으로 잘못 알고 있다."라고 말하기도 했다. 당시 그의 발언을 두고 일각에서는 문재인 대통령의 취임 2주년 대담을 진행한 송현정 KBS 기자가 문 대통령의 말을 여러 번 끊은 것을 에둘러 지적한 것 아니냐는 해석도 나왔다.

당시 그는 페이스북에 "여러 해 동안 신문사에서 인턴기자 교육업무를 해왔다. 그 첫 시간에 항상 이런 말을 했다."라며 운을 뗐다. 인턴기자 교육 당시 그가 했던 말은 다음과 같다.

"신문의 '문' 자는 '들을 문'입니다. 그러나 많은 기자들이 '물을 문' 자로 잘못 알고 계십니다. 근사하게 묻는 것을 먼저 생각하시는 것 같습니다. 그게 아닙니다. 잘 듣는 것이 우선입니다. 동사로서의 '신문'은 새롭게 듣는 일입니다."

묻기 전에 들어야 한다. 하지만 대부분의 사람들은 상대의 얘기가 끝나기도 전에 먼저 반박할 말을 찾는다. 그래서는 상대의 얘기를 귀담아 들을 수 없다. 설사 자신의 생각과 다르더라도 상대가 얘기하는 것이 무엇인지 끝까지 듣는 자세가 필요하다.

균형 감각

여기에 덧붙여 중요한 것은 바로 '균형 감각'이다.

기사의 내용 중 이해관계가 충돌하는 부분이 있는 경우에는 쌍방의 의견을 들어야 한다. 즉 한쪽의 일방적인 의견이나 주장을 담아서는 안 된다는 것이다.

반드시 그와 상충하는 다른 쪽도 취재를 통해 의견이나 입장을 같이 들어야 한다. 특히 소문이나 진위가 확인되지 않는 사항은 기사를 내보내기 전에 반드시 이해관계자의 말을 들어보는 것이 필수다.

즉 기자는 '팩트'를 정확히 전달하는 메신저야 하고 논설이 아닌 이상 판단은 독자에게 맡기는 것이 정설이다.

종군기자 대 참전기자

민주당 대통령 후보 경선이 한창이던 2002년 4월, 당시 대변인이던 그는 후배라고 할 수 있는 정당 출입 기자를 향한 논평을 내 화제가 되기도 했다.

당시 그는 "기자실엔 종군(從軍)기자와 참전(參戰)기자 두 부류가 있다."며, 기자가 전쟁터에서 펜을 들고 취재만 하면 종군 기자, 전투에 직접 참가하면 참전 기자가 되는데 일부 기자들이 순수하게 취재만 하는 게 아니라 특정 후보 편을 들고 있다고 지적한 것이다.

당시 민주당에서는 노무현, 이인제 대통령 예비 후보가 치열한 대결을 벌이고 있었는데, 그는 한쪽 후보를 담당하는 기자가 다른 쪽 후보와 식사를 함께하며 들은 얘기를 자신이 맡고 있는 후보에게 낱낱이 전하는 사태를 비판한 것으로 보인다.

그의 논평은 후배 기자들에게 취재와 언론 윤리를 환기시킨 논평으로 회자되고 있다.

정신의 집

팩트와 균형감각을 중시하는 그의 태도는 한국신문협회 창립 60주년 기념축하 석상에서 한 말에서도 확인할 수 있다.

"개인적으로 신문은 저의 정신의 집입니다. 모든 판단을 정확한 사실에서 출발하려는 버릇, 어떤 사안이든 균형적으로 보려는 습성, 정확하되 야비하지 않게 표현하려는 노력, 바지 뒷주머니에 지금도 취재수첩을 넣어 다니면서 끊임없이 메모하는 생활, 이 모든 것이 신문기자의 경험이 저에게 남긴 소중한 선물입니다. 저는 그것이 자랑스럽습니다."

기자생활은 그에게 단순히 직업으로서가 아니라 그의 정신적인 근간을 형성하는 중요한 시기였음을 알 수 있다.

| 단문의 매력 |

4월 1일: 맑음. 감옥 문을 나왔다. 남대문 밖 윤간의 종의 집으로 갔다.

이순신 장군은 정유년인 1597년 4월 1일 감옥에서 풀려났다. 3월 4일 투옥되어 3월 12일 1차 고문을 받고 3월 30일 또 한 번 2차 고문을 받을 뻔했지만 다행히 받지 않고 풀려났다. 그가 감옥에서 나와 쓴 첫 문장은 "감옥 문에서 나왔다."이다. 난중일기를 읽을 때 이 문장은 나를 벼락처럼 때렸다. 이 문장은 남한산성 서문의 밑돌처럼 무수한 표정을 감춘 채 무표정하다.

"감옥 문을 나왔다."라는 이 무서운 단순성은 그의 완강한 침묵을 예고하고 있다. 졸작 소설〈칼의 노래〉를 쓰면서 나는 이 침묵의 내면에 다가갈 수 없었고 무서웠다. 나의 두려움은 남해 이락사에 서린 삼엄한 기운과 닿아 있었다.

다만 나는 이순신 장군이 이 침묵의 힘으로 명량에서 이기고 노량에서 이기고 이긴 자리에서 죽고 죽어서 자신을 완성하는 것이라고 상정했다. 그가 자신의 내면에 얽매여 그것을 발설하고 묘사했더라면 그는 배 12척과 지친 부하들을 이끌고 명량으로 나아가기 어려웠을 것이다.

"신에게는 아직 12척이 남아 있고(尙有十二) … 저는 아직 죽지 않았습니다(微臣不死)."라는 그의 상소문 문장은 "감옥 문을 나왔다."의 단순성과 연결되어 있다.

- 김훈 산문 〈연필로 쓰기〉 4화_내 마음의 이순신

머리카락이 들어 있는 청국장

이순신 장군의 글을 보면 단순성과 연결되어 있다. 지나치게 서사로 늘어지거나 꾸미는 것을 극도로 절제했다. 모진 고문을 견디고 나왔으면 감옥 문을 나선 소회라도 적을 만한데 그에 대한 일언반구도 없다. 김훈 작가의 말처럼 지극히 무표정이다. 주어는 생략되어 있고 목적어인 '감옥 문'과 동사인 '나왔다'만 문장 안에 무심히 들어 있다.

이 전 총리는 오랜 기자생활 동안 한정된 지면에 자신의 생각이나 취재한 사실을 싣기 위해 불필요한 글들을 쳐내는 훈련을 21년 동안 했다. 그는 군더더기 없고 세련된 문장을 구사하는 것으로 유명하나.
"이낙연 선배는 머리카락이 들어 있는 청국장은 아무렇지 않게 먹어도 군더더기가 들어 있는 글은 용납하지 않는다"는 한 언론계 후배의 말이 회자될 정도다. 대변인 시절에는 4줄 이상 넘기지 말라고 부대변인들한테 가르쳤다는 이야기가 있다.

그는 정치에 입문한 후에도 연설문을 직접 작성했다고 한다. 그 중 2002년 마라톤 영웅 손기정 선생이 작고하자, '42.195km를 세계에서 가장 빨리 달린 사나이가 이제 저희에게 한 걸음도 오시지 못합니다.'라고 발표한 추도 성명은 지금도 유명하다.

간결체 vs 만연체

이 전 총리의 문체는 간결체(簡潔體)다. 간결체는 짧고 간결하고 명쾌하게 내용을 표현하는 문체다. 간약체(簡約體)라고도 하며 만연체(蔓衍體)의 반대 문체다. 외형적으로 만연체보다 말이 적고 문장이 짧으며 구조도 단순하다. 표현하려는 내용을 전체적으로 서술해 세부적인 부분을 상상하게 만들거나 내용의 일부만 서술해 전체를 상상하게 만들기도 하는데 반복이나 세부적인 설명은 하지 않는다. 그는 동아일보 인터뷰 당시, 문체에 대해 말한 적 있다.

"동아일보 기자로 일할 때 '신동아'로부터 원고를 써 달라는 청탁을 받았어요. 김종심(동아일보 전 출판국장) 부장 시절인 것 같아요. 일간지 기자가 월간지에 쓰려면 추가 취재해 써야 하는데 그게 안돼. 내가 내 기사를 봐도 깊이가 없어. 소설가 정도는 아니더라도 기자도 문장 전개 방식이나 글에 맛을 넣거나 자신만의 문체를 갖게 되는 것 같아요. 박보균 중앙일보 기자는 단문으로 유명하고. 노무현 전 대통령 후원회장을 지낸 이기명 작가도 칼럼이 좋아요. 워낙 자유롭게 써요. 분량이 긴데 무지하게 단문이야. 그냥 앞에 있는 사람에게 말하듯이 써.

장문이라도 읽기 쉬운 게 있어요. 문장이 길지만 쉬워요. 동아일보 문화부장을 지낸 소설가 최일남 선생이 쓴 글이 〈여성동아〉에 실렸는데 '그 여자는 커피 잔을 들었다.'라는 문장으로 시작해요. 그리고 무려 원고지 36장이 넘어간 후의 문장은 '커피를 마셨다'입니다.

최일남 씨의 글은 관념을 다 빼요. 누군가를 호되게 야단치는 것이 아니라 '그렇지 않겠나?'라는 식의 투입니다. 따뜻하죠. 논설실 동료가 세상을 떠나자 '자네 없이 마시는 소주는 왜 이리 쓴가?'라는 추모사를 썼어요.

고(故) 선우 휘 조선일보 기자도 만연체였지만 주장이 선명했어요."

여기서 이 전 총리는 단문을 얘기하면서 '말하듯이 쓴다'는 점과 장문을 말하면서 '읽기 쉬운 문장', '따뜻한 문장'을 강조한다. 사실 간결체나 만연체 중 정답은 없다. 자신에게 맞는 문체가 중요하다. 또한 어떤 문체이든 그것을 읽는 사람이 이해하는 데 문제가 없어야 한다.

YS의 고별 방식

그는 단문, 즉 간결체를 선택했다. 1998년 9월 동아일보 논설위원 당시 그가 쓴 'YS의 고별 방식' 사설을 읽어보자.

"얼마 전 정계개편과 경제청문회에 대한 김영삼 전 대통령(YS)의 불만이 크게 보도되었다. 그것을 보면서 책 한 권을 떠올렸다. 미국인 대학교수 제프리 소넨펠드가 쓴〈영웅의 고별(The Hero's Farewell)〉이다. 이 책은 어떤 분야든 정상(頂上)에 오른 인물들의 퇴진 방식을 4가지로 나누었다.

첫째, 군주형(君主型). 물러날 마음이 없다. 죽음이나 결정적인 건강 악화, 쿠데타가 아니면 좀처럼 물러나지 않는다. 지배 기간이 끝나는 것을 두려워하며 후계자를 키우기보다 자신을 불멸의 존재로 만들려고 한다. 대표적 정치인으로는 쿠바의 피델 카스트로, 루마니아의 차우세스쿠, 유고의 요시프 티토, 중국의 마오쩌둥(毛澤東)과 덩샤오핑(鄧小平), 소련의 브레즈네프 등이다. 경제인으로는 미국의 석유 왕인 폴 게티와 금융 황제 JP 모건이 있다.

둘째, 장군형(將軍型). 마지못해 물러나지만 그 후에도 영향력을 가지려고 한다. 복권을 획책하는 경우도 있다. 최소한 자신의 '위대한' 업적을 후진들이 영원히 칭송해주기를 열망하며 자신을 기억시킬 만한 기념물을 남기기도 한다. "노병은 죽지 않는다. 다만 사라져갈 뿐이다."라고 말한 미국의 맥아더 장군이 대표적이다. 조지 패튼 장군도 마찬가지다. 정치인으로는 프랑스의 드골 대통령이 그랬다.

셋째, 대사형(大使型). 깨끗이 물러나 후임자를 도우며 원만한 관계를 유지한다. 재임 중 훌륭한 일을 했다고 자족한다. 남들도 자신의 업적을 평가해 주리라고 마음 속으로 기대한다. 정치인으로는 미국의 드와이트 아이젠하워가 대표적이다. 그는 후임인 존 F. 케네디 대통령을 도왔고 쿠바위기에 대해서도 조언했다. 케네디 대통령도 그것을 고맙게 여겼다. 퇴진 후 먼 발치에서 회사를 돕는 일본 경제인들도 비슷하다.

넷째, 지사형(知事型). 목표지향적으로 일하다가 물러나면 새로운 길을 개척하고 매진한다. 현직에 있으면서 새로운 행로를 계획하기도 한다. 12년 동안 캐나다 인디언 부족을 이끌다가 물러나 62세에 영화배우로 데뷔한 댄 조지가 그런 부류다. 그는 더스틴 호프먼의 '작은 거인'에서 인정 많고 지혜로운 인디언 노인 역으로 출연했다. 정치인으로는 대통령 직에서 물러나자 다시 땅콩 농장을 경영하며 세계평화를 위해 일하는 미국의 지미 카터 대통령이 해당될 것이다.

김 전 대통령이 경제청문회에 대해 불쾌감을 표하고 여당의 의원 영입과 '민주 대연합론'을 비판했다고 한다. 의견이나 감정 표현은 그의 자유지만 청문회는 자신이 민감하게 연관되어 있다. 경제실패에 대해서는 아직도 그를 원망하는 국민이 많다. 그럼에도 청문회 개최나 그의 출석 여부에는 찬반 의견이 엇갈린다. 그로서는 국회 결정에 따르겠다는 정도로 말했더라면 더 좋았을 것이다.

의원들의 당적 이동과 '민주 대연합론'에 대한 비판이 추종세력의 동요와 부산, 경남에서 차지하는 자신의 위상 약화를 차단하기 위한 것이라고 보도되는 것도 거북하다. 그것은 불필요한 의심만 낳는다. 다른 차원의 이유 때문이었다면 덜 거북했을 것이다. 실현 가능성을 충분히 검토해보지도 않고 불쑥 '대연합' 운운해 평지풍파를 일으킨 여권의 미숙함과는 별개의 문제다. 김 전 대통령은 어떤 '고별'을 준비하고 있는가?"

그가 쓴 위의 글을 읽어보면 한 줄을 넘기는 문장이 거의 없다. 예를 들어, 첫 문단은 네 문장인데 한 문장으로도 가능하다. 즉 "얼마 전 정계개편과 경제청문회에 대한 김영삼 전 대통령(YS)의 불만이 크게 보도되는 것을 보면서 미국인 대학교수 제프리 소넨펠드가 쓴 〈영웅의 고별(The Hero's Farewell)〉이 떠올랐는데 이 책은 어떤 분야이든 정상(頂上)에 오른 인물들의 퇴진 방식을 4가지로 나누었다."이다.

하지만 그는 그렇게 하지 않고 네 문장으로 나누었다. 그러다 보니 문장 사이의 호흡이 빠르고 내용은 쉽게 읽힌다. 각 문장의 동사는 '보았다', '떠올렸다', '이다', '나누었다'이다. 즉 보았고 떠올렸는데 그것은 무엇이고 어떻게 되어 있는지를 한 문장 한 문장씩 밝힌다. 문장이 짧다보니 주어와 서술어가 가깝고 주어가 명확하다 보니 문장에 힘이 있다.

문장이 길어지면 자연적으로 주어와 서술어가 멀어진다. 그러다 보면 문장의 주인인 주어가 불명확해지고 운전사 없는 차와 같이 앞으로 나아가지 못하고 갈 지 자로 횡보하게 된다. 결과는 뻔하다. 문장의 동력이 사라지고 난해한 문장이 되어버린다.

음식에 비유하면 한 접시에는 하나의 음식만 담겨야 한다. 뷔페 레스토랑처럼 한 접시에 음식을 이것저것 담아오면 안된다. 그러면 각 음식 고유의 맛이 사라지고 이 맛도 저 맛도 아닌 '개 밥'이 되어버린다. 그런 점에서 그의 문체는 철저히 간결체다.

20년이 지나 기자시절 그가 썼던 글을 많이 찾아볼 수는 없지만 논설위원 당시 그가 쓴 〈동아광장〉의 모든 글은 이렇게 되어 있다.

단문은 최선인가?

그렇다고 단문만 능사라는 강박관념은 버려야 한다. 문장에는 리듬이 있기 때문이다. 그 리듬에는 음의 높낮이도 있지만 장단도 있다. 처음부터 끝까지 단문 일변도의 글은 생각의 흐름을 끊고 장문처럼 무슨 글인지 이해하기 어렵게 만든다. 문장과 문장은 서로 조화를 이루어야 한다.

문장에 따라 영화의 롱 테이크 샷(Long Take Shot)처럼 길게 끌고 가야 한다. 또한 어떤 문장은 빠른 장면 전환이 필요하다. 빠른 장면 전환만 있는 영화는 관객을 혼란시키고 어지럽게 만든다. 필요하면 길게 잡아야 빠른 장면 전환이 빠르게 느껴지고 관객은 영화에 몰입하게 된다.

또한 단문 사이의 과도한 접속사 사용도 금해야 한다. 문장 사이의 호응을 위해 접속사가 필요할 때도 있지만 대부분 사용하지 않아도 문장을 이해하는 데 문제가 전혀 없다. 그런 경우, 접속사를 사용하지 않는 것이 낫다. 과도한 접속사의 사용은 문장의 탄력을 없애고 난해한 문장으로 만들어버린다.

| 메모의 힘 |

1597년 10월 14일.
맑다. 새벽 2시쯤 꿈에 내가 말을 타고 언덕 위로 올라가는데 말이 발을 헛디뎌 냇물 속에 떨어졌지만 쓰러지지 않았고 나중에는 아들 면이 나를 끌어안은 듯한 모습을 보고 꿈에서 깼다. 무슨 징조인지 모르겠다.

1594년 9월 15일
초하루 한밤중 꿈을 꾸었는데 부안 사람(이순신의 첩)이 아들을 낳았다. 달 수를 따져보니 낳을 달이 아니었다. 그래서 꿈이지만 내쫓아버렸다.

- 이순신 〈난중일기〉

난중메모

보통 일기라고 하면 잠들기 전 저녁에 쓴다. 하루를 돌아보고 정리하는 것이 일기이기 때문이다.

하지만 이순신의 난중일기는 일기라기보다는 메모에 가깝다. 난중일기의 '일기'도 후세에 이름을 그렇게 붙인 것이지 애초에 일기라고 쓰여진 것이 아니다. 또 내용에 있어서도 일기 보다는 업무수첩에 가깝다.

예컨데, "아침에 송한련이 군량 4되, 겉곡식 1되, 기름 5되, 꿀 3되를 바쳤다. 김태정은 볍쌀 2섬 1말을 바쳤다."라는 식이다. 단순히 누가 곡물을 바쳤다가 아니다. 정확히 수량까지 1되도 놓치지 않고 적었다. 이것은 바로 그 자리에서 적었거나 어딘가에 따로 적어둔 것을 옮겨 적었다고 봐야 하는데, 굳이 한번 적은 것을 또 옮겨 적었다고 보기는 어렵다. 바로 그 자리에서 난중일기에 메모했음이 틀림 없다. 일기 보다는 업무수첩이라고 봄이 타당하다. 그렇다면 이순신도 지독한 메모광이 아니었을까.

꿈을 메모하다

난중일기에 꿈에 대한 언급이 38회나 등장한다. 때로는 예시(豫示)로, 때로는 계시(啓示)로 나타났다. 1597년 10월, 꿈에 아들 면이 나타난 지 얼마 지나지 않아 이순신 장군은 '통곡(慟哭)'이라는 편지를 받왔다. 막내아들 면이 죽었다는 비보였다. 명량에서 패한 왜적이 복수하기 위해 본가로 쳐들어가 아들 면을 죽인 것이다. 심지어 1594년 9월에는 첩이 아들을 낳았다는 꿈을 꾼 후에는 불길해 내쫓기도 했다.

일반적으로 꿈은 자고 일어나면 얼마 지나지 않아 잊히지만 이순신 장군이 꿈에 대해 쓴 글을 보면 눈 앞에서 본 것처럼 생생하다. 그러기 위해서는 이순신 장군도 어딘가 메모했던 것이 틀림없다. 잊어버리기 전에 말이다.

자기계발 책을 보면 평소 고민하던 문제의 해결책을 꿈에서 얻었다는 내용이 많다. 의식적으로 해결하지 못하는 문제를 자는 동안 잠재의식이 해답을 제시해줄 때가 있기 때문이다. 그러다 보니 잠들기 전 머리맡에 메모지를 두고 자라는 팁까지 주는 책도 있다. 일어나자마자 기억이 사라지기 전에 메모하라는 말이다.

핸드폰보다 수첩

이 전 총리는 기자 시절부터 메모 광이었다. 그는 자신의 SNS 계정에 "메모한다. 고로 나는 존재한다."라는 말을 남기기도 했다

그는 늘 수첩을 가지고 다니는데 두 달에 한 권을 쓴다고 한다. 실제 공식 석상에서 그의 사진을 보면 항상 뒷주머니에 수첩이 꽂혀 있음을 알 수 있다.

사실 지금은 예전과 같이 굳이 수첩을 들고 다닐 수고를 할 필요가 없다. 핸드폰만 있으면 어디서나 메모가 가능하기 때문이다. 핸드폰에 내장된 노트펜이 필기구를 대신한다. 두꺼운 수첩으로 호주머니가 불룩 튀어날 걱정도 할 필요가 없다. 단순히 글만 적는 것으로 끝나지 않고 그림을 그리거나 사진이나 동영상, 그리고 음성도 삽입이 가능하다.

하지만 그는 지금도 손에 들고 다니는 수첩을 고집한다. 그러다보니 웃지 못할 에피소드도 있다.

기자 경험이 준 선물

그는 30년 가까이 수첩을 오른쪽 뒷주머니에 넣고 다녔는데, 언제부터인가 허리가 아파 X-레이를 찍어보니 오른편 골반뼈가 위로 올라가 있다는 것이다. 수첩의 영향이었는데, 그 후로는 왼쪽 뒷주머니에 수첩을 넣어 골반뼈를 조정하고 있다고 한다. 그는 왼쪽이건 오른쪽이건, 어쩌다 아침에 수첩을 잊고 방을 나서면 금방 알아차린다. 엉덩이 균형이 무너진 것을 바로 감지하기 때문이다. 그가 애용하는 수첩은 그가 국회 농림수산식품위원장으로 일하면서부터 사용한 농민신문사 취재수첩이다. 커버가 얇고 연해 뒷주머니에 넣고 다니기 좋고, 스프링으로 묶여 필요시 뜯어쓰기 편하다는 점을 그 이유로 든다. 그는 농협 제품 가운데 성공작에 속한다고 너스레를 떨기도 한다.

한국신문협회 창립 60주년 기념 축하연에서는 "지금도 바지 뒷주머니에 취재수첩을 넣고 다니며 끊임없이 메모하는 생활은 신문기자 생활의 경험이 저에게 남긴 소중한 선물이다. 그것이 자랑스럽다."라고 말하기도 했다.

암기에 숨은 공신

그의 이런 메모 습관은 3가지 점에서 좋다.

첫째, 무엇보다 뭔가를 잊지 않는다. 인간의 기억력에는 한계가 있다. 지금은 기억하더라도 뒤돌아서면 잊어버리는 것이 당연하므로 어딘가 메모해두면 나중에 보고 기억을 떠올리기에 좋다. 특히 단순히 머리로 암기하기보다 손으로 직접 적는 것이 암기하기에도 좋다고 한다.

메모하는 것을 보면서 눈으로 외우고 메모를 적으면서 손으로 외울 수도 있으니 머리로 외우는 것보다 훨씬 공감각적이다. 메모의 암기력은 메모할 때도 나오지만 전에 메모해둔 것을 다시 들여다볼 때 위력을 발한다. 인간의 뇌는 한 번 기억해둔 것도 자주 떠올리지 않으면 중요하지 않은 정보로 간주해 기억 속에서 지워버리고 새로운 정보로 채운다.

따라서 한 번 기억한 것 이상으로 자주 들여다보는 행위로 그것이 중요한 정보라는 것을 뇌에 각인시켜야 한다. 전에 적어둔 메모를 들여다보는 것이 그래서 좋은 것이다. 굳이 한 글자 한 글자 정성껏 읽을 필요도 없다. 눈으로 훑어만 봐도 효과가 크다.

이 전 총리는 "저녁에 20여 명과 막걸리를 마시며 간담회를 하더라도 메모하기 때문에 끝날 무렵 전원의 성함과 직함을 기억할 수 있다."라며 "30명까지 즉석 암기가 가능하다."라고도 말했다.

사고의 깊이를 더하다

두 번째로 메모는 단순히 무언가를 외우는 목적 외에도 생각의 깊이를 더하기에 좋다. 머릿속으로만 생각하는 것은 흐르는 물처럼 직선적이다. 생각을 의식의 흐름에 맡기면 의식이 흘러가는 대로 흘러가기 마련이다. 그러다 보면 생각이 삼천포로 빠지거나 중간에 길을 잃기도 한다.

반면, 생각하는 것을 메모하는 것은 훨씬 입체적이다. 한 층 한 층 건물을 쌓는 것과 같다. 머릿속으로 생각하는 것과 적는 것은 다르기 때문이다. 단순히 생각나는 대로 적는 것이 아니라면 메모하는 과정에서 생각의 필터링 과정을 거치게 된다.

무엇을 적고 무엇을 적지 말아야 할지 생각하면서 생각의 깊이가 더해진다. 중요하지 않은 정보, 급하지 않은 정보는 자연스럽게 걸러진다. 그러다 보니 그는 자기 전에 자신이 메모한 내용을 들여다보는 습관이 생겼다고 한다. 찬찬히 메모를 들여다보며 해결해야 할 민원의 우선순위를 정하기 위해서다. 그의 측근은 이 총리의 애장품 1~10호가 모두 수첩이라고 말한다"고 밝히기도 했다.

낮은 자세의 수첩

세 번째는 듣는 자세다. 혼자 적는 메모도 있지만 상대방의 말을 받아 적는 메모도 있다 보니 일반 회사에서 메모하는 쪽은 대부분 상사보다는 부하 직원이다. 회의하면 항상 부하는 수첩과 필기구를 들고 들어간다. 상사는 주로 말하고 부하직원은 그것을 받아 적고 실행하는 입장이다. 그런 자리에 수첩을 들고 들어가지 않으면 눈치가 보인다.

상사는 자신이 말하는데 고개만 끄덕이는 부하직원과 열심히 받아 적는 부하직원을 다르게 본다. 수첩에 메모하는 부하직원이 자신의 말을 더 경청하고 지시에 적극적으로 임하려는 것으로 보이기 때문이다. 부하직원도 이런 사정을 잘 안다. 설사 다 아는 얘기를 상사가 말하거나 별로 중요하지 않은 내용이더라도 열심히 받아 적는 시늉을 한다. 상사에게 잘 보이거나 최소한 찍히지 않기 위해서다.

사실 대화할 때 상대방이 자신의 얘기에 얼마나 귀를 기울이는지는 태도만 봐도 알 수 있다. 얘기 중간에 고개를 적절히 끄덕이거나 얼마나 잘 받아 적는지를 보면 상대방이 얼마나 경청하는지를 알 수 있다.

이 전 총리의 메모 습관은 그의 총리 재직 2년 6개월여 동안 공무원들 사이에서도 업무문화로 자리잡았다. 이 전 총리는 "회의에 배석하는 국장이나 차관이 수첩에 메모하지도 않고 멀뚱멀뚱 있거나 회의자료 뒤쪽에 끄적거리는 것을 보면 '나중에 어쩌려고 저러지?' 안타까워하기도 했다."라며 "내가 배석자들에게 일일이 답변을 요구한다는 소문이 퍼지면서 수첩에 메모하는 고위 공무원들이 점점 늘더라."라고 말했다.

평소 그는 다 쓴 수첩은 침대 머리맡 서랍에 보관하다가 서랍이 꽉 차면 다른 서랍으로 옮겨두는데 수첩 한 권을 다 쓸 때까지는 한 달이 채 안 걸린다고 말한다.

화제가 된 수첩

강원도 산불사고 당시 그의 수첩이 화제가 된 적이 있다. 서울 정부청사에서 강원도 산불사고 제2차 관계장관회의를 주재하면서 손에 들고 있던 수첩이 언론사 카메라에 포착되면서다. 그의 수첩에는 정부의 단계별 대책 내용들이 1~5번까지 정리되어 있었다. 평소에도 그는 국무회의나 현안 조정회의 등의 모두 발언을 여러 번 직접 다듬는 것으로 알려져 있다.

사인펜으로 적힌 8페이지 분량의 메모는 이날 관계장관회의 모두발언에서 고스란히 반영되었다. 그는 회의에서 잔불 정리, 이재민 돕기, 특별재난지역 선포, 복구 지원, 제도 보완 등 5단계 대책을 주문하고 단계별 논의 시점까지 제시했다. 산불 발생 다음 날 피해 현장과 대피소를 방문해 이재민들을 만나 파악한 애로사항과 의견들을 적어 두었다가 대책 지시 과정 등에 반영한 것으로 보인다.

이에 당시 정운현 비서실장이 그의 수첩 전체를 공개했다. 정 실장은 SNS에 "이 총리의 산불 대책 수첩 메모가 화제다."라며 "뉴스1에서 오전 9시47분에 사진기사를 올린 지 4시간 만에 '좋아요' 3,600여 개, 댓글 1,100여개가 달렸다. 물론 독자들의 반응도 매우 좋다. '사고' 관련 내용으로는 드물게 나온 호평"이라고 적고 메모 사진을 올렸다.

실제로 해당 사진 기사에는 "국무총리가 뭐하는 자리인지 처음 알았다.", "산불로 아팠던 마음이 조금이나마 위로가 된다.", "뜬구름 잡는 얘기가 하나도 없고 구체적이고 현실적인 설명만 확실히 해줬다." 등 1,000개 이상의 댓글이 달렸다.

사실 재난현장에서 일부 정치인과 관료의 행보는 눈살을 찌푸리게 한다. 실질적인 대책을 제시하거나 이재민의 의견을 듣기보다 '눈도장'이나 찍을 생각으로 방문하는 경우가 많기 때문이다. 이런 '보여주기' 식 전시 행정은 또 다른 피해를 주기도 한다. 현장에서 재난복구에 힘을 쏟아야 할 공무원들을 불필요한 의전과 보고업무에 시달리게 만들기 때문이다.

 반면, 그는 동원된 헬기 대신 차량으로 고성·강릉 일대 산불 피해 현장을 찾았다. 총리로서 당연히 누릴 수 있는 형식적인 의전은 뒤로 물리고 산불 진압에 투입된 소방관 등에게 민폐가 될지도 모르는 행동을 최소화한 것이다.

 그는 현장 피해 상황을 둘러보고 이재민을 찾아 위로하고 이재민들의 의견을 단 하나도 흘려듣지 않고 꼼꼼히 메모했다. 말뿐인 형식적 위로가 아니었다. 메모를 위한 메모가 아니라 정부가 할 수 있는 최선의 약속을 건넸다. 그의 메모하는 모습은 국민의 이야기를 귀 담아 듣겠다는 진심의 표시였다.

| 문장의 디테일 |

무술년인 1598년 10월 7일: 맑음. 아침에 송한련(宋漢連)이 군량 4되, 겉곡식 1되, 기름 5되, 꿀 3되를 바쳤다. 김태정은 볍쌀 2섬 1말을 바쳤다.

이 내용은 이순신 장군이 노량 앞바다에서 전사하기 40여 일 전에 쓴 기록이다. 나는 이 대목을 읽을 때마다 가슴이 저려왔다. 구국 영웅의 마지막 날들이 어찌 이처럼 겸허할 수가 있다는 말인가? 그의 수많은 군사들에게 군량 4되, 겉곡식 1되가 도대체 무슨 보탬이 되었겠는가? 김태정은 볍쌀 2섬 1말을 가져왔다고 했는데 이순신 장군은 기어이 끝자리 숫자까지 적어 놓았다. 그에게는 1되 1말이 소중했을 것이다. 1말은 많거나 적은 것이 아니었다. 그의 가난, 그의 정직성, 그의 사실성에 나는 눈물겨웠는데 그는 감정을 드러내지 않았다.

> 군량 4되를 가져온 송한련은 이순신 장군의 군관으로 개전 초기부터 종전 때까지 이순신 장군을 가까이서 모셨다. 그는 전투원이자 식량조달을 위해 어부 일까지 했다. 그가 가져온 군량 4되는 항상 내 마음을 옥죈다. 나는 남해 이락사에 갈 때마다 항상 이순신 장군의 무서운 침묵과 송한련의 4되를 생각한다.
>
> - 김훈 산문 〈연필로 쓰기〉 4화_내 마음의 이순신

되로 주고 말로 갚는다

옛말에 '되로 주고 말로 갚는다.'라는 말이 있다. 되(升)는 곡식이나 액체의 부피를 측량하는 단위로 한 되는 약 1.8리터의 부피다. 무게로 따지면 1kg 조금 넘는다. 그래서 난중일기에 나오는 4되, 1되, 5되, 3되는 한 명이 먹기에는 조금 많은 양이지만 수천 명의 수군에게는 턱없이 적은 양이다. 그런데 이순신 장군은 그 양을 되 단위로 정확히 기록했다. 그렇게 하라고 누가 시킨 것도 아니지만 그는 부하가 가져오는 몇 안 되는 곡식의 정확한 무게를 달아 기록으로 남겼다.

그의 이런 디테일은 어디서 왔을까? 이 글을 쓴 1598년은 이순신 장군이 노량 해전에서 왜군의 총탄에 맞아 숨진 해다. 당시 잦은 전란으로 식량은 항상 부족했고 전사자 못지않게 아사자도 많았다. 그는 다른 글에서 그런 비참함을 이렇게 적기도 했다.

"1월 19일: 영남 여러 배들의 활군, 격군들이 거의 다 굶어 죽게 되

었다고 한다. 참혹해 들을 수가 없다."

"1월 20일: 살을 에듯 춥다. 여러 배에 옷 없는 병졸들이 몸을 움츠리고 앉아 추위에 떠는 소리가 차마 듣기 괴롭다."

그의 글에서 추위와 굶주림에 시달리는 병졸들에 대한 안타까움이 절절히 묻어난다. 자기 몸 하나도 유지하기 힘든 시기였다. 자신의 입에 풀칠하기도 힘들 때 자기보다 어려운 사람들을 위해 군량 4되, 겉곡식 1되를 바친다는 것은 상상하기도 힘들었다.

그런 사정을 잘 아는 이순신 장군은 그의 정성에 화답이라도 하듯 1되라도 놓칠까봐 정확히 기록해 두었다. 그것이 곡식을 바치는 자의 정성에 예의를 표하는 것이라고 믿는 듯했다.

문서의 디테일

이순신 장군의 이런 점을 이 전 총리에게서도 찾아볼 수 있다. 그는 도지사 시절 실·국장 회의에서 "중앙정부나 시군, 또는 도민들께 보내는 문서나 알리는 것들은 오류가 있어선 안 되고 무례해서도 안 되며 부적절한 내용이 포함 되서도 안 된다."며 공무원들의 주의를 당부하기도 했다. 이어 "규칙이나 규정, 정관처럼 오래도록 사용해야 할 내부 문서들 역시 철저히 정확해야 하고 중복이 있어서는 안 되며 누락

이나 앞뒤 모순이 있어서도 안 된다."고 강조하기도 했다.

당시 이 같은 발언을 두고 그가 내·외부에 보내진 문서나 배포된 보도자료 등에 대해 코멘트와 문장, 오탈자 수정까지 꼼꼼하게 챙기는 상황에서 좀처럼 기존의 관행이 고쳐지지 않고 있는데 대한 강한 질책으로 받아들이기도 했다.

아외에도 그는 기자 출신답게 보도 자료 문구 하나하나에도 신경을 썼다. 자신의 발언이 조금이라도 본의와 다르게 표현되면 팩트에 충실하게 써 달라고 요구했다. F1 대회의 지속 여부와 관련한 전남도의 원칙에 대한 일부 언론 보도에 자신의 코멘트가 '재정 최소화'로 나가자, '재정부담 최소화'라고 바로잡아 달라고 한 게 대표적이다. 도정이 정확하게 전달될 수 있도록 보도 자료도 직접 챙겼다.

내용의 디테일

그는 형식의 디테일 뿐만 아니라 정보의 디테일에도 신경을 썼다.
그가 농산물 재배 현장을 다녀온 뒤 현장에서 얻은 대파에 대한 정보 설명을 한번 들어보자.

"전국적으로 유명한 신안 비금도 시금치와 여수 돌산 갓 등 농산물 재배 현장을 찾아서 어떤 영농기법을 쓰고 있는지, 농민들의 이야기를 듣고 사진도 찍고 그것들을 기록해 왔다. 잘 알아야 외지인들에게 왜 이곳 상품이 좋은지 설명도 할 수 있다. 신안 임자도 대파는 국내 최고 품질로 자타가 공인하는 제품인데, 대파의 품질은 연백부(대파의 뿌리와 잎사귀를 연결하는 흰색 줄기 부위)가 결정하는데 이것이 길고 굵어야 좋다. 그 연백부가 30cm가 넘어야 좋은 상품이다. 임자도의 대파는 그렇다. 그런데 진도 대파는 연백부가 짧다. 그 차이는 흙의 문제다. 현장에서 배우고 있다."

그는 이렇게 얻은 정보를 가지고 임자도 대파가 다른 지역 대파보다 연백부가 길고 굵다는 점을 발견한다. 나아가 그 차이가 흙에 있음을 알아낸다. 단순히 대파가 좋다, 나쁘다를 떠나 어떤 것이 좋은 것이고 그 차이가 왜 생기는 이유까지 깊이 내려간 것이다.

KTX에는 옷걸이가 없다

2004년 그가 국감 참고 자료로 내놓은 '고속철도 개선을 위한 현장 보고서'를 한번 살펴보자.

그는 국회의원 시절 지역구에 내려가기 위해 매주 말 KTX를 이용했다. 그전에는 비행기를 이용했지만 "과거의 기차여행보다 지루함이 덜하고 비행기 여행보다는 낮잠을 좀 더 즐길 수 있다."는 이유로 KTX를 이용했다고 한다.

30개 항목에 이르는 이 국감자료집은 매우 재밌게 읽힌다. 문제의 핵심을 짚으면서도 누구에게나 어렵지 않게 읽히는 산문체 형식으로 정리되어 있기 때문이다.

그는 'KTX에는 옷걸이가 없다'는 소제목의 글에선 다음과 같이 썼다.

"옷걸이는 차창 사이의 벽에 붙어 있다. 그러나 좌석 간격과 차창 간격이 서로 어긋난다. 그래서 어떤 좌석에는 옷걸이가 있고, 어떤 좌석에는 옷걸이가 없다. (중략) 옷걸이가 있는 좌석을 만나는 것은 순전히 행운이다.

그러나 그것은 나의 오해였다. 승무원의 설명이 기막히다. '아닙니다. 그건 옷걸이가 아닙니다. 커튼 걸이입니다' 승무원은 커튼을 걷어 보였다."

총 25페이지로 되어 있는 이 보고서는 그가 주말마다 지역구를 내려갈 때 KTX를 이용하면서 실제 겪은 소비자 입장에서의 느낌과 조언들을 담고 있다. 이 보고서에서 그는 옷걸이가 없다거나 일반실에는 이어폰이 없다는 작은 지적부터 계절, 요일, 시간대별 요금 차등화와 일본 신칸센과의 비교 등 정책적 지적까지 했다.

　기자 출신인 그는 평소 수첩에 KTX의 문제를 빽빽이 기록해 왔고, 국감을 한 달 앞두고는 보좌관에게 경부선 체험을 지시하며 "KTX 나사까지 세고 와라"고 강도 높게 주문할 정도였다.

작은 물고기를 굽듯

　팩트의 디테일은 그가 평소 강조해 온 업무 디테일과도 연결된다.

　그는 도지사 시절 직원들에게 "각자의 업무에 대해 큰 것만 보려 하지 말고, 세부적인 것도 잘 살펴 끊임없이 점검하고 보완해야 한다."고 늘 강조했다.

　그는 특히 세계적인 기업을 일군 중국 알리바바그룹 마윈 회장의 연설문 가운데 "승리하고 싶다면 세부적인 것에서 승리해야 한다. 세부적인 것은 사악해서 당장 완벽하지 않으면 안 된다."는 말을 자주 인용하기도 했다.

　그는 또 "평소 크게 보고 작게 살피자는 대관소찰(大觀小察)을 강조해 왔는데, 대관소찰은 그가 전남 도지사일 때 시무식에서 사용한 사자성어로 도청의 모든 부서가 그늘진 곳을 살피고, 서민 등 사회적 약자를 배려하는 세밀한 정책을 찾아내고 시행해주길 바란다"라고 당부한 말이다.

그는 "흔히 큰 것만 보면 된다고 생각하고 세부적인 것에는 덜렁거리는 수가 있다."며 "그러나 세부적인 것을 모르는 사람은 아무것도 모르는 것"이라고 말했다.

또한 그는 "조직은 밑으로 내려갈수록 점점 세분화되어 있어 세분화된 영역을 모르면 곤란하다."며 "스스로 맡은 일에 대해 얼마나 디테일을 잘 알고 있는가를 끊임없이 점검하고 보완해야 한다."고 덧붙였다.

그는 '(나라 다스림은) 작은 생선을 굽는 것과 같다'는 뜻의 중국 사자성어 '약팽소선(若烹小鮮)'을 언급하기도 했다. 즉 "작은 물고기를 잘 구우려면 형태가 유지되면서 속까지 잘 익어야 하지만 디테일에 약하고 덜렁거리면 그 물고기는 부서지고 만다"며, "행정도 작은 물고기를 굽는 것처럼 해야 한다"고 강조했다.

타버린 볍씨

또한 그는 동아일보 인터뷰에서 총론의 방향성도 중요하지만 각론의 구체성도 강조했다. 그의 이야기를 들어보자.

"아직도 우리의 정치와 행정이 총론에 맴도는 경향이 있다고 본다. 국민의 삶은 각론으로 고통받는데 정치와 행정이 각론이 부족하다면 국민은 답답하게 생각할 것이다. 저라고 특별히 다르진 않겠지만 현장을 다른 사람들보다 조금 더 아는 편이라고 국민이 느끼는지 모르겠다."

이어 그것이 여전히 기존 정치인에게 부족한 부분이냐는 질문에 강원도 산불사고 당시 군민들을 만났던 얘기를 꺼냈다.

"강원도 산불사고 당시 보통 정치인들에게서 찾아보기 힘든 장면을 본 것 같다. 총리가 현장에 가서 (집에서 빠져나오느라) 혈압약 챙겼느냐고 묻고, 타버린 볍씨를 무상으로 드리겠다고 하니 저를 '희한한 사람'으로 생각했을 것이다. 하지만 각론이 없는 정치 행정이나 정책은 공허하다. 각론도 매우 구체적인 개인의 삶에서 가장 다급한 문제에 대한 해답이 필요하다."

그러면서 격화소양(隔靴搔癢)을 말한다. 신발을 신고 가려운 발바닥을 긁는 것처럼 현실과 동떨어진 정책을 경계해야 한다는 뜻이다.

| 글의 재료 |

 이순신 장군은 치열한 전투가 끝나면 그 결과를 소상히 적어 임금께 보냈다. 이순신 장군의 장계는 그 첫 머리부터 문신들의 장계와 전혀 다르다. 이순신 장군은 고사(故事)나 고전(古典)의 글을 인용하면서 임금의 덕성을 찬양하는 상투형을 버리고 대뜸 '삼가 무찌르고 붙잡은 일을 보고합니다.'라는 첫 문장으로 시작했다.

 나는 이 문장에서 그의 무인적 에토스를 느낀다. 그는 전사하거나 부상당한 부하들의 이름과 공적을 모두 적어 임금에게 보냈다. 오늘날 그들의 이름은 기록에 모두 남아 있다.

 '적에 맞서 싸울 때 관노비 기이(己伊), 관노비 난성(難成), 토병 박고산(朴古山), 격군 박궁산(朴宮山) 등이 전사했고 기타 수많은 관노비, 사노비, 사찰 소속 노비, 내수사 노비, 어부, 격군, 토병들이 부상을 당했습니다.' 이순신 장군은 그들의 이름 석 자와 작은 전공까지 세세히 적어 임금께 보냈다. 이순신 장군은 그들의 처자식들에게 '구제의 특전을 베풀어 주소서.'라고 청원하기도 했다.

엄격한 신분제 사회에서 3도 수군통제사 이순신 장군은 전사하거나 부상을 당한 '천민'들의 이름을 적어 임금께 보내고 원호를 요청했다. 군율을 어긴 자들은 가차없이 목을 베고 전사한 노비들의 이름을 적어 임금께 올리고 공로를 챙기는 그 양 극단적인 면모를 하나의 마음속에 품고 있었다.

- 김훈 산문 〈연필로 쓰기〉 4화_내 마음의 이순신

이순신의 에토스

이순신 장군의 글은 김훈 작가의 말처럼 무인적 에토스로 가득하다. 에토스는 성격, 인격, 개성 등을 의미하는 그리스어다. 아리스토텔레스는 설득의 수단으로 로고스, 에토스, 파토스를 제시했다. 로고스는 메시지의 논리, 에토스는 연사의 인격, 파토스는 청중의 감정이나 정서와 관련 있다.

이 3가지 수단은 연설을 구성하는 기본적 요소인 메시지, 연사, 청중과도 일치한다. 3가지가 어우러져 조화를 이룰 때 설득의 효과를 극대화할 수 있다. 임진왜란 당시는 간신들이 많았다. 그들의 시기와 견제로 이순신 장군은 몇 번이나 끌려가 고문과 문초를 당했다.

게다가 장계는 임금이 읽어보는 것이므로 최대한 잘 보이게 적는 것이 인지상정이다. 임금의 덕을 칭송하며 임금의 보은에 대해 구구절절 늘어놓고 자기 자랑하는 데 애쓰는 것이 일반적이다. 그런데 그는 전혀 그렇게 하지 않았다. 거두절미하고 대뜸 '삼가 무찌르고 붙잡은 일을 보고합니다.'로 문장을 시작했다. 붓으로 먹고 사는 문신과 달리 강인한 무인의 기질과 기품이 느껴진다.

현장에 살고 현장에서 죽다

이순신 장군은 지휘관이지만 격전지 한가운데서 부하들과 함께 싸웠다. 생사가 점멸하는 절체절명의 순간마다 그들은 하나였다. 이순신 장군은 나라를 위해 싸우다가 전사한 부하들의 이름과 공적을 세세히 기억하고 기록했다. 자신의 공을 높이는 대신 부하들에게 그 공을 나누어 주었다.

이름없이 싸우다가 죽은 부하는 이순신 장군 밑에 없었다. 그들의 이름을 기억해주고 심지어 그들의 출신, 역할, 공적까지 하나하나 기억했다. 당시 신분의 귀천을 얼마나 많이 따졌겠는가? 하지만 이순신 장군은 전사한 노비들을 장계에 올리는 것도 모자라 그들에게 원호를 내려줄 것을 임금께 간청한 것이다.

이순신 장군이 그들의 이름 석 자와 작은 공적을 써내려갈 때의 심정을 감히 추측할 수는 없다. 그저 지난 날의 전쟁을 반추하며 부하들 한 명 한 명을 기억에서 소환했던 것은 분명하다. 그들과 함께 싸우고 함께 살아남지 못했다는 죄책감과 안타까움도 있었을 것이다. 삶과 죽음의 경계에서 함께 싸운 지휘관만 가능한 일이었다. 이순신 장군은 자신마저 전투 현장에서 끝내 숨을 거두었다.

현장 보고서

국정감사에서 빛을 발하는 의원은 치밀한 논리 전개로 정부 부처를 꼬집거나 현장의 목소리를 생생히 담는 의원들이다. 특히 민생 경제 현장을 가장 충실히 국감에 반영하는 의원 중 한 명을 꼽으라면 당연히 그의 손을 들 수밖에 없다.

그는 해마다 국정감사에 앞서 현장 취재 보고서를 냈다.

2003년부터 지금까지 '원자력 정책의 성공을 위한 문제 제기 4건, 원자력발전소 인근 지역 현지 르포(2003)', '고속철도 개선을 위한 현장 보고-KTX를 타보니(2004)', '2개월 현장 취재, 수도권 임대주택 실태 보고(2005)', 이용자의 눈으로 본 인천 국제공항(2005)', '노숙인의 겨울나기 현장 보고-서울역 사람들(2006)', '택시운전사(2006)', '개발의 그늘(2007)' 등 모두 7개의 보고서를 만들었다.

'탁상공론이 아닌 현장', '비판을 위한 비판이 아닌 합리적인 대안 제시'에 대한 집착이 남다르지 않았다면 내기 어려운 성과물이다. 그의 르포 주제는 소속 상임위에 구애받지 않는 것도 특징이다.

현장 르포 전문 의원

그의 이러한 행적은 21년간의 기자 생활로 터득한 직업적 관성이라고 볼 수 있다.

통계나 자료에 잡히지 않는 실상을 파악하기 위해서는 현장 속으로 들어가야 한다는 그의 믿음 때문이다. 이렇게 취재한 내용은 고스란히 국감장에서 대정부 질의로 이어진다. 덕분에 그는 언론으로부터 '르포 전문 의원'이라는 별칭을 얻었다.

그는 당 원내대표로 활동하는 바쁜 와중에도 국감 때면 어김없이 현장을 뛰었고, 당시 그의 한 보좌관은 "이 의원은 국감 기간 동안 일체 어떤 행사에도 참여하지 않고 새벽까지 의원실을 지켰다"고 귀띔할 정도였다.

그는 국감에 앞서 항상 그의 보좌관들에게 세 가지 원칙을 강조했다. 현장성, 정쟁 아닌 정책 중심, 소비자 관점이 바로 그것이다. 특히 그는 정책이 아닌 정쟁 중심의 국감을 하는 것을 가장 경계했다.

방 안에 직접 들어가라

2006년 그가 국감자료로 내놓은 '2005년 2개월 현장 취재, 수도권 임대주택 실태 보고'를 보면, 수도권 임대주택 10여 곳을 둘러보고 꼼꼼하게 기록한 서민들의 생활상이 고스란히 담겨 있다.

임대아파트에 살고 있는 주민들의 애로사항은 무엇인지, 이를 개선하기 위해 어떤 제도적 장치가 필요한지, 기초생활수급자 등 영세민들이 거주하는 영구임대주택의 문제 등을 집중적으로 조사했다.

심지어 그는 보좌관에게 "영구 임대주택에 살고 있는 주민들의 방안에 직접 들어가 보고, 표정까지 살피고 오라"고 주문했다고 한다.

말 트는데 보름 이상 걸렸다

2006년에는 '노숙인의 겨울나기 현장 보고-서울역 사람들'을 내놓았다. 그 과정에서 노숙자들과 말을 트는 데 보름 이상 걸리기도 했다.

그는 이 보고서에서 노숙인들의 일과를 시간대별로 기록하고, 지출 내역까지 정리하였으며, 우리 사회 노숙인들의 현황을 짚으면서 자활 및 주거지원 대책을 제시했다.

이어 2007년 내놓은 '개발의 그늘'에서는 우리 사회의 아파트 건설 열기 속에서 삶의 터전을 잃고 주변부로 밀려나는 서민들의 고통을 담았다. 2007년 4월부터 6개월간 취재 후 만든 이 보고서에는 서울 난곡동과 종암동 등 재개발 지역과 비닐하우스촌 등 빈곤층 주거 지역 주민들의 육성과 대안이 들어있다.

현장에 그가 있다

그의 현장감이 국정감사에서만 빛을 발한 것은 아니다.

2006년 1월 호남 지역이 폭설 피해를 입었을 때 그는 동료 의원들을 설득해서 현장 방문을 추진하고, 호남 지역을 특별재난지역으로 선포하는 데 주도적인 역할을 했다.

그의 집요한 현장 중시 성향은 그 이후에 더욱 빛났다. 특별재난지역 선포 이후에도 피해 현장의 150가구 농민들을 만나 복구 행정의 미비점과 건의사항을 정리해 관계기관에 '현장에서 파악한 폭설 피해 복구 행정의 미비점과 건의사항'이라는 제목의 보고서를 제출했다.

현장에 가 봐야 안다

그는 자신이 그렇게 현장에 집착하는 이유로 '행정과 언론이 충분히 다루지 못하거나 파악하지 못한 것을 들춰내고 싶었다'고 말한다.

한 예로 2013년 가을, 정부는 가을배추 재배 면적 증가와 풍작으로 인한 가격 하락에 대응하기 위해 11만 톤을 자체 폐기하는 방안을 발표했다.

그런데 그가 직접 해남의 가을배추 농장에 가보니 실상은 이와 달랐다고 한다. 멀리서 보면 배추가 풍작인데 밭에서 직접 배추 속을 보니 많이 곯아 있었던 것이다.

이런 사정은 정부도 정확히 확인하지 않았고 언론도 제대로 보도를 하지 않았다. 잘 알려지지 않은 내용이었기 때문이다. 정부도 실제로 폐기하겠다고 발표했지만 실행을 다하지 못했다고 한다. 정부에서도 나중에 가만히 들여다보니 그게 아니라는 사실을 뒤늦게 안 것이다.

이주사

그가 전남지사에 취임하자 공직사회의 반응은 교차했다. 일 욕심 많은 사람이 도정을 맡으니 전남이 한 단계 더 도약할 것이라는 기대감과 함께 완벽을 추구하는 업무 스타일로 공직사회가 경직되지 않을까 하는 우려가 동시에 나왔다.

그는 꼼꼼하고 세심한 업무 스타일 때문에 전남도 공무원들 사이에서 '이 주사'로 불렸다. 이주사는 '6급 공무원 같다'는 의미로 공무원 중 가장 업무가 많은 직급이면서 현장을 속속들이 파악해서 해결책을 모색하는 자리가 '주사(主事)'이다 보니 그런 별칭이 붙은 것이다.

그만큼 현장과 실무를 잘 챙긴다는 표현으로 당시 그가 국무총리로 임명되면 장관들이 시달릴 것이라는 말이 나올 정도였다.

중대장과 6급 주사

이것은 그가 동아일보 논설위원 시절 동아광장에 쓴 '김대중 대통령, 장관 다그치기'에 인용한 말에서도 드러난다.

그는 이 글에서 2차대전 참전군인들에게 '무엇을 위해 싸웠는가'를 물은 미국의 조사결과를 인용한다. 그런데 대통령, 성조기, 자유와 인권 등을 제치고 중대장이라는 응답이 가장 많았다고 한다. 이어 그는 만약 탈영병들에게 '무엇 때문에 탈영했는가'를 물었다면 어떻게 됐을까를 자문한다. 가장 많은 대답은 역시 중대장이었을 것이라며, 관료사회의 중대장격인 장관의 역할을 강조한다.

당시 지도자였던 김대중 전 대통령 만큼이나 중대장격인 장관이 소임을 다하기를 주문한 것이다. 중대장이라는 위치는 조직을 이끌기도 하지만 조직을 망하게 할 수도 있다.

한 지역의 도를 놓고 보면 도의 중대장은 6급 주사이다. 그 스스로 도지사이기도 하지만 스스로 '6급 주사' 역할을 자청함으로써 공무원 조직에 긴장을 주고자 한 셈이다.

실제로 관리자가 되면 현장의 '감'이 떨어지고 실무에 대해서도 멀어지게 되는 것이 자연스런 현상이다. 하지만 20년 넘는 기자 생활을 하면서 체득한 현장 중심주의가 그가 도지사가 된 후에도 이어졌고,

실무자들은 바짝 긴장해야 했다.

시작과 끝

사실 공무원 조직에서 매번 현장성을 살리기는 쉽지 않다. 그래서 그는 도지사 시절 오마이뉴스와의 인터뷰에서 "공무원 사회는 업무 일관성과 지속성을 중시한다. 공무원 조직에 현장에서 어떤 일이 벌어지고 있는가를 일일이 확인하는 현장성과 창의성을 기대하는 것은 무리다. 그러나 공무원 조직을 이끄는 지도자에겐 창의성과 현장성이 가미돼야 한다"며, 지도자의 역할을 강조하기도 했다.

이 전 총리의 장수와 인기 비결로 현장 중심 디테일 행정을 꼽는 사람이 적지 않다. 역대 많은 정치 지도자가 말로는 현장 행정 구현을 외쳤지만 구호로 그친 경우가 많았기 때문이다. 반면, 이 전 총리는 "현장은 문자 그대로 시작이자 끝이다. 정치, 행정, 정책도 모두 현장에서 나와 현장에서 끝난다"며 "뭐가 문제인지, 그것이 과연 해결되었는지 알아보려면 결국 현장을 가봐야 한다."라고 강조했다.

소통의 문장

1597년 9월 15일 명량해전 전야 일기

15일 계묘. 맑음. 소수의 수군으로는 명량을 등지고 진을 칠 수 없어 우수영 앞바다로 진을 옮겼다. 제장들을 불러모아 약속하며 말했다.

"병법에 이르길 '반드시 죽으려고 하면 살고 반드시 살려고 하면 죽는다.'라고 했다. 또한 '한 명이 좁은 길을 지키면 1,000명을 두렵게 할 수 있다.'라고 했으니 지금의 우리를 말하는 것이다. 너희 각 제장들은 살겠다는 마음을 먹지 말라. 조금이라도 군령을 어기면 즉시 군율로 다스릴 것이다."라고 말하며 두세 번 엄하게 약속했다.
이 밤에 신인(神人)께서 꿈에 나타나 말씀하시기를 "이리하면 크게 이길 것이요 저리하면 패할 것이니라."라고 하셨다.

— 이순신 〈난중일기〉

생즉사 사즉생

조선시대 전쟁의 모습은 어땠을까? 오늘날처럼 멀리서 총을 쏴 적을 죽이는 것이 아니다. 손에 든 칼로 베고 찌른다. 살점이 튀고 팔다리가 잘리고 목이 잘린다. 상대방보다 느리면 죽음이다. 개인적 원한과 복수 때문에 죽이는 것도 아니다. 단지 적이라는 이유로 일면식도 없는 상대방을 죽인다.

이런 전쟁은 군사들에게 엄청난 공포와 두려움을 안겨주었을 것이다. 우리 편 숫자가 적보다 적으면 두말할 것도 없다. 수천 명의 병력으로 수만 명의 적과 맞붙어야 한다. 수만 명의 적이 내뱉는 함성은 우뢰와 같을 것이고 그들이 치는 북소리는 땅을 흔들고 병사들의 몸을 떨게 했을 것이다. 그런 전쟁에 임하는 부하들은 얼마나 두려웠을까? 그는 전투에 임하는 부하들에게 "죽으려고 하면 살고 살려고 하면 죽는다."라며 죽기를 각오하고 싸우라고 말했다.

병사들은 전쟁터로 나가며 그들 각자가 믿는 신에게 제발 살아 돌아오기를 빌고 또 빌었을 것이다. 그들이 의지하는 것은 날이 선 칼, 두꺼운 갑옷, 단단한 방패뿐만은 아니었을 것이다. 무엇이든 의지할 명분이 필요했을 것이다. 그 명분 속에서 삶과 죽음에 의미를 부여하고 살아 돌아갈 수 있다는 희망을 찾으려고 했을 것이다.

확률 싸움

그런 그들에게 이순신 장군은 대뜸 "병법에 이르길"이라며 운을 뗐다. 단순히 '열심히 싸우자'도 아니었다. 치기와 호기 어린 훈시는 집어 치웠다. 여기서 말하는 병법은 '오자병법(鳴子兵法)'이다. '오자병법'은 춘추전국시대 위(魏)나라 사람으로 '76전 76승 무패'를 자랑하는 명장 오기(鳴起)가 지은 책이다.

뒤이어 "반드시 죽으려고 하면 살고 반드시 살려고 하면 죽는다."라는 말은 여기서 '필사즉생 행생즉사(必死卽生 倖生卽死)'로 나온다. "죽기를 각오한 자는 살고 요행히 살아남기를 바라는 자는 죽는다."라는 뜻이다.

그들에게는 '열심히 싸우자.'라는 말보다 '76전 76승 무패'라는 경이적 기록을 세운 명장 오기의 말 한마디가 힘이 되었을 것이다. 요행이 아닌 확률의 싸움이다. 이순신 장군 자신도 두렵지 않았겠는가? 부하들이 싸우는 것을 뒷짐지고 구경만 했던 것은 결코 아니다. 그들과 함께 적들과 뒤엉켜 칼 한 자루에 생사를 걸고 싸웠을 것이다.

죽음 앞에서 지위고하는 무의미하다. 모든 사람은 죽음 앞에 평등하다. 그런 그들이 기댈 수 있는 것은 헛된 희망이나 어설픈 격려가 아니라 그들이 살아남을 확률이다. 숫적으로 절대적으로 불리한 싸움에서 그들이 기댈 명분이 그것 외에 무엇이 있겠는가?

팩트 싸움

　이순신 장군은 거기서 그치지 않고 "한 명이 좁은 길을 지키면 1,000명을 두렵게 할 수 있다."라며 숫적으로 불리한 싸움에서 이길 필승 전략을 제시했다. 적이 아무리 많더라도 한 명만 겨우 지나갈 수 있는 골목에서 싸운다면 한 명만 상대하면 된다는 것이다. 전력만큼 지형을 이용하는 전략이 중요하다. 이순신 장군은 수많은 적 함선을 상대로 처음에는 일렬 횡대인 일자진(一字陣)을 취했다.

　그러다가 적군이 공격하면 몇 번 싸우는 척하다가 뱃머리를 돌려 후퇴했다. 뒤쫓아오는 적군을 좁고 물살이 빠른 지형으로 유인하고 적이 그 안에 들어오면 적을 포위하면서 공격하는 학익진(鶴翼陣)으로 전환한다. 학익진은 학(鶴)이 날개를 펼친 형태여서 붙은 이름이다. 적을 포위하면서 공격하기에 적합하고 반원 형태를 취한다. 중앙 부대가 뒤로 조금씩 물러나면서 좌우 부대가 앞으로 달려나가 적군을 포위 공격하는 것이다. 따라서 중앙에 있는 적군을 집중 공격하는 데 안성맞춤이다.

　실제로 이순신 장군은 이 전법으로 한산도 대첩에서 승리를 거두었다. 병법에 나오는 몇 마디 글을 인용해 두려움에 떠는 부하들의 마음을 다잡았다. 죽음으로써 살 수 있는 길과 그 길로 나아가는 방법을 제시했다. 단순히 희망을 말하는 것이 아니다. 부하들이 믿고 기댈 명분과 살아남을 확률을 말한다.

설명의 의무

이 전 총리는 국무총리가 된 후 차관급 공직자들에게 임명장을 수여하면서 "공직자는 국방·근로·교육·납세라는 4대 의무 외에 '설명의 의무'라는 것이 있다. 그걸 충실히 하지 못하면 의무를 다하지 못하는 것"이라며, '설명의 의무'를 강조한다.

또 "설명의 의무를 다하려면 세 가지가 필요하다"며 '사회적 감수성, 정성적·정량적 접근의 배합, 질문에 대한 준비' 세 가지를 꼽았다.

사회적 감수성

그는 "국민이 뭘 궁금해하고 뭘 불안해하고 뭘 못 믿을지 생각해야 한다. 그것을 미리 감지하고 어떻게 설명해야 국민이 덜 분노할지, 불신과 의심을 어떻게 하면 최소화 할지 알아야 한다. 거의 본능적으로 알아야 하는데 그걸 사회적 감수성이라 생각한다"고 설명했다.

이어 "사회적 감수성이 무딘 분은 정말 어려운 분야가 공직 분야"라고 덧붙였다.

정성과 정량의 배합

그는 또 "정성적 접근과 정량적 접근을 배합해야 한다. 정량이 없는 정성만의 접근은 공허하기 쉽고, 정성이 없는 정량만의 접근은 딱딱하거나 설득력이 약해진다"고 말했다.

이어 그는 '살충제 계란' 파동을 예로 들면서 "가장 부적합하고 불량한 달걀을 하루에 2.6개씩 평생 먹어도 괜찮다, 건강에 이상이 없다고 설명하길래, 괜찮다면 왜 전량 폐기하냐고 물으니까 그 다음부터 설명이 막혀 버린다. 정성적 접근이 너무 압도하다 보니 이런 일이 생긴다"고 지적했다. 이어 그는 "개개인에게 가장 정상적인 바람직한 건강 상태를 100이라고 보고, 현장에서 즉시 사망할 정도를 0이라고 친다면, 0.1을 넘지 않는 영향을 주는 것을 저희들은 '괜찮다'고 말한다, 그러나 저희들은 그 0.1마저도 0으로 만들기 위해서 계속 노력할 것이다, 이렇게 설명하면 더 알기 쉬웠을 것"이라고 덧붙였다. 과학적 근거를 가지고 설명하는 정량적 접근과 마음으로 하는 정성적 접근의 설명이 함께 이뤄져야 한다는 것을 강조한 것이다.

질문에 대한 준비

그는 "어떤 질문이 나올 것인가는 당연히 본능적으로 알아야 한다. 국민과 언론에 설명할 답변이 미리, 충분히 준비돼야 기자들한테 나설 수 있다."며 "덤벙덤벙 나섰다가는 완전히 망한다."고 강조했다.

이어 "진실을 말하되, 국민의 의심이나 불신을 한방에 최소화시킬 수 있는 가장 강렬한 메시지를 가장 쉬운 말로 어떻게 할 것인가, 이것이 설명의 관건"이라고 덧붙이기도 했다. 또 이날 임명장을 받은 오동

호 국가공무원인재개발원장에게는 "국민 앞에 나설 때는 어떻게 말해야 되는가 하는 것을 공무원 교육 커리큘럼에 추가했으면 좋겠다."고 당부했다.

국회의원 시절에는 '정치인의 말은 본인이 생각한 것 이상의 사회적 파장을 갖게 된다'며, '국민에게 말할 때는 어느 경우에나 겸손하고 진실해야 하며 그래야 국민과 소통이 된다.'며 말하기도 했다.

브리핑하지 마라

한번은 살충제 달걀 파동 당시 국정현안 점검조정 회의에서 그는 류영진 식약처장의 부실한 답변을 강하게 질타했다.

그는 "이런 질문은 국민이 할 수도 있고 브리핑에서 기자들이 할 수도 있다"며 "제대로 답변 못 할 거면 기자들에게 브리핑하지 말라"고 질책했다. 또 그는 "늙은 기자의 마음으로 질문했다"면서, "젊은 기자 시각에서 질문하는 것이 훨씬 예리할 텐데 이런 질문도 답변하지 못하면서 브리핑을 하루에 두 번 할 생각마라. 업무를 제대로 파악하고 기자들을 응대하고 국민들에게 소상하게 밝히라"고 당부했다.

소통의 언어

그는 도지사 시절 정책명을 정할 때도 어려운 표현보다는 직관적인

표현을 사용했다.

　이름에서부터 국민과 '소통'이 잘 되어야 한다는 평소 그의 지론 때문이었다.

　그가 서민 시책으로 내놓은 '100원 택시', '개천에서 용 나게 하는 사업' 등이 대표적인 예로, 100원 택시는 대중교통 시설이 없는 지역 주민들이 100원만 내고 택시를 호출하면 가까운 버스정류장까지 이동시켜 주는 것으로, 특히 전국의 농어촌 낙후지역을 겨냥한 정책이었다. 주민들이 택시를 부르면 그 마을에서 가장 가까운 버스정류장까지 100원을 받고 택시를 운행한 뒤 차액을 자치단체에서 지불하는 제도로 2015년부터 본격적으로 운행돼 농어촌 교통복지의 모범 사례가 됐다. 100원이라는 표현을 사용함으로써 '공짜'라는 인식을 불식시키고, 또 단돈 100원으로 택시를 호출할 수 있다는 점도 살린 좋은 사례라고 할 수 있다.

또 '개천에서 용 나게 하는 사업'은 이름 그대로 저소득 가정 자녀들의 교육 지원을 하는 정책으로 이름만으로도 그 내용을 가늠하게 해 준다.

이외에도 브랜드 시책으로 내놓은 '가고 싶은 섬 만들기', '숲 속의 전남' 가꾸기 등도 이에 해당한다. 직관적인 이름의 예라고 할 수 있다.

오래된 숙제

적폐청산의 경우도 대표적이다.

그는 문재인 정부의 키워드인 '적폐청산' 대신 '오래된 숙제'라는 용어를 쓰자고 제안했다.

그는 차관급 인사 임명장을 수여하는 자리에서 "'적폐청산' 그러면 좀 공격적인 느낌도 들고 사람에 따라 피해의식을 가질 수 있는데, 그래서 제가 '오래된 숙제'라는 표현으로 바꿨다"고 말했다.

사실 '적폐'의 사전적 의미는 '오랫동안 쌓이고 쌓인 관행, 부패, 비리 등의 폐단'을 말한다. 그러다보니 단독으로 쓰이기 보다는 '적폐청산'이나 '적폐세력'과 같이 쓰이기도 한다. 또 '청산'은 '과거의 부정적 요소를 깨끗이 씻어 버림'을 의미한다.

그 결과 '적폐청산'은 '적폐'를 통해 혜택을 입은 소위 '적폐세력'과의 충돌을 함의하고 있다. 그들은 '적폐청산'을 두고 '정치보복'이라는 프레임을 씌우기도 한다.

그러다보니 이름만으로도 갈등아 내재되어 있다. 더 나은 발전을 위한 갈등이라면 환영할만 하지만 이름만으로 주는 불필요한 갈등은 문제 해결에 도움이 되지 못한다.

개방형 키워드

즉 정책명은 비교적 쉽고 간명해야 하며, 또 직관적이어야 한다. 그리고 기왕이면 갈등을 조장하는 단어는 피하는 것이 좋다. 그런 점에서 '적폐청산'보다는 '오래된 숙제'가 훨씬 보기에도 편하고 직관적이다. '숙제'하면 마땅히 주어진 일을 해야만 할 것 같다. 또 그것이 문재인 정부 이후 나온 말이 아닌 이미 오래전부터 마땅히 했어야할 과제라는 인상을 준다.

또 청산은 필연적으로 청산을 주도할 주체와 청산당하는 객체와의 대결구도 이미지를 준다. 반면 '숙제'에는 대결구도가 주는 긴장감은 없다. 오히려 주체, 객체 없이 모두가 나서서 풀어야할 과제라는 인상을 준다.

사실 정책명은 정책명일 뿐이고 그 내용의 실속이 중요하다. 하지만 정책명은 그 자체로만으로 대중을 이끄는 힘이 있다. 그것은 마치 '관심을 두어 중요하게 생각하거나 이야기할 만한 것'을 의미하는 '화두'와 같은 셈이다. 말하자면 그 자체로서 대중과 소통할 수 있는 개방형 키워드이어야 한다.

그만큼 정책명을 정할 때는 신중해야 하고, 소통의 언어의 기지가 중요한 대목이다.

국민의 입장

이 전 총리에게 청자는 항상 국민이었다. 100분 토론이 800회 특집을 맞아 국무총리를 초청한 자리에서 말 잘하는 비법을 묻는 질문에 그는 이렇게 답했다.

"제가 말을 할 때 더듬거리지 않습니까? 제가 말을 잘한다고 생각하지는 않습니다. 국회에 가면 저에게 질문하는 국회의원을 이기겠다는 생각을 갖지 않습니다. 대신 무심하게 TV를 통해 대정부 질문 현장을 지켜보는 국민의 입장에서 의원님의 질문과 제 답변 중 어느 쪽을 더 쉽게 이해할지 좀 더 골똘히 생각합니다."

유창한 언변을 자랑하고 상대방을 말로 굴복시키는 것은 애당초 그의 사전에 없었다. 그는 항상 국민의 입장에서 국민이 이해할 수 있는 언어로 소통하기를 원했다. 국민의 눈높이에 맞추기 위해 노력했다. 말로 이기는 것이 아니라 모두가 이기는 언어를 선택한 셈이다.

하루 한 글

노량은 그의 마지막 바다다. 명량에서 노량으로 나아가는 정유년 겨울, 그의 일기는 때때로 '비와 눈이 내렸다. 북서풍이 불었다.', '눈이 내렸다.', '흐렸다 맑았다 뒤범벅이었다.'처럼 간단한 한 줄이다. 이 한 줄 문장으로 전쟁의 하루를 마감하며 그는 과연 무슨 생각을 했을까? 그는 눈보라 치는 바다를 바라보고 있었다.

- 김훈 산문 〈연필로 쓰기〉 4화_내 마음의 이순신

이순신의 SNS

    SNS(소셜네트워크서비스)는 특정 관심사항이나 활동을 공유하는 사람들의 관계를 구축해주는 온라인 서비스로 페이스북과 트위터 등이 대표적이다. 페이스북 이용자는 관심있는 사람을 팔로우해 그의 글을 받아볼 수 있다.

물론 이순신 장군의 난중일기를 현대판 페이스북이라고 할 수는 없다. 그것도 후대에 난중일기라고 엮었을 뿐 이순신 장군이 누군가에게 보여줄 의도로 쓴 글도 아니다. 순전히 자신의 이야기이고 자기 독백일 뿐이다.

다만 그 내용은 일상의 단면을 기록하는 오늘날의 페이스북과 비슷하다. 그는 조선 수군의 총지휘관으로서 매일 자신의 업무와 소소한 일상을 일기 형식으로 적었다.

두 얼굴

재미있는 점은 읽다 보면 과연 이 글이 한 명이 쓴 것인지 의심스러울 때가 있다는 것이다. 때로는 죄를 범한 자를 잡아와 가차없이 곤장을 치고 목을 베는 차가운 모습을 보여준다. 또 어떤 장면에서는 부하들의 안위를 누구보다 챙기고 격의 없이 어울리는 인간적인 모습도 보여준다. 물론 상황에 따라 다른 모습을 보여주는 것이 맞지만 그 변화폭이 워낙 커 동일인인지 의심까지 하도록 만든다.

또한 상당수 일기는 날씨에 대한 짤막한 평으로 끝나는 경우가 많다. 전쟁 사령관으로서 전쟁의 승패에 영향을 미치는 날씨, 풍향, 조류

등에 대한 그의 관심을 엿볼 수 있다.

이 전 총리의 SNS에도 날씨 관련 글이 자주 눈에 띈다. 트위터에 3일 연속으로 '장마전선 북상', '부산, 경남에도 많은 비가 오락가락', '남부지방 호우특보 해제' 등 날씨 관련 글을 올린 적이 있다. 이것을 두고 사석에서 "전남 도지사를 해서 날씨에 민감한가요? 농·어촌이 많으니까."라는 질문에 "그렇게 물어줘서 고마워요. 나이 먹어서 날씨에 민감하냐고 묻지 않아서."라고 대답했다고 한다. 상대방의 질문을 받아주면서 자신을 낮추는 이낙연식 답변이다.

그의 SNS에는 날씨뿐만 아니라 그날 있었던 주요 일정을 중심으로 짤막한 글이 남겨져 있다. 일기장을 보는 것 같은데 그는 어릴 때 일기를 썼던 경험이 기자생활에 큰 도움이 되었다고 말했다.

평소 말과 글을 인격이자 영혼이라고 생각한 그는 2016년 한글날에 열린 전남도청 '우리말 겨루기 대회'에서 중고등학교 시절 신문을 읽고 좋은 사설은 베껴 적고 특히 일기를 썼던 것이 대학 입시, 기자생활, 정치인 생활에 좋은 밑천이 되었다며 학생들에게 일기 쓰기의 중요성을 강조하기도 했다.

소통은 직접 해야죠

오늘날 SNS의 파급력은 무시할 수 없을 정도다. 이제 SNS를 사용하지 않으면 간첩이라는 말이 나올 정도다. 비교적 스마트폰에 익숙한 젊은 사람들은 SNS 사용하는 것을 어려워하지 않지만 나이든 사람들은 배워야 할 것도 많고 여간 복잡한 것이 아니다.

그런데 이제 60을 넘어선 그의 SNS 활용은 남다르다.

현재 그의 페이스북 좋아요수는 6만명, 카카오스토리 소식을 받는 사람은 3만명, 트위터 팔로워는 15만명, 인스타 팔로워는 10만명에 이른다.

그는 매일 주요 현안이나 국민들에게 알릴 내용이 있으면 SNS를 통해 소통하는 것을 주저하지 않는다. 그날 소화했던 일정을 요약해서 올리거나 소회, 다짐 등을 주로 남기고, 글 게재 또한 비서진이 아닌 자신이 직접 올리고 있다.

당시 그가 총리 후보자로 지명되자, 페이스북에 누가 "총리 내정자님이 직접 글 쓰시고 태그 다시는 거예요?"라고 묻는다. 그러자 그는 "소통은 직접 해야지요. 목욕을 직접 해야 하는 것처럼. 그것을 남에게 맡길 수는 없지요"라고 답했으며, "혹시 총리 내정 되시면 페북 닫으시는지요?"라는 질문에는 "아니오"라고 직접 답하기까지 한다.

택시운전사를 보다

그는 2017년 8월 6일 휴일을 맞아 서울 명륜동 CGV 대학로점에서 영화 '택시운전사'를 관람했다.

그가 페이스북에 올린 '영화를 같이 볼 페친을 모은다'는 글을 보고 참여한 페이스북 친구 20여 명과 함께였다. 당시 글에는 7만 7,000여 명이 다녀가고, 댓글만 900개가 붙을 정도로 호응이 높았는데, 이 중 나이, 성별, 직업 등을 안배하여 20명을 뽑다 보니 10살 초등학교 3학년생부터 29세 공무원 시험 준비생, 54세 개인사업자, 64세 개인사업자까지 다양했다.

평소 SNS에서 소통 행보를 이어가던 그의 인기를 실감할 수 있는 대목이다.

민주화운동 당시 동아일보 기자 신분이였던 그는 영화가 끝난 후 나온 자리에서 '제가 기자로서, 정치인으로서 역할을 제대로 해왔던가 하는 통렬한 죄책감을 일깨워주는 영화였다.'라고 운을 뗐다. 이어 그는 "울면서 봤다"며 "80년 5월 광주를 그린 여러 영화 중에서 가장 가슴을 친 영화"라고 소회를 밝히기도 했다.

1만 명이 넘는 인맥

그는 기자 출신인데다 평소 주변을 잘 챙기는 성격 덕분에 다양한 인맥을 자랑한다.

그의 휴대전화에 저장된 지인만 1만 5,000명에 달한다고 한다. 하지만 무엇보다 한번 맺은 인연을 소중히 여기는 그의 신조가 탄탄한 인적 네트워크의 자양분이 됐다.

국회의원 시절 동료 국회의원들 사이에서 '젠틀맨'으로 통할 정도로 말을 앞세우지 않고 들어주는 것도 주변에 많은 사람을 둘 수 있었던 비결이다.

엄지족

그의 이런 인맥관리에는 휴대폰이 한 몫을 했다.

바쁜 일정 속에서도 휴대폰 문자메시지를 통한 꾸준한 인맥관리로, 한때 '엄지족'으로 불리기도 했다.

그가 그렇게 된 배경에는 2004년 박준영 전 도지사가 전남지사 선거에 출마했을 때 선거대책위원장 중의 한 사람으로 찬조 연설을 다니다가 그만 목이 상해 성대결절 수술을 한 것이 한몫을 했다. 그때 박준영 전 도지사가 말을 못하게 되자 문자메시지로 의사소통을 하게 된 것을 계기로 문자메시지 '달인'이 됐다고 한다.

그래서 60대 중반임에도 한 손으로도 문자 메시지를 보낼 수 있는 신공을 보이기도 한다.

내부의 소통

그가 신임 총리로 취임하자마자 총리실의 분위기가 바뀌었다고 한다. 그는 급한 업무는 직원들과 카톡으로 상의한다. 황교안 전 총리 시절에는 볼 수 없었던 모습이라고 직원들은 말한다.

총리실 관계자는 "국장급에서 이 총리에게 '카톡(카카오톡 메신저)' 보고를 올리는 일도 있는데, 시급한 일을 스마트폰으로 처리할 수 있어 업무 효율성이 높아졌다."며 "이전에는 상상도 못했던 일"이라고 말했다. 또 제주 조류 인플루엔자(AI) 발생 건도 해당 부서에서 직접 보고해 원인 규명이 빨리 이뤄졌다고 한다.

그에게 일대일로 카톡을 보내는 게 익숙하지 않은 사무관(5급), 주무관(6급) 등은 주로 그의 페이스북, 트위터에 '댓글'로 민원을 넣기도 한다. 그가 거의 100% 피드백을 주는 것은 물론이다.

이에 대해 한 30대 주무관은 "이 총리가 취임식 때 소통의 내각을 만들겠다고 했는데, 말대로 격의 없이 소통하고 있다"고 말했다.

| 쓰기의 완결 |

역사가 기록이 아닌 풍경과 표정으로 남아 있는 곳이 있다. 남해 이락사(李落祠)와 남한산성 서문(西門)이 그곳이다. 이순신 장군은 1598년 11월 19일 노량 관음포에서 전사했다. 그가 전사하던 날 7년 간의 전쟁이 끝났다. 이락사는 그의 순국 234년 후인 순조 말년에 관음포 순국 현장에 세워진 사당이다.

이락사는 이(李)가 떨어진(落) 자리의 사당이라는 뜻이다. 주어 한 글자와 동사 한 글자만으로 구성된 이 차가운 문장은 너무나 무정해 나는 이락사 현판을 볼 때마다 진저리친다. 이락(李落)은 물리적이다. 이락은 이 무정한 두 글자로 충(忠), 열(烈), 진(盡), 무(武)와 같은 큰 문자들이 감당할 수 없는 장엄한 슬픔의 뼈대를 드러내고 있다.

이 차가운 문장 속에서 슬픔은 침묵으로 가라앉아 있다. 이락사는 오래된 소나무숲에 자리잡은 작은 사당이다. 이 숲에는 항상 엄숙하고 비장한 기운이 서려 있어 찾아오는 사람들은 큰 소리를 내지 못한다. 이(李)는 여기서 낙(落)했다.

- 김훈 산문 〈연필로 쓰기〉 4화_내 마음의 이순신

난중일기

'호랑이는 죽어 가죽을 남기고 사람은 죽어 이름을 남긴다.'라고 했다. 이순신 장군은 우리에게 불멸의 이름 '이순신' 석 자와 난중일기를 남겼다. 원래 이순신 장군은 일기를 썼을 뿐이고 그것에 어떤 이름을 붙였던 것은 아니다.

정조 때에 이르러 '이 충무공 전서'를 편찬하면서 편의상 '난중일기'라고 이름 붙여 권 5~8에 걸쳐 수록한 후로 그 이름으로 불리게 되었다. 난중일기는 이순신 장군의 진중(陣中) 생활을 평이한 문장으로 기록하고 있다.

특히 그 내용을 보면 유비무환의 진중생활, 인간 이순신의 적나라한 모습과 생각, 부하를 사랑하고 백성을 아끼는 마음, 부하에 대한 사심 없는 상벌 원칙, 국정에 대한 솔직한 간언, 군사행동상의 비밀 엄수, 전투상황의 정확한 기록, 가족·친지·부하·장졸·내외 요인들의 내왕 관계, 정치·군사 관련 서신 교환 등이 수록되어 있다.

난중일기의 가치는 5가지로 요약할 수 있다.

첫째, 임진왜란 7년의 상황을 가장 구체적으로 알려주고 있다. 전란의 전반부를 살펴보는 사료로서의 가치와 나라를 위급에서 구해낸 영웅의 인간상을 연구할 수 있는 자료라고 할 수 있다.

둘째, 생사를 걸고 싸우던 당시의 생생함을 있는 그대로 드러내 단순한 전쟁사 이상의 가치가 있다.

셋째, 당시의 정치 · 경제 · 사회 · 군사 등 여러 분야와 특히 수군 연구에 도움이 된다.

넷째, 이순신 장군의 꾸밈없는 충(忠) · 효(孝) · 의(義) · 신(信)을 보여준다는 점에서 후세인들에게 큰 귀감이 되고 있다.

다섯째, 무인의 글답게 간결하고 진실성 넘치는 문장과 함께 그의 인품을 짐작케 하는 웅혼한 필치는 예술품으로서도 뛰어난 가치가 있다.

6권의 책

이 전 총리가 쓴 책은 크게 여섯 권이다.
'세상이야기(2000년)'를 시작으로 '이낙연의 낮은 목소리(2003년),

'어머니의 추억'(2007년)', '食전쟁 한국의 길(2009년)', '농업은 죽지 않는다(2012년)', '전남, 땀으로 적시다(2014년)' 등이다.

대변인 시절의 논평을 모은 '이낙연의 낮은 목소리'는 지금도 여당과 야당 대변인실에서 참고자료로 활용되고 있을 정도로 명저서로 통한다.

통상 정치인들이 자신의 정견을 밝히고 홍보 목적의 자서전을 출판하는 것과는 사뭇 달랐다. 20년 넘는 기자 생활과 4선 국회의원으로서 다섯 번의 대변인을 했던 그가 그 흔한 제대로 된 자서전이 한 권도 없는 것이다. 오히려 그는 어머니의 팔순을 맞아 일곱 남매의 어머니에 대한 추억을 묶은 '어머니의 추억'이란 책을 내는 등 뭇 정치인들하고는 다른 행보를 보인다.

즉 그는 자신을 알리기 위한 책보다는 '食전쟁 한국의 길', '농업은 죽지 않는다', '전남, 땀으로 적시다' 와 같이 자신의 '정책'을 알리는 용도로 책을 썼다. 특히 '농업은 죽지 않는다'는 아직도 지방 의원들이 참고자료로 활용할 정도로 농업에 대한 그의 식견이 돋보인다고 한다.

그만큼 그가 정치인이지만 정치인답지 않게 의정 및 도정활동에 충실했음을 엿볼 수 있는 대목이다.

책 읽는 총리

그는 국무총리 재임기간 종종 페이스북에 자신의 독서일기를 올리곤 했다. 빠듯한 일정에도 주말에는 시간을 내서 책을 읽었다고 한다.

재임 기간 그가 읽고 감상을 쓴 책을 살펴보니 33권이었다. 한 달에 한 권 이상을 읽고 기록으로 남긴 셈이다. 그가 읽은 책 중 절반가량인 16권이 사회 문제와 정치·외교·정책과 관련된 범주에 속했다. 특히 〈예정된 전쟁〉〈패권의 비밀〉〈21세기 미국의 패권과 지정학〉〈잡스워(JOBS WAR) : 미중 패권 다툼과 일자리 전쟁〉처럼 미중 무역전쟁에 관한 관심이 독서로 이어진 경향이 보였다. 그는 도널드 트럼프 미국 대통령이 쓴 〈거래의 기술〉이나 시진핑 중국 국가주석의 책을 읽기도 했다.

그는 그러면서 "한반도의 운명은 어떻게 될 것인가, 아니 어떻게 만들 것인가? 뉴스 그 너머까지를 보려면, 그 저류부터 아는 것이 좋습니다, 독서는 늘 부족합니다"라는 포스팅을 남기기도 했다.

노동 문제와 경제적 평등 문제에 관한 책도 눈에 띈다. 그는 오바마 행정부의 노동정책 설계자인 데이비드 와일이 쓴 〈균열일터 당신을 위한 회사는 없다〉를 비롯해 〈불평등의 역사〉〈기본소득〉〈보통 사람들의 전쟁〉과 같은 책을 읽고 감상을 남겼다.

경제 변화와 트렌드를 다룬 책들도 있다. 김난도 서울대 교수가 쓴 〈트렌드코리아 2019〉나 홍성국 전 미래에셋대우 사장의 〈수축사회〉, 애덤 투즈 미국 컬럼비아대 교수가 금융위기에 대해 기록한 〈붕괴〉 등 경제경영 분야 도서 13권이 그의 독서 목록에 올랐다.

그는 역사에도 깊은 관심을 보였다. 그는 김석동 전 금융위원장이 쓴 〈한민족 DNA를 찾아서〉를 비롯해 국내외 역사를 다룬 책 11권에 대한 감상을 남기기도 했다.

이밖에도 그는 문재인 대통령의 저서 〈문재인의 운명〉과 이국종 아주대 교수가 쓴 〈골든아워〉, 호치민 전 베트남 주석의 〈옥중일기〉 등을 읽고 평을 남겼다.

부모의 최고의 선물

그는 과거 공개석상에서 "책을 많이 읽지 못한 것을 후회한다, 부모들이 책을 읽는 모습을 보여주는 것이 아이들에게 최고의 선물" "취미를 위주로 하는 독서보다 다양한 지식을 습득할 수 있는 지식독서에 힘써야 한다" 등의 발언을 하기도 했다.

실제로 그는 전남도지사 시절 책 읽는 전남을 위해 노력했다. 그 일환으로 전남도립도서관을 중심으로 '올해의 책' 선포 겸 도민강좌를 열기도 했다.

한번은 그가 서울 용산구 효창공원 부근에 있는 '작은 도서관'에 들렀을 때였다.

거기서 그는 아이와 함께 책을 읽는 젊은 엄마들과 아이가 학교에서 돌아오기를 기다리며 책을 읽는 엄마들을 만난다. 엄마들의 요청으로 함께 사진을 찍기도 했다.

그는 그 이야기를 전하며, 2003년 노무현 전 대통령이 일본의회에서 연설하며 인용한 구절을 꺼내는데, 바로 "아이는 부모의 등을 보며 자란다"는 일본 속담이었다.

그는 부모님들이 책을 읽는 등을 아이에게 보여 주면 좋겠다는 말과 함께 책을 가까이 하는 습관은 아이에게 평생의 자산이 됨을 강조한다.

또라이들의 시대

또 그는 책을 직원들에게 선물해 주기도 했다.

도지사 시절 도청 6급 이하 직원 선착순 100명에게 '또라이들의 시대'라는 책을 선물했는데, '또라이들의 시대'는 원제 '부적응자의 경제학'(The Misfit Economy)이라는 미국 책을 우리말로 번역하면서 알기 쉽고 재미있는 제목을 붙인 책으로, 해적, 컴퓨터 해커, 갱단 두목, 마약 판매 조직원, 거리 예술가, 사회 운동가 등 세계의 아웃사이더(비주류)들이 성공 또는 재기한 비밀을 취재한 책이다.

이 책은 '하버드에서도 배울 수 없는 창조적이고 파괴적인 성공의 기술 다섯 가지'로, 허슬(안 되는 것도 어떻게든 되게 만든다), 복제(남의 아이디어가 더 좋다면 과감하게 베껴라), 해킹(세상의 모든 것을 나에게 가장 유리한 것으로 바꾼다), 도발(당연해 보이는 모든 것에 도전하라), 방향전환(꼭 필요한 사람들을 내 편으로 만드는 기술)을 소개하고 있다.

그는 이 책을 선물하게 된 이유에 대해 "설 연휴 동안 이 책을 재미있게 읽었다"면서 "도청의 젊은 직원들께도 권하고 싶어졌다"고 말했는데, "한번 실패한 사람, 불우한 환경에 놓인 사람, 기존 질서를 싫어하거나 적응하지 못하는 사람 등이 어떻게 성공 또는 재기하는지, 나아가 그들이 세상의 기존 질서를 어떻게 이기는지, 그 아이디어와 과정을 나누고 싶었다"며 추천 사유를 들었다.

공감 인용

그는 글을 쓸 때나 연설을 할 때 책에 있는 문구를 잘 인용한다.

단순히 유식함을 드러내기 위한 인용이 아닌 청중이 공감할 만한 내용을 추려서 소개했다.

그 예로 그가 도지사 시절 '노인의 날'을 맞아 97세 철학자 김형석 교수가 쓴 '백년을 살아보니'에서 '되돌아보면 고통스러운 과정이었다. 그래도 사랑이 있는 고생이 행복이었다. 그것을 아는데 90년이 걸렸다.'는 대목을 인용한 것이 대표적이다.

그는 책을 자신의 지식을 과시하는 목적이 아닌 대화와 공감의 소재로 활용하였다.

실전, 쓰기

- 공과 사를 구별하고 사실과 감정을 구분하라.

- 문장의 균형이 중요하다. 치우침이 없어야 한다.

- 끊임없이 메모하라.

- 존칭에는 어긋남이 없어야 한다.

- 단문이 능사가 아니다. 내 글에 맞는 문체를 입혀라.

- 글의 길이보다 리듬이 중요하다. 문장과 문장 사이의 상생을 추구하라.

- 문장의 깊이는 디테일에 좌우된다.

- 글감은 현장에 있다. 보고 듣고 만져보라.

- 쉽게 써야 쉽게 읽을 수 있다. 내 글의 한계는 독자의 눈높이다.

- 기록이 나의 역사다.

말을 할 때도 화려한 언변이나 구수한 말발과는 거리가 멀다. 몇마디 안되는 말로 상대방 논리의 허점을 꼬집으면서도 상대방의 기분을 상하게 하지는 않는다. 점잖으면서도 **'할 말은 다 하는'** 모습은 총리 시절 국회의 대 정부 질문에서 빛을 발했다.

2부

말하기의
언어

격화소양(隔靴搔癢) : 신발을 신은 채 가려운 곳을 긁는다

- 현실과 거리가 먼 정책을 펼쳐서는 안된다며 인용 -

| 볼테르의 언어 |

비상한 악동

볼테르는 1694년 프랑스 파리에서 태어났다. 부친은 공증인으로 전형적인 부르주아였다. 1711년 16살에 당시 관례에 따라 예수회 학교에 입학해 학교가 그토록 강조했던 신앙이 아니라 신을 정밀히 의심하는 법을 배웠다. 신의 존재 증명에 쓰였던 정교한 논쟁술을 그는 신을 의심하는 데 썼던 것이다. 이때 그를 가르친 신부들은 '총명한 아이지만 비상한 악동'이라고 그를 평했다.

볼테르의 생활은 매우 이중적이었다. 그는 박사들과 함께 신에 대해 오랫동안 토론할 만큼 진지하고 학구적이었던 한편, 매우 활달하고 심지어 방탕하기까지 했다. 하지만 무슨 이유인지 사람들은 그의 '방탕'

에 관대하기만 했다. 뛰어난 재치가 그의 악행마저 유쾌한 사건으로 보이게 했기 때문이다. 볼테르의 '나는 나 자신을 명료하게 표현한다. 나는 깊지 않기 때문에 밑바닥까지 보이는 작은 개울과 같다.'라는 말은 평소 그의 쾌활함과 맑은 정신을 대변한다.

궁전의 바보들을 내쫓아라

1715년 21살의 볼테르는 파리 사교계에 모습을 드러냈다. 당시는 루이 14세 사후 섭정으로 있던 오를레앙 공이 어린 왕을 대신해 통치하던 시기였다. 권력층에 대한 불만이 나날이 높아지면서 '풍자의 천재' 볼테르의 능력도 빛을 발하기 시작했다. 온갖 특권을 누리던 귀족들에 대한 시민들의 심정을 적절하고 재치 있는 표현으로 대변했기 때문이다.

일례로 섭정이 예산을 아낀다는 명목으로 왕실 마구간의 말 필 수를 절반으로 줄이자 볼테르는 '차라리 궁전에 가득 찬 바보들을 절반쯤 내쫓는 것이 나을 것'이라며 빈정댔다.

젊은 볼테르는 점점 유명인사가 되어갔다. 거리를 떠다니는 정부에 대한 비난과 독설은 모두 볼테르가 한 말로 여겨질 정도였다. 어느 날 섭정이 왕권을 넘본다는 소문을 다룬 풍자 시가 나돌았고 볼테르가 그 시의 작가로 지목받았다. 화가 난 섭정은 그를 바스티유 감옥에 가둬

버렸다.

그는 그곳에서 처음으로 희곡 〈오이디푸스〉를 썼는데 '아루에'라는 본명을 버리고 '볼테르'라는 필명을 쓰기 시작한 것도 그 무렵이다. 그는 권력욕과 권위주의에 사로잡힌 교회를 은근히 조롱하고 우리 자신의 이성과 합리성을 믿을 것을 강조했다.

당신의 말할 자유

이처럼 사사건건 정부와 대립하며 감옥에 수감되는 등 고초를 겪던 그는 "나는 당신의 의견에 동의하지 않습니다. 그러나 당신이 그 의견 때문에 박해를 받는다면 나는 당신의 말할 자유를 위해 끝까지 싸울 것입니다."라고 말하기도 했다. 사실 이 말은 볼테르가 직접 한 것이 아니라 후대의 어느 작가가 볼테르 관련 책을 쓰면서 언급한 내용이다. 이 말은 언론의 자유와 관용의 정신을 강조하면서 오늘날에도 자주 인용되고 있다.

1979년 동아일보에 입사한 이 전 총리는 이듬해 기자 신분으로 광주 민주화운동을 맞았다. 당시는 전두환 정권이 들어서면서 언론 통제가 심한 시기였다.

시대적 부채감

그는 영화 '택시 운전사'를 관람한 후 당시를 회상하며 "1980년 5월 저는 외교 담당 기자였습니다. 광주의 상황을 보도하는 것이 제 업무는 아니었다고 변명할 수는 있더라도 많은 부채감을 일깨워준 영화입니다."라고 말했다.

이어 그는 "광주 민주화운동 당시 직접 보도하는 부서는 아니었지만 친구들도 납득 못 시킬 정도로 제 인생에서 가장 고통스러운 시절이었습니다."라며 "제가 기자인지 생각했고 친구들도 답답했던 나머지 저에게 화풀이를 했습니다."라고 회상했다.

그는 "영화를 보면서 광주시민들이 왜 그렇게 목숨을 걸었는지 과거형으로 보지 않고 현재진행형이라고 생각했다."라면서 '매우 고마운 영화'라고 거듭 밝혔다. 또한 영화의 한 장면을 언급하며 "택시 운전사들이 몸을 던져 시민들을 도왔던 것이 사실입니다."라면서 "역사를 바꾸는 데 기여했고 무지렁이 같은 사람들이 목숨을 걸고 지켰습니다."라고 말하기도 했다.

그의 말대로 광주 민주화운동 당시 그는 정치사회부 기자가 아닌 외교부 기자였다. 하지만 그는 여전히 기자의 소명을 다하지 못했던 역사적 부채의식을 갖고 있었다. 언론 탄압을 겪은 그에게 볼테르의 말은 각별했다.

손끝에서 펜은 달리며 웃는다

볼테르는 신교도들에 대한 가톨릭 교회의 잔인한 탄압, 성상 앞에서 모자를 벗지 않았다는 이유로 산 채로 청년을 태워 죽이는 무자비한 종교재판, 리스본 대지진을 신이 내린 재앙으로 여기고 '속죄'하기 위해 사람들을 산 채로 죽이는 냉혹한 현실을 맹비난했다.

그는 "지금은 농담할 때가 아닙니다."라고 선언하고 격렬하고 논리적인 비판으로 당시 유럽에 대한 공격을 감행했다. 그리고 마침내 '파렴치를 분쇄하라'라는 유명한 말로 끝나는, 신학 교리들을 풍자한 역작 〈캉디드〉를 저술하기에 이른다.

〈캉디드〉를 읽어본 아나톨 프랑스는 "볼테르의 손끝에서 펜은 달리며 웃는다."라고 했고 앙드레 지드는 "세계문학의 최고 걸작 중 10권을 골라야 한다면 우선 성서를 고르고 셰익스피어와 도스토예프스키의 작품, 그리고 볼테르의 캉디드를 고르겠다."라고 말했을 정도다.

또한 윌 듀런트는 "비관주의를 이토록 유쾌하게 논했던 책은 과거에 없었을 것이다. 이 세상이 슬프다는 것을 배우면서 사람들이 마음껏 웃은 일은 일찍이 없었다."라고 말하기도 했다.

프랑스에는 볼테르가 있다

종종 위대한 인물은 그 자체가 한 국가를 대표하는 '문화상품'이 되기도 한다. 그도 예술과 자유, 평등의 나라라고 자부하는 프랑스의 대표적 문화상품이라고 해도 과언이 아니다. 생전 그는 이미 30만 부 이상의 베스트셀러를 냈던 인기 작가였을 뿐만 아니라 그가 머문다는 이유만으로 한 마을의 인구가 10배 이상 불어나기도 했다.

광신에 사로잡혀 부패한 교회, 왕권이 흔들리고 봉건 영주들의 권력이 무너져가던 계몽시대, 그의 재치 넘치는 신랄한 현실풍자는 사람들의 가슴을 저항심으로 가득 차게 했다. 그는 새로운 문화코드가 되어가던 이성적이고 합리적인 사고, 자유와 민주적 제도들을 대표하는 '시대정신'이었다.

그래서 후대에 빅토르 위고는 "이탈리아에 르네상스가 있고 독일에 종교개혁이 있다면 프랑스에는 볼테르가 있다."라는 말을 남기기도 했다. 과학 사가인 제이콥 브로노프스키는 볼테르의 사상사적 업적을 '데카르트의 방법에 뉴턴과 로크의 사상을 결부시킨 것'이라며 '영국적 경험주의 사고와 프랑스적 회의주의 사고의 합류'로 요약했다. 또한 랑송은 "볼테르는 한평생 인간의 오류를 고발하는 데 전념했다."라고 말하기도 했다.

명사는 형용사의 적이다

 이처럼 촌철살인으로 현실 부조리를 고발한 볼테르는 '명사는 형용사의 적이다'는 명언을 남기기도 했다.
 그의 촌철살인을 들면서 재미있는 일화가 있다. 그는 작가로도 유명하다 보니 여러 신인 작가들이 그에게 글을 보내왔다. 하루는 한 신인 작가의 글을 봤는데 그 작가가 찾아와서 "어떤가요?"라면서 소감을 물었다. 볼테르는 한마디했다. "고칠 부분이 있어서 하나를 고쳤네." 그 작가가 책을 꼼꼼하게 봤는데 어디에도 고친 부분이 없었다. 그래서 고친 부분이 없다고 하자 "더 자세히 보게나. 난 고친 부분이 있거든." 결국 고친 부분을 찾았는데 맨 마지막에 Fin(끝)이 Fi(피. 비웃을 때 내는 그 의성어, 한국어로는 풋 정도일 듯)로 고쳐져 있었다. 좋다, 나쁘다라고 구구절절히 코멘트를 다느니 'n'자 하나를 빼서 본인이 할 얘기는 다 한 셈이다. 이 전 총리의 글을 보면 명사와 동사만으로 이루어진 경우가 많다. 형용사는 극도로 배제하며 부사도 마찬가지다. 이 전 총리가 동아일보에서 기자와 논설위원을 하던 시절에 쓴 대부분의 글도 이렇다. 너무 단순히 끝나 글에 대한 그의 결벽증마저 느껴질 정도다.

 말을 할 때도 화려한 언변이나 구수한 말발과는 거리가 멀다. 몇마디 안되는 말로 상대방 논리의 허점을 꼬집으면서도 상대방의 기분을 상하게 하지는 않는다. 점잖으면서도 '할 말은 다 하는' 모습은 총리 시절 국회 대 정부 질문에서 빛을 발했다.

3가지 주문

이것은 연설 자리에서도 마찬가지다. 그는 연설문을 쓰기 전 연설 담당 비서관에게 3가지를 주문했다고 한다. 우선 행사장의 헤드 테이블에 앉는 귀빈과 충실히 교감할 콘텐츠가 담겨 있어야 한다. 둘째, 현안 중심이다. 신문기자 출신답게 뉴스성이 담기는 것이 연설문의 최우선 가치라고 할 수 있다. 마지막으로 당일 행사장 분위기와 동떨어지지 않도록 글에 생동감을 가미해야 한다.

한국교원단체총연합회(교총) 창립 70주년 기념식에서 했던 그의 연설을 예로 들 수 있다. 그 일부를 소개한다.

"서정주 시인은 '자화상'이라는 시에서 '23년 동안 나를 키워준 80%는 바람이다.'라고 읊었다. 남루한 저를 키워준 80%는 선생님이라고 생각합니다. 국회의원으로 일하던 시절 후원회장으로 초등학교 6학년 당시의 담임 선생님을 모셨던 적이 있습니다. 그 선생님이 돈이 많거나 돈을 많이 모을 수 있기 때문이 아니라 제 인생의 원점이셨기 때문입니다. 세상이 어떻게 변하더라도 선생님을 존경하고 그리워하는 제자들이 항상 있다는 사실을 선생님들께서 꼭 기억해주시기 바랍니다."

오랜 준비 과정

그는 교총 창립 기념식에서 서정주 시인의 시를 인용해 자신을 키워준 것은 선생님이라고 밝혔다. 현장에 참석한 교사들이 교감할 수 있는 '선생님'이라는 소재에 자신의 경험을 녹인 것이다.

그의 총리 시절, 한 관계자는 "평소 일정이 없는 토요일이나 공휴일 오후 집무실에 나와 최종 퇴고하는 모습을 종종 보았다."라며 "이때 유머나 비유 코드를 넣고 글을 단문 위주로 재편집하는 것으로 알고 있다."라고 전했는데 퇴고 과정에서 이 전 총리는 자신의 경험을 녹이는 데 신경을 많이 쓴다고 한다. 분위기에 튀지 않으면서 스며들되 자신의 색을 잃지 않는 화법은 이런 준비 과정에서 나온다는 것을 알 수 있다.

이 전 총리의 촌철살인은 하루아침에 나온 것이 아니다. 오랜 기자 생활을 하며 얻은 정제된 글과 4선 국회의원과 대변인을 하면서 얻은 내공 축적이다. 가히 볼테르와 견줄 만하다.

| 대변인의 언어 |

"나는 당신의 의견에 동의하지 않습니다. 그러나 당신이 그 의견 때문에 박해를 받는다면 나는 당신의 말할 자유를 위해 끝까지 싸울 것입니다."

- 볼테르

토론의 자세

볼테르의 명언 중에 자주 인용되는 말이다. 상대방의 의견에 동의하지 않더라도 상대방이 자신의 의견을 피력할 권리를 지켜주어야 한다는 뜻이다. 토론의 목적은 정반합의 합일을 이루는 데 있다. 서로 상반되는 의견도 서로 부딪히고 양보하면서 공동의 선, 공동의 이익을 찾는 것이다.

특히 대변인 자리가 중요하다. 상대방을 무조건 비난하는 것은 대변인의 자세가 아니다. 상대방이 잘못을 지적하더라도 받아들일 것은 받아들여야 한다. 나아가 무엇이 옳고 어떡하는 것이 좋은 것인지 그 대안도 제시해야 한다. 비난을 위한 비난, 비판을 위한 비판은 공당 대변인의 자세가 아니다. 건설적 대안을 제시하고 설득을 통해 정책에 반영하는 책임있는 자세가 요구된다.

대변인 문화의 지평을 열다

이낙연 전 총리는 초선 시절인 2001~2002년 두 차례 새천년민주당 대변인을 맡았고, 2002년 대선 때 선대위 대변인과 노무현 대통령 당선자 대변인, 2007년 대선 과정에서 대통합민주신당 대변인 등 다섯 차례에 걸쳐 '당의 입'으로 활약했다. 그야말로 '5선 대변인'이 되는 동안 명 대변인으로 이름을 날렸다.

그는 '5선 대변인'이란 별명처럼 대변인으로 맹활약하며 주가를 올렸다. 간결하고 절제된 논평으로 '대변인 문화'를 새로 열었다는 평가를 받았다. 그 시절 논평을 모은 책 '이낙연의 낮은 목소리'는 훗날에도 여야 대변인실에서, 농식품위원장 시절의 축사 등을 모은 책 '농업은 죽지 않는다'는 지방의원 등에게 참고자료로 활용될 정도다.

노 전 대통령의 취임사를 쓰다

　대변인으로서 그의 명성은 노무현 전 대통령 취임사에서 잘 나타난다. 노 전 대통령은 취임을 앞두고 취임사 준비위원회에서 만든 취임사가 마음에 들지 않았다. 결국 취임식을 이틀 앞두고 당선인 대변인이었던 그에게 취임사를 손보게 했다. 노 전 대통령은 그가 쓴 취임사를 극찬하며 토씨 하나 고치지 않았다고 한다. 그의 문장력과 통찰력을 엿볼 수 있는 대목이다.

　당시의 상황은 참여정부 전 청와대 연설비서관이었던 강원국 씨가 쓴 '대통령의 글쓰기'에도 그대로 들어있다.

"취임사 준비위원회는 비상이 걸렸다.
김한길 기획특보와 윤태영 공보팀장 등이 가담해서 다듬었다. 공보팀 일원으로서 나도 거들려고 했지만 역부족이었다.

당선자의 어투나 문체, 콘텐츠에 대한 이해가 턱없이 부족했다. 최종 집필은 이낙연 대변인 몫이었다. 간결하고 힘찬 연설문이 만들어졌다.

마침내 2월 18일 당선자에게 전달됐다. 당선자는 단 한 자도 손을 대지 않았다. 제목은 '평화와 번영과 도약의 시대로'로 정해졌고, 마지막에 대구 지하철 참사 희생자에 대한 애도 문구가 더해졌다.

대통령은 취임 당일 27분에 걸쳐 자신감 있고 단호한 목소리로 읽어 내려갔다."

- 〈대통령의 글쓰기〉 '피말리는 취임사 집필 과정' 발췌(299쪽)

어록을 남기다

그가 2002년 민주당 선대위 대변인 시절, 당시 노무현 후보를 흔들어댔던 민주당 안 대통령 후보 단일화추진협의회(후단협) 의원들을 설득하기 위해 피력한 "지름길을 모르거든 큰길로 가라. 큰길을 모르겠거든 직진하라. 그것도 어렵거든 멈춰 서서 생각해 보라"는 논평은 지금도 회자되고 있을 정도로 유명하다. 군더더기 없이 핵심을 파고든 메시지란 평가를 받았다.

또 그는 재치와 유머감각도 남달랐다.

2005년 한 TV 프로그램의 영향으로 그를 포함해 의원 100여 명이 장기 기증 서약을 했는데, 그는 이때 "정치인의 장기도 받아주느냐"고 말해 화제가 됐다. '정치가 썩었다'는 인식을 비틀어 던진 유머였다. 이 한마디가 이날 서약식을 상징하는 '어록'이 됐다.

바른 말 대변인

그는 막말이 난무하는 국회에서 2011년 '국회를 빛낸 바른언어상'의 최고상인 '으뜸언어상'을 받았다.

그의 초대 수상자 선정이 말해주듯이 그는 항상 기품 있는 말과 글을 사용했고, 상냥하면서도 온화한 미소를 잃지 않아 대인관계가 좋았다.

그는 자신이 받은 수많은 상 가운데 이 상이 가장 자랑스럽다고 한다. 정치인의 말과 글은 곧 국민에 대한 신뢰로 연결된다는 생각을 가지고 있기 때문이다.

그는 다섯 번째로 대통합민주신당 대변인으로 임명된 날 "창당 이후에는 대변인을 맡지 않으려 작정했고, 주변에도 저의 그런 뜻을 밝혔었다"며, "저의 처지나 자리의 높고 낮음을 따져 당의 명령을 거부하는 것은 제가 사는 방식이 아니다. 쑥스럽지만 대변인으로 다시 봉사하겠다"고 말했는데, "예전에도 그랬듯이 말수가 적은 대변인이 되겠다. 저급한 말, 저주의 말은 입에 올리지 않겠다. 절제와 품격을 잃지 않도록 늘 자계(自戒)하겠다"고 밝혀 화제가 되기도 했다.

기자가 만난 이낙연

그가 민주당 대변인이자, 노무현 대통령 당선인 대변인이었던 시절 정치부를 출입하던 출입기자는 정치인 이낙연을 두고 '깐깐·완벽·합리'라는 세 가지 키워드로 정리했다.

그의 얘기를 들어보자.

"간혹 민주당 관련 기사가 자기 생각과 다를 경우 그는 기자에게 빨간펜 선생님처럼 지적하고 논쟁을 피하지 않았다. 또 여느 대변인들과는 달랐는데, 일부 기자들은 그런 그의 스타일에 불만을 표시하며 충돌하기도 했다. 그런데도 그는 스타일을 바꾸지 않고 '마이웨이'를 고집했다.

국회의원 시절 그는 누구보다도 상임위 활동과 정책에 신경을 많이 썼다. 출입기자들과의 충돌을 무릅쓸 정도로 그는 자신의 견해를 굽히지 않았고, 남에게 지적질을 당하지 않으려고 논리적인 완벽주의를 추구했다. 어찌 보면 재수 없어 보이는 스타일이지만, 그 바탕에는 실용·합리적인 판단이 깔려 있어 단점을 어느 정도 보완해 주었다. '듣기에 따라 기분 나쁘지만 틀린 얘기는 아닌' 그런 느낌이었다."

결국 그는 까다로워서 충돌하기도 하지만 합리를 추구하는 것을 알기에 미워할래야 미워할 수 없는 사람이 되는 것이다.

글을 쓰듯 말하다

그가 대정부 질문에서 보인 모습은 완벽한 정석 플레이였다.

답변은 간결했고 상대에게 잡힐 말꼬리를 거의 남기지 않았다.

더불어민주당 문희상 의원은 그를 두고 "말을 글처럼 하는 사람이다"라고 하고, 은수미 전 의원은 CBS 라디오 '시사자키 정관용입니다'와의 인터뷰에서 "말을 받아 적으면 글이 되는 사람"이라고 할 정도였다.

그래서 가끔 그의 말을 들어보면 구어체가 아닌 책에서나 볼 수 있는 문어체를 쓰는 경우가 있는데, 어색하게 들리기보다는 참신한 느낌이 더 강하다.

익숙한 것은 기억에 잘 남지 않기 마련이다. 무언가 같은 말을 해도 다른 느낌을 줘야 그 말이 오래 기억된다. 그의 구어체와 문어체를 오가는 화법은 상대방의 뇌리에 깊은 인상을 심어 준다.

| 문장의 주인 |

"의심하는 것은 유쾌한 것이 아니지만 확신하는 것은 어리석은 것이다."

- 볼테르

의심하고 또 의심하라

소크라테스의 '너 자신을 알라.'라는 말은 유명하다. 소크라테스가 활동할 당시 궤변론자라고 일컫는 소피스트들이 대중적 인기를 받고 있었다. 그들은 설득이 목적인 논변술을 강조했다. 그들은 참된 진리는 없다고 주장했는데 진리는 어떻게 정의하는가에 따라 달라지는 상대적인 것이라고 생각했기 때문이다. 소크라테스는 이와 같이 주장하는 사람에 따라 정의가 달라지는 것을 옳지 않다고 보았다. 그것은 참된 진리가 될 수 없다는 것이었다.

　그래서 소크라테스는 참된 진리를 어떻게 찾을지 궁리했다. 그것이 그의 대화술이다. 즉, 사람들의 대화에 의한 문답법에서 독단적인 잘못된 지식을 비판하고 제거하면서 일반적인 진리에 도달할 수 있다고 보았다. 참된 진리는 궤변을 모아 놓는다고 되는 것이 아니라 나도 그것을 모른다는 전제 하에서 여러 가지에 대한 의심을 갖고 그 의심스러운 것들을 하나씩 풀어가는 과정 속에서 찾을 수 있다고 생각했다. 그러려면 내가 완벽히 알고 있다는 사실 자체를 인정하지 않아야 했다. 그래서 나온 말이 바로 '너 자신을 알라.'다.

2인칭 화법

　사람들은 싸울 때 상대의 잘못을 가지고 물고 늘어진다. 말하자면 '넌 이래서 문제다', '네가 틀렸다'이다.
　사실 내가 상대와 관련도 없으면 상대가 무엇을 잘못하든 상관할 바 없다. 사적이든 공적이든 어떤 형태로든 이해관계가 있다 보니 상대의 잘못에 대해 따져 묻는 것이다.
　하지만 자세히 들여다보면 상대의 잘못 그 자체를 확인시켜 주는 것 자체가 목적이 아님을 알 수 있다.
　상대의 잘못으로 인해 내가 기분 나쁘거나 실망을 했다든지, 혹은 피해 또는 영향을 받은 것에 대해 상대가 알아주기를 바라는 것이다.

그럼에도 불구하고 여전히 상대방이 그것에 대해 잘 몰라주거나 혹은 알면서도 별 반응을 보이지 않으면 더욱 화를 내게 된다.

부부싸움

가장 대표적인 예가 바로 부부싸움이다.

남편이 술을 마시고 새벽에 들어왔다고 하자.

대부분 이런 경우에 '당신 지금이 몇 시냐? 지금까지 뭐했냐? 당신 너무한 것 아니냐? 당신은 왜 술 먹고 늦게 들어오지 말라는 내 말을 듣지 않는 거냐? 당신 내 말을 무시하는 거냐?' 이런 반응을 보이는 것이 일반적이다.

시종일관 '당신'을 가지고 '당신'의 문제에 대해서 '당신'에게 환기시킬 뿐이다.

반면 이런 태도는 어떠한가.

'나는 당신이 이 시간까지 오지 않아 걱정을 많이 했다. 나는 당신이 이렇게 늦은 시간까지 뭐하느라 안 들어오는지 궁금했다. 나는 전에도 당신에게 술 먹고 늦게 들어오지 말라고 부탁했는데 이번에도 당신이 그것을 어겨서 슬펐다. 나는 당신이 내 말을 무시하는 것은 아닌지 걱정되기도 하고 또 화가 난다' 이렇게 말이다.

물론 후자도 전자와 말하고자 하는 요지는 똑같다. 다만 전자는 '당신'으로 시작해서 '당신'으로 끝나지만 후자는 시종일관 '나'에 대한 이야기를 한다는 점에서 다를 뿐이다.

관점의 차이

　만일 당신이 술을 먹고 늦게 들어온 입장이라면 둘 중 어떤 말에 더 미안해하고 앞으로 잘해야겠다는 생각이 드는가. 아마도 후자일 것이다.
　아무리 내가 잘못한 것을 안다고 해도 전자는 왠지 듣기가 불편하다. 심지어 내가 왜 이렇게 술을 마시고 들어왔는지, 너는 내가 요즘 이런저런 일로 얼마나 힘든지 알고나 있는지 따져 묻고 싶어할 지도 모른다. 잘못을 인정하고 싹싹 빌고 싶어도 왠지 자존심이 허락하지 않을 수도 있다.
　반면 후자는 어떠한가.
　'나한테 화를 내는 것도 아니고 왠지 이 시간까지 잠 못 자게 하면서까지 걱정을 끼친 것 같아 미안하다. 또 지난번에 약속까지 했는데 아내를 실망시키고 슬프게 만들어 염치가 없다. 그렇다고 아내의 말을 무시하고자 한 것은 아니다. 다만 요즘 힘든 일이 많다 보니 약속을 어기게 되었다. 아내한테 잘 설명해서 아내가 오해하지 않도록 해야겠다'고 생각하지 않을까?

1인칭 화법

　대정부 질문에서 그의 이러한 화법은 빛을 발한다.
　의원들의 질문에 반박하기보다 "저는 'OOO님이 OOO보다 더 신뢰한다고 생각하지 않습니다"와 같은 애국심에 기댄 1인칭 화법으로 상대방의 말문을 막히게 한 것이다.

상대를 걸고 넘어지는 것이 아니라 자신의 이야기를 늘어놓듯 말한 셈이다. 그의 답변 내용도 내용이지만 그의 이런 유연한 화법이 화제가 되었다.

한국 청와대보다 미국 백악관을 더 신뢰?

화법과 관련해서 국회에서 있었던 그의 대화 내용을 한번 살펴보자. 먼저 국민의당 박지원 의원이 백악관의 발표와 정부의 발표가 서로 다른 것은 코리아 패싱이 아니냐고 따져 묻는다.

박지원 국민의당 의원 : 꼭 뭐 전화로 얘기하는 건 아니지만 우리 대통령과 트럼프는 4번 통화했는데 미일 정상은 10번 통화했습니다. 이것도 코리아 패싱 아닙니까?
이낙연 전 총리 : 미일 정상 간 통화는 여러 번 했지만 합의는 구두상이고, 제재와 압박을 강화해야 한다는 레토릭 합의였습니다. 문 대통령과 트럼프 대통령은 수십 년 동안 해결 못한 미사일 탄도중량 해제에 합의했습니다.
박지원 국민의당 의원 : (그 합의 때) 백악관은 한국 정부가 미국산 첨단 무기를 대량 구매 승인했다고 발표했는데 우리 정부는 왜 이 사실을 숨깁니까?

이낙연 전 총리 : (당시 합의된 것 중) 무기 구매 언급은 없습니다. 의원님이 한국 청와대보다 미 백악관을 더 신뢰하지는 않을 거라고 생각합니다.

그는 백악관의 발표를 가지고 계속 밀어붙이는 박 의원에게 "박 의원이 한국 청와대보다 미 백악관을 더 신뢰하지는 않을 거라고 생각한다."는 말로 피해 나간다. 사실 박 의원 입장에서는 대한민국 국회의원으로서 한국보다 미국 정부를 더 신뢰하는 국회의원은 없을 터이니 뻘쭘할 수밖에 없었을 것이다. 이어 그는 미국 역시 대통령의 말이 언제나 정확한 것은 아니며, 백악관에서도 번복될 수 있다는 점을 강조하며 정부 발표의 신뢰를 높이기까지 한다.

직설 화법

그의 이런 답변 방식은 다른 의원에게 한 답변에서도 확인된다.
첫 번째는 국민의당 박지원 의원에게 '의원님이 한국 청와대보다 미 백악관을 더 신뢰하지는 않을 거라고 생각합니다'와 두 번째는 이미 오보로 밝혀진 일본 아베 신조 총리의 거짓 발언을 언급한 자유한국당 김성태 의원에게 '김성태 의원님이 한국 대통령보다 일본 총리를 더 신뢰하고 있다고 생각하진 않습니다', 그리고 마지막으로 미국 아놀드 트럼프 대통령과 일본 아베 신조 총리가 한 통화 횟수와 문 대통령이 한 통화 횟수와 비교해서 따져 물은 자유한국당 김학용 의원에게

'한국 안보 안전에 대해 아베 총리가 더 많이 걱정하고 있다고 생각하지 않습니다'이다.

만약 그가 이렇게 답변했다면 어땠을까?

먼저 박 의원에게 '의원님께서는 한국 청와대보다 미 백악관을 더 신뢰하시는 겁니까?', 또 김성태 의원에게 '의원님은 한국 대통령보다 일본 총리를 더 신뢰하십니까?', 그리고 끝으로 김학용 의원에게 '의원님은 한국 안보 안전에 대해 아베 총리가 더 많이 걱정하고 있다고 생각합니까?' 이렇게 말이다.

그러면 분명히 의원들이 들고 나섰을 것이다. 말도 안 되는 질문을 한다고 말이다. 심지어는 국회의원을 모독하는 것 아니냐고 따져 물었을 지도 모른다.

정보의 균형

하지만 그는 그렇게 하지 않았다.

상대의 질문을 맞받아치지 않고 시종일관 자기 얘기를 한다. 더 나아가서 상대가 그런 분이 아닐 거라는 믿음을 내비치기까지 한다. 그의 이러한 화법은 오랜 기자 생활에서 비롯된 것이다.

기자가 취재원과 취재할 때 가장 좋은 것은 굳이 질문하지 않아도 상대가 술술 정보를 털어놓을 때다. 당장 무엇이 궁금하다고 해서 취재원을 몰아붙이면 취재원은 입을 닫는다. 반면 은근슬쩍 다 알고 있다는 듯이 반응하거나 아니면 일부러 정 반대되는 사실을 흘림으로써 상대를 안달나게 할 수도 있다. 상대가 나서서 말을 하도록 분위기를 만드는 것이다.

일방적으로 상대를 몰아가며 질문 공세를 이어가는 것보다는 자신의 생각이나 이야기를 늘어놓으면서 정보의 균형을 이루는 것이 상대로 하여금 공평하다는 인상을 줄 수가 있다. 그러한 편안함 속에서 상대도 입을 여는 것이다.

그는 바로 이러한 사실을 오랜 기자 생활을 통해 체득했는지도 모른다.

자가 점검

이렇게 화법만 바꿔도 상대로 하여금 완벽히 다른 반응을 이끌 수 있다. 심지어 상대가 설사 그것이 자신을 돌려서 비꼬는 말임을 알고도 따지기 참 애매하게 만든다.

여기 한 가지 좋은 점이 또 있다.

상대를 몰아붙이거나 대화의 방향이 상대를 향하고 있지 않고 자신의 이야기로 출발하다 보니 자신의 생각과 감정을 정리하는데도 도움이 된다.

상대를 꺾는다기보다 자신의 생각을 제대로 전달하는 쪽에 신경을 쓰다 보면 상대의 반응은 덜 중요해진다. 자칫 논쟁을 위한 논쟁이 아닌 서로의 생각을 재확인하고 건설적인 방향으로 대화를 이끌 수 있는 것이다.

공동의 선

 결국 그의 이러한 셀프 화법은 상대를 기분 나쁘게 하지 않으면서 또 상대의 말문을 막히게도 한다. 자기가 할 말은 다하면서도 더 이상의 소모적인 논쟁은 줄이는 화법이라고 할 수 있다.
 토론의 기본은 자기 얘기로 시작해서 끝나는 것도 아니고 더욱이 상대를 몰아가면서 상대를 굴복시키는 것도 아니다. 마찰은 피하면서 각자가 자신의 의견을 서로 균형 있게 피력하면서 공동의 선을 찾는 것이 최고의 화법이다.
 그러기 위해서는 그가 대정부 질문에서 보여준 셀프 화법을 눈여겨 볼 필요가 있다. 왜냐하면 화법만 바꿔도 대화의 질이 바뀌기 때문이다.

| 질문력 |

"답변으로 사람을 판단하지 말고 질문으로 사람을 판단하라."

- 볼테르

답변보다 나은 질문

　질문에 답하는 것을 답변이라고 한다. 말싸움 과정에서는 질문과 답변을 서로 주고받는다. 장기의 돌처럼 상대방이 한 수 두면 그에 응수해 돌을 놓는다. 가끔 상대방이 난감한 질문을 던질 때가 있다. 즉답하기에 곤란하거나 피하고 싶은 질문을 던졌을 때다.

　그런 질문을 만나면 대부분 당황해 식은땀이 나기 마련이다. 머리를 쥐어짜서라도 답변을 만들어내 그 상황을 모면하려고 한다. 그러다 보면 말 실수를 하거나 자신의 논리에 꼬여 넘어지기도 한다.

'호랑이에게 잡혀가도 정신만 차리면 살 수 있다.'라는 말이 있다. 이런 경우, 당황은 금물이다. 이런 질문에는 부실한 답변으로 자신을 위험에 빠뜨리기보다 역공하는 것이 낫다. 즉, 상대방의 질문에 답하기보다 상대방은 그 질문에 대해 어떻게 생각하는지 되묻는 것이다.

말문 막기

이와 연장선상으로 일침을 놓는다는 말이 있다. 여기서 일침은 침 한 대라는 뜻으로, 따끔한 충고나 경고를 이르는 말이다. 이것은 문제를 제기한 쪽이 문제를 제기할 자격이 없을 때 사용하는 답변 기술이다. 한마디로 도둑놈이 도둑질은 나쁘다고 주장할 때 그런 말을 할 자격이 있느냐고 되묻는 것이다.

논쟁에서도 그렇다. 상대가 주장하는 내용 중에 상대가 그것을 스스로 부정하거나 어긴 것이 있다면 그것을 찾아 따지는 것이다. 상대의 입장에서는 말문이 막힐 수밖에 없다.

물귀신 작전

때로는 상대의 주장이 맞고 그것에 승복할 수 없을 때 최후의 전술로 물귀신 작전을 쓰기도 한다.

　물귀신 작전은 소위 '너죽고 나죽자' 전술로 일명 물타기 전술이다. 네 말대로 내가 틀렸지만 과거에 너도 그러지 않았냐고 따져 묻는 것이다.

　특히 수세에 몰렸을 때 사용할 만하다.

　하지만 이러한 전략은 좋은 전략이 아니다. 상대의 주장이 옳고 내게 잘못이 있다면 깨끗이 인정하는 것이 정석이다.

　대정부 질문에서 자유한국당 김성태 의원과 그의 설전은 큰 화제가 되었다. 먼저 김 의원은 김대중, 노무현 전 대통령 때의 대북 정책을 놓고 결국 얻은 것이 핵과 미사일 아니냐고 반문한다.

김성태 자유한국당 의원 : 노무현 정부 때도 동북아 균형자 한다고 했는데 무슨 균형을 그때 잡았습니까. 한미 동맹만 망쳐 놓지 않았습니까. 그러니까 햇볕 정책도 동북아 균형자도 얻은 게 뭡니까. 핵과 미사일입니까?
이낙연 전 총리 : 지난 9년 동안 햇볕정책이나 균형자론을 폐기한 정부가 있었습니다. 그걸 건너뛰고 이런 질문을 받는게 좀 뜻밖인데요. 제가 지나간 일을 따지고 싶진 않습니다. 현 정부는 현 상황에서 최선을 다하고 있다. 이렇게 말씀드리고 싶습니다.

　그는 이전 정부의 대북 정책인 햇볕정책이나 균형자론을 폐기한 이명박, 박근혜 전 대통령 정부가 있는데, 그것을 건너뛰고 이런 질문을 던진 것이 의아하다는 반응을 보인다.

중간 과정에 집권 여당이었던 자신들의 이야기는 쏙 빼고 이전 정부에게 모든 책임을 돌리는 작태를 꼬집은 것이다.

고장난 레코드

자유한국당 강효상 의원이 그의 답변 태도를 문제 삼은 적이 있었다.

강효상 의원: 그 고장난 레코드 같은 답변은 그만하시구요.
이낙연 전 총리: 고장난 레코드를 여기 세워두신 이유는 무엇입니까?

이 전 총리의 답변을 두고 고장난 레코드 같은 답변이라고 하자. 그는 그 고장난 레코드를 왜 여기 불러 세워두셨냐고 되묻는다. 만약 자신의 답변이 고장난 레코드가 아니라고 구구절절 해명했다면 강 의원에게 계속 말꼬리를 잡히기 십상이었겠지만 그렇게 하지 않고 그의 말을 그대로 받아 오히려 되물었다. 자신의 말을 고장난 레코드 같은 답변이라고 생각한다면 뭐하러 고장난 레코드에게 질문하냐고 강 의원에게 되받아친 것이다.

저도 기억합니다

이번에는 자유한국당 전희경 의원이 이 전 총리의 답변 태도를 문제 삼아 물고 늘어졌다.

전희경 의원: 총리님의 모든 발언은 속기록에 남습니다. 지금처럼 하시면…
이낙연 전 총리: 저도 기억합니다. 의원님의 발언도 그렇습니다.

사사건건 물고 늘어지는 전 의원에게 그 부당함을 밝히기보다 전 의원의 발언도 속기록에 남는다며 전 의원의 질문 태도를 에둘러 꼬집었다. '장군' 하니 '멍군'으로 받은 셈이다.

오른손으로 맞받아쳐라

그가 보좌진에게 자주 하는 얘기가 있다고 한다. "누구한테서 왼손을 맞으면 그 왼손만 이리저리 들여다보는데, 그럴 게 아니라 오른손으로 맞받아쳐라." 껄끄러운 질문의 답을 찾으려 한다면 질문자의 의도에 말려들기 십상이다. 유도 심문에 걸려들 수도 있으니 역공이 최선의 대응이라는 것이다.

그는 햇볕정책이나 균형자론으로 답변을 찾는 것이 아니라 김성태 의원의 질문 내용을 가지고 역공을 가한 셈이다. 또한 강효상 의원의 질문은 질문으로 맞받아쳤다고 할 수 있다. 우문현문(愚問賢問)이다.

질문으로 되받다

이번에는 김성태 의원에 이어 김재경 의원이 북한이 핵을 포기할 리 없다며 안보 태세를 강화할 것을 요구한다.

김재경 자유한국당 의원 : 원래대로 돌아가야 합니다!
이낙연 전 총리 : 과거로 돌아가자는 말씀인가요? 핵을 쏘고, 미사일을 쏘고?
김재경 자유한국당 의원 : 안보태세를 과거로 돌려야 된다는 얘깁니다.
이낙연 전 총리 : 그러면 그것만 돌릴 수 있겠습니까? 다른 것은 어떻게 합니까?
김재경 자유한국당 의원 : 총리님은 균형 있게 간다는데 북한은 핵을 포기하지 않잖습니까? 근데 우리는 자꾸 이렇게 무장 해제를 하는 게 어떻게 균형 있는 거예요?
이낙연 전 총리 : 그걸 포기하게 하도록 하기 위해서 한국과 미국이 함께 노력하고 있는 것 아닙니까? 그런 노력을 포기하자는 말씀은 아니리라 생각합니다.

다짜고짜 원래대로 돌아가야 한다는 김재경 의원에게 이 전 총리는 과거로 회귀하자는 것이냐고 되묻는다. 당시 북한이 보여준 일련의 비핵화 의지에 대한 것을 무시한체 과거의 긴장 상태로 돌아가자는 것이 옳을 것인지를 질문으로 맞받아친 것이다.

모순을 깨다

　모순은 '창과 방패(防牌)'라는 뜻으로, 말이나 행동의 앞뒤가 서로 일치되지 않는 것을 두고 하는 말이다.
　당시 대정부 질문에서도 이것을 가지고 꼬집는 그의 모습이 여러 차례 보였다.
　여기서의 모순은 상대의 주장이 옳고 그르고를 떠나서 순전히 상대의 과거의 언행 중 모순된 것을 가지고 되받아치는 것을 말한다.
　상대의 주장을 가지고 일일이 시비를 가리는 것보다 그들의 자기모순을 환기시키는 것만으로 상대를 KO 시킬 수 있는 기술이다.
　먼저 바른정당 김무성 의원이 지금 이 시기에 안보 예산이 아닌 복지 예산을 늘릴 때냐고 그에게 따지듯 묻는다.

　김무성 바른정당 의원 : 총리께서는 지금 수십조씩 퍼붓는 복지 예산을 늘릴 때라고 보십니까, 안보 예산을 늘릴 때라고 생각하십니까?
　이낙연 전 총리 : 안보 예산도 필요한 건 늘려야 되겠죠. 근데 복지 예산 늘어난 것은 대부분 지난 대선 때 모든 정당들이 공통으로 공약된 사항들이 먼저 이행되고 있는 것입니다.
　김무성 바른정당 의원 : 네, 총리 들어가십시오.

　그는 안보 예산에 대한 그의 사견을 늘어놓는 것이 아니라, 복지 정책과 관련해서 지난 대선 때 모두 공통으로 공약된 사항을 우선 이행하고 있다고 반박함으로써 김 의원을 한방에 보낸다. 대선 때 바른정

당에서도 같이 공약으로 내건 복지 예산을 집행하고 있는데 무슨 문제냐는 것이다.

　김 의원 입장으로서는 그에게 들어가라는 말밖에 할 수가 없었다.

| 말줄임표 |

"속이기 위해 말하는 것과 알 수 없는 사람이 되기 위해 침묵하는 것은 다르다."

- 볼테르

침묵은 금이다

　때로는 말하는 것보다 침묵으로 대신해야 할 때가 있다. 말을 했을 때 말꼬리가 잡히거나 말을 하더라도 실속이 없을 때다. 설사 말꼬리가 잡히는 말은 하지 않더라도 억지로 하는 말은 반드시 말 실수를 부른다.

　인간관계에서도 마찬가지다. 사람들은 상대방과 말을 나눌수록 관계가 깊어진다고 생각한다. 그러다 보면 특히 초면인 사이에 일부러 말을 건네려고 노력하는데 그러다 보면 없는 화제도 만들고 하면 안되는 말도 본의 아니게 하는 경우가 있다. 헤어진 후 후회할 말을 하느니 차라리 어색한 채로 그 자리를 정리하는 것이 낫다. 당장 자신의 의견을 밝혀야 할 상황이 아니라면 침묵으로 답변을 유보하는 것도 방법이다.

의도된 침묵

나아가 상대의 반응을 살펴보기 위해 일부러 침묵하는 경우도 있다. 짐짓 모르는 척하면서 상대가 어떻게 나오는지 살펴보는 것이다.

때로는 상대가 의도적으로 내가 알 것이라는 전제하에 알면서도 묻는 경우도 있는데, 이럴 때는 오히려 모른다고 흘려보내는 것도 방법이다. 상대 입장에서는 내가 안다고 인정해야 본인이 준비한 것들을 가지고 공세를 펼칠 수 있는데 시작부터 막히게 된다.

대정부질문에서도 이런 모습이 연출되었다. 바로 자유한국당 박대출 의원과의 설전이었다.

당시 내용을 살펴보자.

박대출 자유한국당 의원 : 최근에 MBC, KBS 불공정 보도 보신 적 있으십니까?
이낙연 전 총리 : 어떤 보도입니까?
박대출 자유한국당 의원 : KBS나 MBC에서 불공정한 보도를 한 것 혹

시 기억나시거나 본 게 있습니까?

이낙연 전 총리 : 음… 잘 안 봅니다. 네.

박대출 자유한국당 의원 : 아… 안 보십니까? 뉴스도 좀 보십시오. 그래야 세상 돌아가고 우리… 문 정권이 아니라 국민들이 어떻게 보고 있고를 알 수 있는 것입니다.

이낙연 전 총리 : 네 아주 개인적인 말씀을 드리자면…….

박대출 자유한국당 의원 : 자, 하나만 여쭙겠습니다. 민노총 산하의 언론노조가 장악하는 방송, 그리고 현 사장이 운영하는 꾸려가는 방송. 어느 게 더 객관적이겠습니까?

이낙연 전 총리 : 꽤 오래 전부터 좀 더 공정한 채널을 보고 있습니다.

박대출 자유한국당 의원 : 제 말씀에 대한 답변이 아니었습니다. 두 가지 중에 어느 게 객관적으로 될 수 있겠습니까? 언론 노조가 장악하는 방송이 객관적으로 될 수 있다고 보십니까?

이낙연 전 총리 : '누가 장악했느냐'라고 단정하긴 어렵다고 봅니다만은 저는 보도를 경험했던 사람으로서 본능적으로 어느 것이 공정한 보도인가는 알고 있습니다. 저 개인적으로는 공정한 보도를 찾아서 보고 있습니다.

당시 MBC, KBS 불공정 보도와 관련하여 각계가 시끄러웠는데, 그동안 쌓이고 쌓인 것이 문재인 정부가 들어선 이후 터진 것이다. 일각에서는 터질 것이 터졌다는 반응도 보였다. 말하자면 뜨거운 화두였던 셈이다.

그런데 당시 그러한 문제에 대해 딱히 정부의 입장 표명이 없다 보니, 대정부 질문을 맞이하여 이 전 총리가 어떤 말을 할지 세간의 이목이 쏠렸다.

당연히 대정부 질문에서 이와 관련한 질문이 나올 것으로 예상되었고, 이에 대해 정부가 어떤 대답을 준비해 올지 관심을 모은 것이다.

그런데 박 의원의 "최근에 MBC, KBS 불공정 보도 보신 적 있으십니까?"라는 질문에 그는 전혀 예상하지 못한 대답을 내놓는다. 그것도 마치 그런 질문을 전혀 예상하지 못했던 것처럼 약간 뜸을 들인 후 "잘 안 봅니다"라고 답변한 것이다.

합기도의 기술

합기도가 다른 무술하고 다른 점이 있다면 그것은 상대의 힘을 이용해서 상대를 꺾는다는 것이다.

태권도를 비롯한 여타의 무술들이 본인의 힘을 길러 그 힘으로 상대를 쓰러뜨리는 기술을 가르치는 것과는 대조적이다.

합기도의 정의를 살펴보면, '인간의 신체에 대한 이해를 기반으로 관절에 거는 수와 급소 지르기를 특기로 하는 호신술'이라고 나와 있다. 말하자면 일격에 쓰러뜨리는 기술을 가르치는 것이다.

실제 싸울 때 보면 '주먹을 쓴다'는 말이 있지만 주먹은 하는 일이 별로 없다. 주먹은 주먹일 뿐이고 정작 중요한 것은 휘두르는 강도와 팔목의 힘이다. 합기도는 바로 주먹의 힘을 기르는 것이 아닌 사람의 관절을 어떻게 활용해야 하는지를 가르치는 것이다.

장작을 패는 것을 예로 들면 장작을 잘 쪼개는데 있어 도끼의 날카로운 면도 중요하지만 도끼 자루를 가지고 얼마나 타점을 잘 겨냥해 내리치느냐가 중요한 이치와 같다.

대개 싸움이 벌어지면 자신의 위력으로 상대를 힘으로 제압하고자 하는데, 합기도를 아는 사람이 보면 한심하게 보인다. 달려드는 상대를 온 몸으로 맞닥뜨리는 것보다는 한 발짝 비켜섬으로써 넘어뜨리는 것이 낫다는 것을 아는 것이다.

이러한 자세는 싸움을 빨리 끝내는데 있어서도 도움이 된다.

상대는 맞은 만큼 그대로 돌려주기 위해 달려드는데, 상대를 때리지 않고 제 힘에 못 이겨 제 풀에 꺾어지도록 하는 것만큼 좋은 기술은 없다.

나비처럼 날아서 벌처럼 쏘다

박 의원은 불공정 보도와 관련하여 질의를 준비하면서 단단히 벼르고 있었을 것이다.

국민적 관심도 큰 만큼 한방 제대로 먹일 생각이었던 것이다.

하지만 그는 순순히 박 의원의 계략에 말려들지 않는다.

마치 투우의 한 장면처럼 무서운 기세로 달려드는 황소를 피해 살짝 몸을 돌려 젖힌 것이다. 당시 영상을 보면 그의 "안 봅니다"라는 답변에 박 의원은 당황한 기색이 역력했다.

당연히 보았을 것이고, 또 답변도 준비해 왔을 거라고 철석같이 생각했는데, "안 봅니다"라는 의외의 답변에 할 말을 잃은 것이다.

보았다는 답변을 전제로 다음 질문을 준비해 온 그로서는 마치 허를 찔린 느낌이었을 것이다.

마치 1단 로켓이 분리되고 2단 추진체에 불이 붙어야 하는데, 로켓이 동력을 잃고 추락한 것이다.

그렇게 상대를 멘붕으로 만든 그는 '꽤 오래 전부터 좀 더 공정한 채널을 보고 있습니다'라며 능청스러운 답변을 내놓는다.

KBS, MBC의 불공정 보도에 대한 즉답은 피하면서 오히려 '좀 더 공정한 채널'을 보고 있다는 말로 에둘러 해당 방송사의 '불공정 보도'를 꼬집은 것이다.

전설적인 복서 무하마드 알리가 1964년 2월 25일 마이애미비치 컨벤션 홀에서 진행된 WBA/WBC통합 챔피언 전에서 남긴 "나비처럼 날아서 벌처럼 쏘겠다(Float like a butterfly, sting like a bee)"는 모습을 보는 듯했다. 그는 상대의 돌격을 우아하게 피하면서 마치 투우사처럼 등 뒤에 일침을 꽂았다.

| 말의 몸통 |

"무고한 자를 비난하느니 죄 지은 자를 풀어주는 게 낫다."

– 볼테르

무죄 추정

　형법에 '무죄 추정의 원칙'이 있다. 무죄 추정의 원칙은 형사소송 피고인은 유죄 판결이 확정되기 전까지 무죄로 추정된다는 원칙이다. 무죄 추정의 원칙은 죄형법정주의, 증거재판주의와 함께 근대 형법의 근간을 이루는 법리다. 일개 개인은 절대권력인 공권력 앞에 너무나 무기력한 약자다. 국가로부터 피의 사실을 추궁당하는 개인의 방어권을 보장하기 위해 유죄를 규명할 책임은 국가에 있다.

즉, 피고인의 범행 사실에 합리적 의심이 사라져 유죄로 판결 확정되기 전까지는 피고인의 이익을 국가의 이해관계보다 우선시한다는 형평적(衡平的) 대원칙이다. 만약 무죄 추정의 원칙이 없다면 공권력을 남용해 제멋대로 처벌하거나 사법 살인하는 등의 폐해가 발생할 수 있다. 이런 폐해는 근대 이전 봉건사회에서 매우 빈번했다. 많은 사람들이 정치적 목적 등의 이유로 고문과 숙청의 대상이 되었다.

결과와 과정

볼테르가 살던 시대도 그런 시대였다. 당시 사회는 신의 이름과 왕명이라는 이유만으로 수많은 사람들이 부당하게 투옥되고 목숨까지 잃었다. 그 자신도 부패한 교회와 절대군주가 지배하는 프랑스 정치를 비판했다는 이유로 바스티유 감옥에 수감되었다.

볼테르의 "무고한 자를 비난하느니 죄 지은 자를 풀어주는 게 낫다."라는 말은 실체적 진실 못지않은 절차적 정당성을 강조한 말로 많이 회자된다. "범죄자 10명을 풀어주는 것이 무고한 1명이 고초를 겪는 것보다 낫다."라는 윌리엄 블랙스톤의 말과도 일맥상통한다. 즉, 결과가 좋다고 잘못된 과정을 미화하거나 불합리를 합리로 둔갑시키면 안된다는 뜻이다.

반문으로 과정을 묻다

말싸움에 있어서도 마찬가지이다. 상대가 본인의 주장하는 과정의 잘못은 생략하고 결과만을 가지고 비판하는 경우이다. 대정부질문 당시에도 이런 모습은 자주 보였는데, 당시 사드 임시 배치를 두고 말이 많았다. 자유한국당 함진규 의원이 포문을 연다.

함진규 자유한국당 의원 : 2009년도에 국군정보사 신축사업, 2013년에 서북도서 요새화사업, 2016년도 해병 항공단사업 이런 모든 것들은 환경영향평가를 관련법에 의해 면제받았어요. 그런데 왜 사드만 같은 군사 사항인데도 왜 이걸 면제하지 못하는 건가요?
이낙연 전 총리 : 이전 정부에서도 환경영향평가를 면제하지 않고 소규모 환경영향평가로 편법적으로 했습니다. 문재인 정부가 시작한 것이 아닙니다. 이전 정부가 그렇게 했습니다.
함진규 자유한국당 의원 : 정부가 설득을 해야지요. 그런 부분에 대해서.
이낙연 전 총리 : 절차적 정당성을 밟아가겠다는 것이 왜 잘못입니까?

자유한국당 함진규 의원은 왜 사드를 환경영향평가에서 면제해 주지 않느냐고 따져 묻는다.
하지만 이낙연 전 총리는 이전 사례에서도 면제하지 않았고, 소규모 환경영향평가로 편법 운영했다고 답변한다. 나아가 이런 환경영향평가 역시 문재인 정부 들어서 한 것이 아니라 이전 정부에서 시작했음을 분명히 밝히는데, 당시 집권 여당이었던 함 의원 입장에서는 뜨끔한 대답이었을 것이다.

반문으로 역공하다

이어 이번에는 자유한국당 김성태 의원이 문재인 정권이야말로 최순실 국정농단의 가장 큰 수혜자라는 궤변을 늘어놓는다.

김성태 자유한국당 의원 : 대통령이 무슨 산타 할배입니까? 이런 식으로 포퓰리즘을 해서는 안 된다는 거 명심하십시오! 문재인 정권이야말로 최순실 국정농단의 가장 큰 수혜자입니다!
이낙연 전 총리 : 최순실 국정농단의 큰 짐을 떠안은 것을 저희들로서는 불행으로 생각합니다. 어떻게 수혜자일 수 있겠습니까.

장례식장에서 사람은 죽었지만 그래도 부조금이 들어오지 않았냐는 적반하장식의 질문이 아닐 수 없다. 그것도 국정농단의 책임에서 자유롭지 않은 자유한국당이 말이다.
이에 그는 국가적 비극을 가지고 '수혜를 입었네, 말았네'를 따지는 김 의원에게 경종을 울리는 말을 하는데, 국정농단의 큰 짐을 떠안은 것을 가지고 어떻게 수혜일 수 있냐고 반문한 것이다. 수혜를 입은 것이 아니다는 그 어떤 구구절절한 설명보다 따끔한 반문으로 상대의 말문을 막히게 한다.

누구든 국가적 비극 앞에 이해득실을 따지는 모습은 불편하다. 그러한 원칙을 환기시킴으로써 더 이상의 소모적인 논쟁을 피한 것이다.

엉뚱하게 옆으로 가지를 뻗으며 궤변(잎사귀)을 늘어놓는 경우에는 이렇게 몸통(원칙)을 때림으로써 잎을 떨어뜨리는 것이 좋은 방편이다.

삼권분립

대정부 질문이 끝난 후 가장 사이다 같은 답변으로 알려진 설전은 국민의당 황주홍 의원과의 설전이었다.

황 의원은 한국이 제왕적 대통령 1인제라며, 삼권분립이 제대로 지키지 않는다고 질타한다.

황주홍 국민의당 의원 : 대법관 전원 일치 판결로 복역한 전 총리(한명숙 전 국무총리) 재판을 놓고 실세들이 법원을 공개적으로 성토해도 공식 입장 하나 내놓지 못하는 대법원이 무슨 삼권의 한 축이겠습니까. 한국은 의심의 여지없는 제왕적 대통령 1인제입니다. 대통령 한 마디가 법이 되는 나라가 한국입니다. 권력의 맛은 도취적이어서 대통령의 언어는 남발됩니다. 만기친람은 필연입니다. 이런 제왕적 정치문화 속에서 대통령이 자기 소신과 진영적 가치에 함몰되지 않도록 스스로 자제해서 겸허를 유지하지 못하면 결국 실패하게 될 것입니다.

저는 대통령도 총리처럼 국회에 출석해서 의원들과 질의·응답을 벌이도록 개헌해야 한다는 믿음을 가지고 있습니다. 이것에 대해서 총리 어떻게 생각하십니까?

이낙연 전 총리 : 개헌은 국회에서 논의하고 있기 때문에 총리가 관여하는 것은 적절치 않다고 생각합니다. 그리고 아까 삼권분립이 무의미하다고 말씀을 하셨습니다만, 조금 전에 우리는 삼권분립을 체험했지 않습니까?

황주홍 국민의당 의원 : ?

이낙연 전 총리 : 대통령이 지명하신 헌법재판소장 후보자가 바로 인준을 받지 못한 사태가 있었지 않습니까. 삼권분립은 살아있다고 생각합니다.

황주홍 국민의당 의원 : 네, 좋습니다.

당시 야당의 인준 거부로 헌법재판소장 후보자가 낙마한지 얼마 되지 않은 때였다. 삼권분립의 하나로 입법부(국회)의 행정부에 대한 강력한 견제 수단인 임명권을 가지고 대통령이 지명한 후보자를 낙마 시킨 국민의당이 삼권분립이 안 지켜지고 있다고 궤변을 늘어놓은 것이다.

그가 이것을 들어 삼권분립이 살아있다고 하자, 황 의원 입장에서는 "네, 좋습니다"라고 인정하는 것 외에는 달리 할 말이 없었다.

잎을 떨구기 위해서는 줄기를 타고 올라가 잎을 딸 수도 있지만 줄기를 차서 잎을 떨구는 것도 한 방법이다.

| 名詞の敵 |

"형용사는 명사의 적이다."

— 볼테르

과유불급

글쓰기에 대한 책들 중에 자주 인용되는 말이 있다. 바로 '형용사는 명사의 적이다.'라는 볼테르의 말이다. '지옥으로 가는 길은 수많은 부사로 덮여 있다.'라는 스티븐 킹의 말과 함께 흔히 인용되고 있다.

형용사는 사람이나 사물의 성질이나 상태를 나타내는 품사로 명사를 자세히 설명하거나 꾸며준다. 적절한 형용사는 글을 풍성하게 만들어주고 글에 깊은 맛을 더해주지만 과유불급이라고 지나친 수식어는 말의 내용을 난해하고 이해하기 어렵게 만든다.

음식에 비유하면 명사는 음식이고 형용사는 명사의 깊이를 더해주는 조미료다. 조미료가 아무리 맛있더라도 음식 자체가 내는 고유한 맛을 대신할 수는 없다. 적당한 조미료는 음식의 풍미를 더해주지만 과하면 음식을 느끼하게 만들고 음식의 원래 맛을 잃게 만든다. 이것은 말과 문장에서도 마찬가지다.

간명하다

'간명하다'란 말이 있다. 간명하다란 간결하고 명확하다는 말이다.
간결해야 명확하고 명확해야 간결하다. 구구절절 말을 늘어놓으면 듣는 이도 무슨 말을 하는지 잘 이해하지 못한다. 마찬가지로 생각이 잘 정리되어 있지 않으면 말도 그만큼 장황하게 나오는 법이다.
영업 마케팅에는 엘리베이터 법칙이라는 것이 있다.
가망고객과 엘리베이터를 같이 타면 엘리베이터가 도착하기 전까지 고객을 설득시켜야 한다는 뜻이다. 아무리 층수가 높아도 엘리베이터 도착 시간은 채 3분을 넘지 못한다. 그 시간 안에 고객을 설득시키려면 전달할 내용이 명확해야 할 뿐더러 설득 포인트도 잘 짜여 있어야 한다. 그만큼 평소 훈련이 되어 있어야 한다는 말이다.
말을 할 때나 글을 쓸 때도 '한 호흡'에 끝낼 만큼 간명하게 하는 습관을 들여야 한다.

촌철살인

'한 치밖에 안 되는 칼로 사람을 죽인다'는 뜻의 '촌철살인'이라는 말이 있다.

일각에서는 그의 답변 스타일을 보고 '촌철살인'의 진수를 보여줬다고 말한다. 답변 내용도 내용이지만 형식에 있어서도 '한 치밖에 안 되는 말'로 상대를 제압하는 모습에 그런 평을 한 것이다.

효율이라는 것은 '투입과 비교된 산출의 비율'이다. 말도 그 예외가 아니다.

논쟁에 있어 적은 말로도 충분히 의사가 전달되고 상대를 이해시킬 수 있다면 그보다 더 좋은 것은 없을 것이다.

또 말을 적게 하면 할수록 그만큼 상대방의 말을 더 듣게 된다.

필요한 때 필요한 말만 하는 것, 그리고 충분히 듣는 것이 그가 보여준 촌철살인의 비결이다.

길면 잡힌다

대정부 질문에서 그는 아무리 긴 답변도 2분을 넘기지 않았다.

물론 대정부 질문은 시간제한이 있긴 하지만 그의 거의 의식적으로 답변의 길이를 조정한다.

옛말에 '꼬리가 길면 밟힌다'는 말이 있다. 남의 눈을 피해 그릇된 일을 자꾸 하면 아무리 이를 감추려 해도 언젠가는 들통이 난다는 말이다.

하지만 여기서 말하는 꼬리는 말의 '길이'다.

말이 말을 부른다

상대와 설전을 벌이는 상황에서 말이 길어지다 보면 세 가지 단점이 드러나게 되어 있다.

첫째, 말의 허점이 드러난다.

준비한 답변을 읽어 내려가는 것이 아닌 이상 사람은 말실수를 하기 마련이다.

특히 일단 말을 시작하면 뇌가 말을 따라가기가 바빠진다. 어떤 경우에는 본인이 내뱉은 말이 다른 말을 불러오기도 한다. 생각하고 말

하는 것이 아닌 말이 말을 부르는 것이다.

사람은 평상시에는 머릿속의 생각을 정리하면서 말을 잘 이어가도, 누군가와 설전을 하는 과정에서는 말이 생각을 앞서는 경우가 생긴다.

이럴 때 말이 길어지면 질수록 상대로 하여금 말꼬리를 잡을 빌미를 제공하게 된다. 득보다 실이 많은 것이다.

반격의 시간

두 번째로 안 좋은 점은 상대로 하여금 반격할 시간을 벌어준다는 것이다.

설전의 경우 바둑과 같이 일종의 턴 방식으로 흘러갈 공산이 크다. 상대가 묻고 내가 반박하는 것이 교대로 반복된다.

그런데 발언을 점유하는 시간만큼 자신이 주도권을 잡고 있다는 생각에 말을 질질 끄는 경우가 있다. 하지만 이것은 좋지 않은 태도다. 상대는 그 시간에 당신이 말실수하기를 기다리면서 다시 공격할 기회를 엿보게 된다. 따라서 오히려 답을 빨리 하고 상대를 압박하는 것이 최상의 수이다.

대정부 질문에서는 답변이 끝나면 자동으로 질문자에게 질문 차례가 돌아가므로 질문에 대한 부담감을 상대에게 안겨 줄 수 있다.

사라진 주제

세 번째로 논쟁이 삼천포로 빠진다.

장황한 답변은 질문자의 이해도를 떨어뜨리게 되는데, 심지어 답변하는 사람도 답변이 길어지다 보면 자기도 모르게 답변의 요지를 한참 벗어나게 된다. 어차피 논쟁이라는 것은 서로의 생각 차이를 확인하고 그것을 좁히는 것이 목적인데, 오히려 그 차이를 더욱 벌어지게 만드는 것이다.

답변이 짧을수록 질문자도 답변을 이해하기 쉽고, 답변자의 입장에서도 논쟁의 주제를 벗어나지 않게 해준다.

짧을수록 강렬하다

그리고 말이 짧을수록 강렬한 인상을 준다.

대표적인 것이 시다. 몇 줄 안 되는 글로 상대에게 깊은 인상을 준다.

가까운 예로 일상에서 보이는 표어나 광고 카피 문구 등도 이에 포함된다. 사람이 짧은 순간에 이해할 수 있는 단어의 수는 제한적이다. 그만큼 제한된 시간 안에 메시지를 전달하기 위해서는 말이나 글이 길어서는 안 된다. 짧은 글, 짧은 말일수록 뇌리에 잘 박히고 오래 기억된다.

말을 끊지 않고 길게 한다고 해서 말을 잘하는 사람이 아니다. 같은 이야기를 해도 짧게 말할 줄 아는 사람이 진정으로 말을 잘하는 사람인 것이다.

쉬운 표현

　사적인 자리에서는 말을 기가 막히게 잘하는데, 공적인 자리에만 가면 입이 얼어붙는 사람이 많다. 아무래도 공적인 자리이다 보니 말실수를 하게 될까 봐 몸과 마음이 경직되기 때문일 것이다.
　또 농담이나 약간 경박한 말이라도 하게 되면 상대가 자신을 가볍게 보거나 격이 떨어지는 사람으로 비춰질까 봐 가슴을 졸인다. 그러다 보니 평소 목소리보다 힘이 들어가고 입에 붙지 않는 고상한 단어를 쓰게 된다.
　하지만 굳이 어려운 표현을 써 가며 길게 얘기할 것이 아니라, 가벼운 언어로 표현을 하는 것이 좋다.

| 말의 온도 |

"진실은 사랑하되 잘못은 용서하라."

- 볼테르

관용

진실을 추구하다 보면 진실에 배치되는 것과 직면한다. 그것이 부조리이고 비합리적인 것이라면 배척해야 하지만 그 대상이 사람이라면 달라진다. 그 사람의 의도가 나쁜 것이 아니라면 포용할 줄 아는 자세도 필요하다. 잘못되었다고 무조건 상대방을 내치기보다 설득하고 내 안으로 들어오도록 노력해야 한다.

진실은 그 자체보다 그 진실을 통해 인간과 세상을 좀 더 밝고 옳은 방향으로 안내할 때 그 가치가 빛나기 때문이다. 진실의 반대편에 서 있는 자들을 안으로 끌어들여야 한다. 때로는 그들 스스로 변화할 때까지 기다려주는 인내도 필요하다.

그리고 인간은 감정의 동물이라는 것을 잊으면 안된다. 인간은 누구나 자신의 잘못을 인정하지 않으려고 한다. 설사 그것이 틀렸다는 것을 알더라도 말이다. 그런 사람에게 논리적으로 아무리 말해봐야 설득하기 어렵다. 이솝 우화의 일화처럼 지나가는 행인이 옷을 벗게 만들려면 거센 바람보다 따뜻한 햇빛이 나을 때가 있는 법이다.

감성 용어

감성 용어라는 말이 있다. 감성용어는 감정을 표현하는 말이다.
예를 들어 '맞다', '틀리다', '잘했다', '못했다' 이런 것은 감성 용어가 아니다. 굳이 말하자면 비감성 용어다. 감정을 표현한다기보다 사실 또는 평가만 반영한다.
반면 '기쁘다', '슬프다', '화난다', '유감이다' 등은 감성 용어다.

뉴스

비감성 용어만을 쓰는 대표적인 것을 보면 바로 뉴스다.

뉴스를 전달하는 앵커나 기자는 대개의 경우 사실 및 정보를 전달만 하지 자신의 감정을 드러내지 않는다. 또 그것을 거의 금기하다시피 한다.

뉴스에 대한 판단과 그것에 대한 감정은 시청자의 몫이지 전달자의 몫이 아니다. 만일 전달자가 그것을 섣불리 드러내게 될 경우 시청자에게 예단과 편견을 심어줄 수 있다.

뉴스는 지극히 가치중립적이어야 하며 또 감정 중립적이어야 한다.

편집 방향과 다릅니다

그나마 뉴스 엔딩에 앵커가 클로징 멘트로 논평을 달기도 한다.

신문이라면 논평란을 따로 두기도 한다.

다만 다른 사람의 주장이 담긴 사설을 실을 경우에는 '이 사설은 본지의 편집 방향과 다를 수 있다'라는 주의 문구를 같이 싣는다.

그러다 보니 그러한 논평을 통해 해당 프로그램의 성격이나 정치색을 평가하기도 하고 그 자체가 화제가 되기도 한다.

공무원 조직

뉴스와 비견한 예로 공직 사회의 근무 태도도 예로 들 수 있다.

공무원들은 정치적 중립의 의무가 있다.

예를 들어 어떤 공무원이 특정 정당 후보자를 지지하는 것은 자유다. 하지만 공개적인 석상에서 그 후보자가 당선되도록 지지를 요청한다든지 혹은 다른 후보자를 떨어뜨리기 위한 비방을 해서는 안 된다. 정치적 중립에 위반되기 때문이다.

그러다 보니 공무원들은 일반인들에 비해 말과 행동을 하는데 있어 제약도 따르고 또 신중해야 한다.

비단 정치적 중립뿐만이 아니다. 다른 부문에 있어서도 중립적 자세를 취해야할 경우가 많다. 한두 명의 국민이 아닌 여러 성향을 가진 천차만별의 국민을 상대해야 하기 때문이다.

자판기

그런데 문제는 이러한 중립적 태도가 너무 과하면 부작용이 따르기도 한다.

사람을 너무 기계적으로 만든다. 기계는 감정이 없는데, 수많은 OX 연산을 거듭할 뿐이다. 그리고 그 결과도 이미 내장된 모범답안을 내놓는다. 마치 자판기에 동전을 넣고 사고 싶은 것을 누르면 그것만을 콕 찍어 내어놓은 것과 같은 원리다.

과도한 중립 의무는 공무원 사회를 경직되게 만든다. 또 그들이 상대하는 국민들에게도 교감하는 것이 아닌 기계적인 응대만 하게 만든다.

중립 사회

그렇다고 해서 공무원 사회가 중립 자세를 버리라는 것은 아니다.
중립 자세를 지키되 교감하는 법을 키워야 한다는 것이다.
예컨대 민원이 들어오면 케이스로 접근하는 것이 아니라, 그것을 제기한 사람을 들여다볼 줄 알아야 한다는 것이다.

설명의 의무

그가 총리가 되고 나서 공무원들은 일반 국민들에게 요구되는 4대 의무 말고도 한 가지 의무가 더 있다는 것을 알게 되었다. 바로 국민들에게 설명을 해야 할 '설명의 의무'이다.
그는 "설명의 의무를 다하려면 세 가지가 필요하다"며 그 세 가지로 '사회적 감수성, 정성적·정량적 접근의 배합, 질문에 대한 준비'를 꼽았다.

사회적 감수성

그가 설명의 의무로 제일 먼저 꼽은 사회적 감수성이란 무엇일까.
그는 총리가 되기 전인 국회의원 시절에도 "국민들의 일반적인 감성을 정치인들이 감수성 있게 받아들여야 한다"며 "그런 데서 국민들에게 작은 위로를 줄 수 있을 것"이라고 말하기도 했다. 또 "정치는 의무"라며 "내용으로 국민들에게 도움을 드려야 하는 의무가 있고, 외형으로 국민들에게 신뢰나 유쾌함을 드려야 하는 의무도 있다"고 밝히기도 했다.

어떤 이들은 공무원에게 무슨 사회적 감수성이 필요하다는 건지 의아해 할 수 있다. 여기 한 예가 있다.

어느 날 갑자기 쏟아진 폭우로 산사태가 났다고 가정해 보자.

어느 공무원의 브리핑이다.

"산사태로 집 세 채가 피해를 입었습니다. 다만 집에 아무도 없어 인명 피해는 없습니다. 현재 시에서는 피해 복구에 만전을 기하고 있으며, 재발 방지를 위해 산사태 위험지역에 대한 일제 점검도 진행중입니다."

반면 어느 공무원은 이렇게 브리핑한다.

"산사태로 집 세 채가 피해를 입었습니다. 다행히 집에 아무도 안 계셔서 인명 피해는 없었습니다. 피해를 입으신 세대에 심심한 유감의 말씀을 드립니다. 사전에 산사태를 예견하지 못한 점 담당자로서 죄송하다는 말씀 드립니다. 최대한 피해 복구를 위해 노력하겠습니다. 또 산 아래에 거주하시는 시민 여러분도 많이 불안해하실 줄 압니다. 불안해하지 않으시도록 산사태가 날 가능성이 있는 곳을 중심으로 일제

점검을 진행 중이니 시를 믿고 안심하고 계시기를 바랍니다. 모쪼록 추가 피해가 일어나지 않도록 최선을 다하겠습니다."

똑같은 산사태를 가지고 과연 어느 공무원의 브리핑에 국민들은 더 안심을 할 수 있을까.

분명 후자일 것이다. 이를 공무원들이 모르는 바가 아니다. 다만 그동안 늘 해왔던 방식이 몸에 배어 있다 보니 거의 기계적으로 대처하는 것이다.

물론 기계적인 것이 장점이 없는 것은 아니다. 기계적인 대응은 분명 효율과 신속성에 있어 장점이 있다.

그러다 보니 기계적으로 반응하기 이전에 사회적 감수성을 가지고 접근하는 것은 생각만큼 쉽지가 않다.

그는 2018년 1월 신년인사에서 "국민의 얼굴을 마주보고 있지 않더라도 국민의 아픔이 내 아픔으로 느껴지고, 국민의 분노가 내 분노로 느껴져야 합니다. 그게 본능처럼 돼야 합니다. 그래야 공직자입니다. 이걸 전 감수성이라 부릅니다."라고 말하기도 했다.

공감 화법

국무총리 후보자로 인사청문회를 받던 때 국회 귀빈식당에서 세월호 유족인 조은화 어머니와의 통화 내용은 그의 또 다른 면모를 보게 한다.

당시 조은화 양의 유골이 발굴되었다는 소식을 듣고 무작정 건 전화였다.

이낙연 후보자 : 뭐라고 말씀드려야 하지요?
조은화 양 어머니 : 다행이다.
이낙연 후보자 : 다행입니다. 은화 어머니께서 울지 않으셔서 고맙습니다.
조은화 양 어머니 : 아직 미 수습 가족들이 많은데 어떻게 울어요? 모두 수습되면 엉엉 울게요.

두 사람의 대화는 마치 오래된 친구와 나누는 대화만큼 애틋한 마음이 느껴진다.

무작정 전화를 걸었으니 무슨 말부터 꺼내야 할지 그 역시 미처 생각하지 못했을 수 있다. 하지만 평소 달변인 그로서는 판에 박힌 축하인사를 건네는 것 또한 그리 어렵지 않았을 것이다.

그러나 그는 그렇게 하지 않았고, 어떤 수사적 표현을 사용하는 것 대신에 단지 "뭐라고 말씀드려야 하나"며, 상대의 말을 기다렸다. 이에 은화 양 어머니가 "다행이다"라고 답하자, 그는 그 말을 그대로 써서 회답한다.

사실 대화에 있어 상대가 듣고 싶어 하는 말을 해주는 것만큼 상대를 기분 좋게 하고 위로해 주는 것이 있을까. 논쟁을 벌일 때는 한 치 밖에 안 되는 칼로 사람을 죽인다는 뜻인 촌철살인의 모습을 보여주면서도 누군가를 위로할 때는 그 어떤 달변을 거부하는 모습에서 그의 인간적인 면모가 드러난다.

| 몸의 언어 |

"행복은 환상에 지나지 않지만 고통은 현실이다."

– 볼테르

몸은 거짓말하지 않는다

　우리는 행복과 꿈을 말할 수 있지만 지금 처한 상황은 현실이다. 내일의 배부름이 약속되어 있더라도 지금 당장 굶주리고 있다면 배고픔은 현실이다. 사람의 말은 거짓말을 할 수 있지만 몸은 거짓말을 할 수 없다. 상대방을 아무리 속이려고 하더라도 거짓말할 때 생기는 입술의 미세한 떨림과 불안한 시선 처리, 어색한 몸짓은 금방 탄로난다. 오늘날 과학수사 기법인 거짓말 탐지기의 혁혁한 역할도 그 반증이다. 말하는 것 못지않게 내가 말하지 않는 몸의 언어도 관리해야 한다. 그러려면 내 몸을 이해하려는 의식적인 노력이 필요하다.

부드러운 카리스마

대정부 질문 이후 그에 대해 쏟아진 반응을 보면 특히 '부드러운 카리스마', '우아하다', '총리의 품격이 보인다' 등이 많았다. 특유의 낮은 목소리로 차분하게 답변을 이어가는 그의 모습을 두고 하는 말이다.

옛말에 '부드러운 것이 강하다'는 말이 있다. 상대의 힘에 맞서서 버티다가 부러지는 것보다는 어떠한 외력에도 휘어지기만 할뿐 부러지지 않는 것이 강하다는 것을 일컫는 말이다.

그가 보여준 모습도 그랬다.

답변 내용도 내용이지만 시종일관 부드러운 태도로 할 말은 다하는 그의 모습은 보는 이로 하여금 인상적이다 못해 놀라움을 안겨주었다.

내용보다 목소리

전에 SBS에서 특집 다큐 '설득의 힘, 목소리를 깨워라'라는 프로그램을 방송한 적이 있다. 좋은 목소리와 설득의 상관관계를 살펴보는 프로그램이었는데 결과가 다소 의외였다.

즉, 말할 때 영향을 미치는 요소를 비중이 높은 순서대로 나열하면 목소리 톤, 표정, 태도, 말의 내용 순으로 내용이 차지하는 비중이 낮고 음성의 영향이 크다는 결과가 나온 것이다. 최소한 두 번째나 세 번째 요소일 것이라고 생각했던 말의 내용이 가장 비중이 낮게 나온 것은 의외의 결과였다. 이 결과에서 상대방을 설득하는 데는 목소리 톤, 표정, 태도가 중요하다는 것을 알 수 있다.

생영감

그런 점에서 그의 목소리 톤은 어떨까? 그는 어릴 때 얼굴이 길고 통통해 붙은 '메주' 외에 '생영감'이라는 별명이 있다. 나이는 어린데 목소리가 영감 같다고 놀린 것이다. 어쩌면 변성기가 오기 전에도 그의 목소리는 지금과 비슷했는지도 모른다.

영감이라는 단어가 원래 '나이가 많고 관직이 높은 남성을 대접해 이르는 말'이지만 그에게 생영감이라는 별명이 그리 반갑지만은 않았을 것이다. 이와 유사한 표현으로 실제보다 훨씬 나이 들어 보이는 사람을 일컫는 '겉늙은이'도 있다.

단점 아닌 장점

하지만 '생영감'이란 별명은 이제 60을 넘어선 그에게는 오히려 단점 아닌 장점으로 작용하는 듯하다.

조용하고 차분한 목소리가 한층 신뢰감을 준다.

사실 그는 목소리 때문에 한차례 홍역을 치른 적이 있다.

2004년 박준영 도지사가 첫 출마했을 때 선거기간 내내 선거대책 위원장이었던 그가 찬조 연설을 다니면서 너무 말을 많이 하는 바람에 성대 결절에 걸린 것이다.

하지만 그는 그 때를 회상하며 성대 결절 수술 후 모든 의사소통을 문자로 대신했는데, 그 결과 지금은 한손으로 문자를 보낼 수 있는 엄지족이 되었다며 고통의 시간이 오히려 좋은 자산을 남겨주었다고 너스레를 떨기도 한다.

평정심이 관건

사람이 흥분하다 보면 자연히 목소리가 올라가고 빨라진다.

또 목소리가 빨라지다 보면 말을 더듬거리게 되고 말의 앞뒤가 어긋나게 되는데, 사고의 흐름이 말을 못 따라가는 상황이 벌어지는 것이다.

또 높아진 톤의 목소리는 상대방을 불필요하게 긴장시키고 공격적으로 만든다. 쉽게 말해 조용히 끝날 일도 더 큰 화를 불러오는 것이다.

물론 처음부터 사람이 흥분하는 경우는 없다.

처음에는 차분하게 말을 해야지 하고 출발하지만 상대가 날카로운 질문을 던지거나 특정 사안에 대해서 추궁을 할 경우 그것을 반박하거

나 회피하는 과정에서 자기도 모르게 흥분하게 되는 것이다.

   때문에 무엇보다 평정심을 유지하고 처음부터 끝까지 목소리 톤을 일관되게 유지하는 것이 중요하다. 표정만큼이나 목소리도 감정을 숨기기 쉽지 않기 때문이다.

몸으로 들어라

   대정부 질문과 같이 서로 질문과 답변을 주고받는 과정에서 목소리만큼이나 신경 써야 할 것이 있다. 바로 시선 처리다.

   대화의 기본은 상대의 말을 잘 듣는 것이다. 상대의 말을 귀담아듣는다는 표현의 '귀를 기울이다'는 말이 있지만 실제 그것을 직접 몸으로 표현하기는 어렵다. 귀가 큰 개와 같은 동물의 경우는 소리가 들리는 쪽으로 귀를 세울 수 있지만 사람은 그렇게 하지 못한다.

그렇기 때문에 사람은 오직 '시선 처리'와 고개를 끄덕이는 것 같은 '제스처'를 통해서만 상대의 말을 잘 듣고 있음을 드러낼 수가 있다.

페이퍼가 아닌 상대

대정부 질문에서 그를 보면 항상 시선이 질문자를 향해 있음을 알 수 있다.

보통 질문을 받는 입장에서는 상대의 질문을 들으면서 답변을 찾기 위해 서류를 뒤적인다든지 노트북 화면을 본다든지 하며 질문이 끝난 후 답변할 내용을 끄적이기 마련이다.

하지만 이러한 태도는 옳은 태도가 아니다. 질문자의 입장에서는 답변자가 자신의 말을 잘 듣고 있는지 의심을 하게 되고 더 나아가 자신을 무시한다고 생각할 수 있기 때문이다.

하지만 그는 필요 최소한의 경우를 제외하고는 질문자가 질문을 이어가는 내내 상대를 응시하였다. 물론 질문자의 질문이 길어질 경우 질문을 빼먹지 않기 위해 메모하는 것은 별개다.

준비가 먼저다

올바른 태도로 답변을 하기 위해서는 한 가지 전제가 필요하다.

바로 '질문에 대한 준비'다. 즉 어떤 질문이 나오더라도 바로 답변을 할 수 있도록 예상 질문에 대한 답변이 준비되어 있어야 하는 것이다.

그런 준비 없이는 상대의 질문에 흔들림 없이 페이퍼가 아닌 상대를 보는 것이 쉽지 않다. 즉 철저히 준비가 되어 있어야 상대의 질문에도 의연하게 대처할 수 있는 것이다.

꼭 완벽한 답변이 아니어도 좋다. 최소한 상대의 질문이 끝났을 때 즉각적으로 답변할 수 있을 정도의 준비, 즉 '마중 답'이 정리되어 있어야 한다. 본격적인 답변을 위해 서류를 들춰 보거나 노트북 화면을 보는 것은 '마중 답'을 한 뒤에 해도 된다.

태도를 관리하라

목소리 톤, 시선 처리가 어느 정도 익숙해졌다면 답변 태도도 점검해야 한다.

먼저 '몸의 자세'다.

대정부 질문에서 그를 보면 거의 석고상처럼 불필요한 동작이 거의 없다. 허리를 세우고 두 손은 모아 연단 위에 올려놓았으며, 시선은 질문자를 향해 있다. 또 답변을 할 때는 살짝 허리를 숙여서 마이크에 입을 대고 가능한 한 조용하게 말을 한다는 것을 알 수 있다.

불필요하고 과장된 제스처는 독이다. 그 자체만으로도 산만하게 보이고 뭔가 자신감이 떨어져 보이게 한다. 아무리 옳은 답변을 해도 허둥대는 제스처 때문에 정말 그것이 옳은지 의심스럽게 만드는 것이다.

제스처는 꼭 필요한 경우만 써야 된다. 즉 의도하지 않은 제스처는 나오면 안 된다. 어떤 점을 강조한다던지 강한 메시지를 전달하고 싶을 때에 한해 의도적으로 허용되어야 하는 것이다.

말의 자세

다음으로 '말의 자세'다.

대정부 질문에서 그가 답변을 할 때 자주 쓰는 표현은 항상 말머리에 붙는 "의원님께서 방금 ○○○ 말씀하셨는데……"였다. 이런 표현은 상대로 하여금 자신의 질문을 잘 이해하고 있다는 인상을 주고, 그 결과 답변의 신뢰도를 높여주기도 한다. 또 답변하는 입장에서도 상대방의 질문을 재확인하고 자신의 생각을 정리하는데 도움이 된다.

이처럼 대화에 있어 상대방과 주고받는 말보다 시선이나 표정, 자세가 더 많은 말을 한다는 것을 명심해야 한다. 그렇기 때문에 그것을 잘 관리하고 의식적으로 노력하지 않으면 안 된다.

비언어 화법이 중요한 이유다.

| 좋은 욕 |

"사람들은 할 말이 없으면 욕을 한다."

– 볼테르

셀프 디스

누군가의 미담을 하는 것보다 험담하는 것이 더 재미있다. 연예기사만 봐도 그렇다. 연예인이 물의를 빚거나 사고라도 치면 단 몇 초 만에 수백 개의 악플이 달린다. 어떤 사람은 악플을 달지는 않더라도 남들이 쓴 악플을 재미삼아 읽는다. 이런 악플 때문에 극단적 선택을 하는 연예인도 나올 만큼 사회 병폐로 지적받고 있다. 엄밀히 말해 병폐인 동시에 엄연한 범죄다. 특히 가짜뉴스 때문에 '명예 살인'을 당하는 피해자가 속출하고 있다.

남을 치켜세우기보다 깎아내리고 싶은 유혹이 큰 것이 사실이다. 이런 배경에는 남의 허물 탓도 있지만 남을 깎아내려 상대적으로 자신을 높이려는 심리도 작용한다. 하지만 이것은 옳지 않으며 해서도 안 된다. 정말 쉬우면서도 어려운 것은 자신을 깎아내리고 남을 높여주는 것이다.

이것은 상대방의 기분을 고양시키고 말하는 사람을 겸손해 보이도록 만드는 순작용도 있다. 물론 아무 이유도 없이 과도하게 자신을 깎아내리는 것은 자존감이 없어 보이게 하며 오히려 주변을 불편하게 만든다. 그렇다면 말하는 사람도 부담스럽지 않고 듣는 사람도 기분 좋게 만드는 방법은 무엇일까? 바로 유머를 이용한 셀프 디스다.

유머의 두 가지 모습

유머에는 두 가지가 있다. 정말 사람을 웃기는 것이 목적인 유머와 상대의 긴장을 풀어주기 위한 유머. 그의 유머는 후자에 가깝다. 특히 그는 지위가 높아질수록 자신으로 인해 긴장된 분위기를 푸는 용도로 유머를 활용했다.

아무래도 자신보다 지위가 높은 사람 앞에서는 어떤 형태로든 긴장이 되고 분위기가 딱딱해지는 것이 십상이다. 이런 상황에서 분위기를 풀어주는 것이 제일 윗사람으로서 해야 할 일이라고 생각한 것이다.

아이스 브레이킹

그는 제1회 인터넷신문의 날 기념식의 첫 축사를 맡아 아래와 같이 운을 뗐다.

"시골에 가면 펌프가 있는데 허드렛물을 먼저 붓고 펌프질을 해야 맑은 물이 나옵니다. 제가 바로 허드렛물을 하겠습니다. 맑은 물은 다음에 나오시는 분들에게 양보……"

그의 말이 끝나자 장내에 웃음이 터졌고 이어 추미애 등 여야 정당 대표들이 단상에 올랐다. 그의 말 한마디로 경직된 분위기가 풀렸음은 물론이다. '아이스 브레이킹'의 한 예였다. 아이스 브레이킹(Ice Breaking)이란 말 그대로 '얼음 깨기'이다. 특히 어떤 모임의 첫 자리에서 어색하고 긴장된 분위기를 풀기 위해 게임을 하거나 자기 소개하는 것을 두고 자주 쓰인다. 즉 얼어붙은(Ice) 분위기를 깬다(Break)라는 의미다. 그의 경우, 유머를 아이스 브레이킹 용도로 활용한 셈이다.

독특한 기록

그의 당선 소감이 화제가 된 적이 있다. 김대중 전 대통령은 1989년부터 총선 출마를 그에게 권유했다. 그는 계속 고사하다가 2000년 16대 총선에 고향 전남 영광에서 출마해 당선되었고 이후 세 번 더 배지를 달았다.

19대 국회의원 당선으로 4선에 성공한 그는 당선자 대회에서 "제가 독특한 기록을 갖고 있을 것"이라며 "재선 때는 제 선거구가 2개였는데 3선 때는 3개가 되었고 4선 때는 4개가 되었다. 4년마다 구가 하나씩 늘어난다"고 말해 장내에 웃음이 터져나오기도 했다.

강남 총리

그는 총리 인사청문회에서도 농담을 주고받았다. 더불어민주당 전혜숙 의원은 그에게 "강남 총리가 되었는데 막걸리 값은 아는가?"라는 가벼운 질문을 던졌다. 앞서 그는 1차 청문회에서 달걀 한 판 가격을 3,000원이라고 말해 '강남 총리'라는 별명을 얻은 바 있다.

이에 그는 "전남에서는 막걸리가 1,500원이다. 서울 장수막걸리는 좀 싸더라. 1,350~1,400원 정도 한다."라며 "달걀 값 3,000원은 한 판이 아니라 10개, 한 줄 기준으로 말한 것"이라고 해명했다. 그는 "호남 총리가 아니라 강남 총리라고 질타를 받았다. '이렇게 빨리 출세해도 되는가, 강남까지'라는 생각을 했다"고 웃으며 너스레를 떨었다.

산란계

다음은 정부 세종청사에서 열린 기획재정부·공정거래위원회·금융위원회에 대한 업무보고가 있기 전 문 대통령과 나눈 일화다.

문 대통령 : 여기(세종청사)는 굉장히 (공간이) 널널할 줄 알았는데 상당히 빡빡하네요.
임종석 비서실장 : 저희(청와대)보다는 업무 환경이 정말 좋은데요. (웃음)
이낙연 전 총리 : 청와대 비서실은 양계장 수준입니다. (웃음)
문 대통령 : 광화문도 비슷하죠? 총리실은 어떻습니까?
이낙연 전 총리 : 총리실은 산란계 수준……. (웃음)

광화문 청사의 업무 공간이 부족하다는 것을 산란계로 표현한 것이다. 다소 경직되고 딱딱해질 수 있는 회의 분위기를 가벼운 농담으로 풀어주었다.

한 번은 회의에 앞서 모두 발언 자리에서 "모두 발언은 모두 하는 발언이 아니라 혼자 하는 발언입니다."라는 말로 좌중에게 웃음을 주기도 했다. 제1차 규제혁파를 위한 현장 대화에서는 "규제는 중년 남성의 허리와 같은 것, 내버려두면 반드시 늘어나게 되어 있다. 그리고 비상한 각오를 하지 않는 한, 줄어들지 않는다."라고 말하기도 했다. 이런 얘기를 젊은 사람이 했다면 나이 든 사람을 비하한다고 불편해하는 사람도 있었을 것이다. 하지만 중년을 넘어 노년을 앞둔 그의 말을 불편하게 느낀 사람은 아무도 없었다.

서민 유머

그의 유머는 소소한 생활 속에서도 드러나는데, 고상한 유머를 쓰기보다는 일상생활에서 경험할 수 있는 일들을 유머 재료로 활용함으로써 서민들과 함께하려는 그의 의지를 보여준다.

하루는 자신의 SNS 계정에 싱거운 얘기라고 운을 떼며, 낙지집 입간판에 자기 이름이 나왔다고 사진과 함께 글을 올린다. 밤길을 걷다가 우연히 발견했다는 것이다. 하지만 정작 그 대답은 두 줄로 써진 낙지볶음, 연포탕의 앞 글자를 세로로 읽으니 '낙연'이라는 것이었다.

그가 총리가 되어 서울 종로구 통인시장을 방문했을 때의 에피소드도 있다.

그의 썰렁한 아재 개그가 또 한 번 전파를 탔는데, 시장을 방문한 한 시민에게 그가 갑자기 퀴즈를 낸 것이다.

이낙연 전 총리 : 엄마한테 퀴즈 한번 낼까요? '다이어트'를 우리말로 어떻게 번역하는 줄 아세요?

시민 : ???

이낙연 전 총리 : 내일부터

시민 : (웃음)

통인시장 엽전 도시락을 체험하면서 너무 과식하는 것 같다는 생각에 그가 낸 아재 개그였다. 이어 마약김밥을 먹으면서 마약김밥하고는 다른 마약밥이 있다면서, 약밥에 마를 넣은 밥이라는 엉뚱한 대답으로 아재 개그를 능청스럽게 이어가기도 했다.

여기서 끝이 아니다. 통인시장을 다시 방문한 자리에서 이 전 총리는 지난 번 방문 때의 다이어트 퀴즈에 이어 이번에도 퀴즈를 내겠다며 "술을 좋아하는 사람은 애주가, 담배를 좋아하면 애연가라고 하는데 국을 좋아하는 사람은 뭐라고 할까요?"라고 물었다. 정답은 '애국자'였다.

그는 이런 아재 개그로 초등학생으로부터 편지를 받기도 했다. 자신을 순천에 사는 초등학교 6학년이라고 소개한 이 학생은 "궁금한 게

있는데요. 꽃차를 드시면서 말씀하셨던 '백일홍을 10그루 심으면 천일홍이 되나', '다이어트를 우리말로 하면? 내일부터' 이런 아재 개그 진짜 재밌어요. 어떻게 현장에서 바로바로 하실 수 있으세요? 비법이라도 있으신 건가요? 있으면 좀 알려주세요."라고 물었고 이에 이 전 총리는 "초등학교 6학년 여학생의 편지, 반갑게 읽었습니다. 뭐든지 재미있게 하세요."라는 답글을 올리기도 했다.

며느리 얼굴

비단 아재 개그만 한 것도 아니다. 종로구에 출마해 숭인동 일대 한 경로당을 찾은 자리에서 어르신들에게 "큰 아들처럼 대해달라."라며 다가가고 "며느리 얼굴이 좀 어두우면 아들이 미워진다.", "제가 선거를 많이 하다 보니 동생이 모자랐다. 기왕 낳으신 김에 더 낳아 주시지." 등 농담도 곧잘 던졌다. 호랑이 선생님 같이 엄할 것 같지만 농담할 때 보면 능글스러움이 타고난 듯하다.

셀프 디스

그는 평소 SNS를 통해서 소통을 활발히 했다. 특히 자신의 얼굴이나 목소리를 가지고도 셀프 디스 유머를 한 것이 화제가 되었다. 한 번은 문재인 정부 캐릭터 잡지 7호의 주인공에 그가 낙점되어 자신의 캐릭터 그림이 올라온 것을 리트윗하면서 '모든 엄마 아빠께 희망을 드리는 얼굴? 저 얼굴로 총리 하면 내 자식은 대통령 하겠다'라는 멘션으로 자신의 얼굴을 디스하기도 했다.

또한 총리 인사청문회가 끝난 후 소회를 올린 글에 한 트위터리안 (vaxx_xxx)이 "총리 인준 무난하리라 기대합니다. 얼른 총리 되셔서 문재인 정부의 '목소리 미남' 담당해 주세요"란 답글을 남겼는데, 이에 또 다른 트위터리안(sixxxxxx)은 "목소리(만) 미남요?"라고 답글을 남기자, "그거라도 웬 떡?"이라는 말을 남기기도 했다.

저도 정신이 나갑니다

그의 이러한 셀프 디스는 대정부 질문에서도 목격된다.

논쟁에 있어 유머는 윤활유 역할을 하는데, 서로 자신의 주장을 하다 보면 감정이 개입되기 마련이다. 그런데 이 때 적당한 유머는 자신과 상대의 긴장을 풀게 하고 불필요한 감정싸움으로 번지는 것을 막아준다.

특히 대정부 질문에서 보면 일부 의원의 경우 고압적이고 공격적인 자세로 상대를 몰아붙이는 모습을 볼 수 있는데, 자칫 여기에 휘말려서는 안 된다. 감정 조절을 못하고 실언을 하는 등 득보다 실이 많은 것이다. 심지어 이것을 노리고 일부러 그렇게 하는 의원도 있다.

대정부 질문에서 더불어민주당 노웅래 의원이 송영무 국방장관의 발언을 가지고 정부와 협의된 발언이냐고 추궁한다.

노웅래 더불어민주당 의원 : 송영무 국방 장관이 이쪽저쪽 가서 '전술핵 배치할 수 있다' 이렇게 이야기하는데 정부 내 협의가 된 것입니까?
이낙연 전 총리 : 협의되지 않았습니다. 국방장관은 의원님의 질의에 대한 답변 과정에서 모든 가능한 옵션들을 검토할 수 있다. 그런 원론적인 답변을 한 것이고 정부로서는 고려하지 않고 있습니다.
노웅래 더불어민주당 의원 : 정부와 협의되지 않았는데 마음대로 전술핵 재배치 이야기할 수 있습니까?
이낙연 전 총리 : 국방장관으로서 국회에서 의원들의 무서운 질의를 받다보면 그런 답변이 나올 수도 있겠구나 싶지만 바람직하지 않다고 생각합니다.
노웅래 더불어민주당 의원 : 국방부 장관이 정신없는 분은 아니지 않나. 뭔가 숨은 뜻, 복선이 있을 것이다. 그 뜻이 뭔지 이야기할 수 있습니까? 정신 나가서 이야기한 건 아니지 않습니까?
이낙연 전 총리 : 그러나 국회의원을 꽤 했던 저도 국회에 나오면 정신이 나갈 때가 있습니다.
노웅래 더불어민주당 의원 : (웃음) 공적으로는 정신 나가시면 안 됩니다.

그는 송 장관의 발언이 바람직하지 않았다고 답변한다. 하지만 노 의원은 송 장관이 정신 나가서 이야기한 것도 아니고 다른 뜻이 있었던 것은 아니냐고 재차 묻는데, 그가 '저도 국회에 나오면 정신이 나갈 때가 있다'라고 응수를 한 것이다.

그는 국회 대정부 질문에 앞서 정부 서울청사에서 열린 국무회의 때에도 "국회는 좀 독특한 문화가 있어서 저같이 익숙한 사람들도 때로는 집중력이 떨어지거나 화가 나는 경우도 있다"며, "그런 것들을 다 참아내야 정부의 책임 있는 분들로서 도리를 다하는 것으로 생각한다"고 말하기도 했다.

결국 4선 의원을 한 그의 '셀프 디스' 하는 답변에 의원석 여기저기서 웃음이 터져 나왔다. 결국 질의를 한 노 의원도 웃을 수밖에 없었는데, '공적으로는 정신 나가면 안 된다'는 말로 한층 누그러진 모습을 보였다.

과하지 않지만 적절한 유머가 위력을 발휘하는 순간이다.

외빈도 예외가 아니다

그는 국회 대 정부 질문 자리뿐만 아니라 외빈과의 단독 환담 자리에서도 유머감각을 잃지 않았다. 사우디아라비아 아델 파키흐 경제기획부 장관의 예방을 받은 자리에서는 "우리는 자주 만나고 싶고 그래야 한다. 다만 축구장에서는 만나지 말자."라며 파키흐 장관의 웃음을 끌어냈다. 또 밀란 슈테흐 체코 상원의장을 만나 "다시 결혼해 신혼여행을 간다면 프라하 밖에 없다."라고 치켜 세우기도 했다.

위원장님 얼굴이 더 어려워요

그는 늘 가벼운 농담만 하는 것이 아니었다. 농담을 하면서 그냥 웃어넘기기에는 무언가 의미심장한 말을 종종 한 것이다. 소위 언중유골을 보는 듯하다. '언중유골(言中有骨)'은 말속에 뼈가 있다는 뜻으로, 예사로운 말 같으나 그 속에 단단한 속뜻이 들어 있음을 일컫는 한자성어이다.

한 번은 세종 컨벤션센터에서 열린 경제부처 합동 업무보고에서 김상조 위원장에게 '김상조 공정거래위원장님 얼굴이 더 어려워요'라고 뼈 있는 농담을 건넸다. 당시 김 위원장이 업무 보고를 하면서 다른 부처와 달리 "프레젠테이션을 보지 말고 제 얼굴을 보고 들으시면 된다"고 말한 데 대한 반응이었다.

단순한 농담이라기보다 당시 김 위원장의 기업인에 대한 지나친 언사로 언론의 뭇매를 맞는 상황에서 "정치권과 다른 부처에서 김 위원장을 바라보는 상황을 빗댄 게 아닌가 싶다"는 것이 주변 반응이었다.

부모 말 안 듣는 나이

한 번은 그가 제1회 인터넷신문의 날 기념식 축사를 맡았는데, 사회자가 인터넷신문이 12살(12년)이 돼 이제 '말귀를 알아듣는 나이'라고 소개하자 그는 "열 두 살이면 이제 부모 말 안 듣는 나이"라고 해 장내를 웃음바다로 만들었다.

항간에는 인터넷신문의 날을 맞은 축하의 의미도 있지만 이후로도 언론의 순기능을 다해야 한다는 당부로 받아들이기도 했다.

유머의 힘

살다 보면 상대방에게 어려운 말을 해야 할 때가 있다.

조직 생활을 놓고 보면 윗사람이 아랫사람한테 질책을 해야 하는 것 등도 포함된다. 사실 맞은 사람보다 때린 사람이 더 잠을 못 이룬다고 직장 상사 중에 은근히 이런 것에 스트레스를 받는 사람이 많다.

이럴 때 액면 그대로 얘기하기보다는 적당히 유머를 섞어서 표현하면 말하는 사람도 편하고 듣는 사람도 편하다. 최상의 대화는 서로의 감정이 다치지 않게 의사가 전달되는 것이다.

특히 이것은 지도자에게 있어 중요한 덕목이다. 조직을 잘 끌고 가는 것 못지않게 갈등 조정의 역할도 중요한 것이다. 조직의 불필요한 긴장을 없애는 것이 결국은 조직의 업무 효율을 높이는 길이기도 하다. 이제 적절히 유머를 구사하는 능력은 옵션이 아니라 필수다.

| 말의 잔 |

"많은 책들이 우리를 무식하게 만들고 있다."

- 볼테르

사고력

볼테르의 이 말은 역설적으로 독서에 대한 명언으로 자주 인용된다. 보통 책을 많이 읽을수록 지식도 증가한다고 생각하는데 많은 책들이 오히려 사람을 무식하게 만든다니 무슨 말인가?

책은 얼마나 많이 읽느냐가 중요한 것이 아니다. 서재에 책을 빼곡히 채워 놓는다고 그 집주인을 지식인이라고 할 수는 없다. 100권을 읽는 것이 중요한 것이 아니라 한 권을 읽더라도 그 책을 통해 사고가 얼마나 확장되는가가 중요하다. 책의 내용을 무비판적으로 수용하는 것이 아니라 끊임없이 자기 것으로 재해석하고 사고를 확장하는 노력이 필요하다. 즉, 독서력이 아닌 사고력이 중요한 것이다.

말을 대신하는 술

 마찬가지로 한 사람을 설득하는 과정에서도 백 마디 말보다 술 한 잔이 필요할 때가 있다. 맨정신으로 얘기하지 못하는 것도 술이 몇 잔 돌아가고 분위기가 풀어지면 쉽게 말이 나온다. 또한 상대방도 딱딱한 회의실에서는 삐딱하게 들을 내용도 술자리에서는 좀 더 편하고 열린 마음으로 듣기도 한다. 그렇다고 술이 만능 해결사라는 말은 아니다.

 다만 사안이나 받아들이는 사람에 따라 술이 말을 대신할 때가 있다는 뜻이다. 술 자체가 목적이 아니라 술을 수단으로 껄끄럽거나 어색한 관계나 꽉 막힌 대화의 물꼬가 풀리기도 한다는 말이다.

 그런 점에서 이 전 총리는 탁월했다. 그는 유명한 막걸리 애호가로 전남 도지사 시절에도 팔도 막걸리를 '부단히' 소모했다.
 그는 업무적으로 매우 깐깐하지만 일과 후엔 직원 또는 기자들과 격의 없이 막걸리를 마시며 소통하는 것을 즐겼다. 전남도 공무원들 사이에서 그의 별명은 '막걸리 도지사'였다. 앉은 자리에서 막걸리 5병을 거뜬히 들이킬 정도로 애주가였기 때문이다.

그는 "아내가 막걸리를 많이 마셔서 배가 나온다고 걱정한다"고 하면서도 소통의 자리가 필요하다고 판단하면 두주불사(斗酒不辭 · 술 한 말도 마다치 않는다)의 술 실력을 보여준다.

섞어 번개팅

그는 전남도청 직원들과 매월 한 차례씩 '섞어번개팅'을 가졌다. 부서와 직급을 '섞어' 몇 시간 전에 '번개'로 만나는 도청 직원들과 도지사가 함께하는 막걸리 자리다. '섞어번개팅'은 가족과 일상의 소소한 이야기를 편하게 하는 자리로 정착시켜 나가기 위해 그가 지은 이름이다.

또 전남도청 공무원 노조 지도부와 종종 도지사 공관에서 막걸리 간담회를 갖기도 했다. 그가 전남도청 직원들과 술자리에서 막걸리를 고집하는 이유는 '쌀 소비 증대'를 위해서다. 전남이 농업 종사자가 많은 지역임을 고려한 선택인 것이다.

막걸리 총리?

막걸리 사랑은 국무총리가 된 지금도 이어지고 있는데, 사실 역대 국무총리가 술을 매개로 소통을 강조한 경우는 거의 없었다. 특히 술

종류 중 막걸리를 특정한 경우는 그가 유일하다. 그는 총리 홍보자로 지명된 후 기자들과의 대화에서 "(야당 의원들이) 과거의 동지들이었고 10년 이상 의정 활동을 같이한 분들이 많아서 허물없이 정책 차이에 관해 이야기하다 보면 접점을 찾을 수 있을 것"이라면서 "야당과는 막걸리라도 마셔 가며 소통하겠다"고 밝혔다.

이어 "총리가 되면 막걸리를 같이 먹을 상대가 늘어나서 걱정"이라면서도 "그래도 체력이 허락하는 한 저수지 몇 개 양만큼은 마셔야지"라며 의욕도 피력했다.

심지어 국무총리로 임명되어 심상정 정의당 상임대표를 예방한 자리에서도 "역사상 가장 막걸리를 많이 소모하는 총리 공관이 되도록 노력하겠다."며, "팔도 막걸리는 다 준비하겠다"고 익살스럽게 막걸리 회동을 제안하기도 했다.

실제로 보통 일주일에 3~4일 정도는 공관에 손님들을 불러 막걸리를 마신다고 한다. 그러면 주방에서는 손님의 연고지에서 나오는 막걸리를 준비하는데, 다들 고향 막걸리를 보고 굉장히 좋아한다는 후문이다.

막걸리가 좋은 4가지 이유

그의 막걸리 홍보 논리도 독특하다. 주변 지인들에 따르면 그에게서 듣는 막걸리 예찬론이 있다고 한다. 바로 '막걸리가 좋은 4가지 이유'다.

첫째, 막걸리는 배가 불러 안주를 많이 먹을 수 없다. 그러니 건강에 좋다.

둘째, 어지간해서는 막걸리로 '원샷'을 외치는 사람은 없다. 그러니 천천히 나눠 마시며 마주 앉은 사람과 도란도란 담소할 수 있어 정(情) 쌓기에 좋다.

셋째, 주머니 사정에 좋다. 값이 싼 까닭도 있지만 그보다 더 큰 이유는 배가 불러 웬만해서는 '2차'를 갈 수 없기 때문이다.

마지막으로 요즘 유행하는 '워라밸(일과 삶의 조화)'이 가능하다. 2차를 안 가고 집에 일찍 들어가니 가족관계 등 삶에 지장이 없고 다음 날 일에도 지장이 없다는 게 그의 지론이다.

자기관리

"그의 주량은 막걸리 5통에서 6통으로 알려져 있다" 'CBS 김현정의 뉴스쇼'에 출연한 허성무 새미래정책연구소 소장은 이같이 밝히며 "보통 사람은 두세 병 먹으면 취하지만 그는 보통 사람, 잘 먹는 사람의 2배 이상의 주량이다. 이걸 통해 굉장한 스킨십을 지사 때부터 했는데 술을 스킨십의 매개체로 쓰는 것 같다."라고 말하기도 했다.

    이에 같이 출연한 이준석 바른정당 노원병 당협위원장도 더불어민주당 안민석 의원의 말을 빌려 "매우 잘 취한다. 이거는 뭐냐 하면 흥을 잘 돋운다. 하지만 절대 주사는 없다"며 "두 가지가 결합된 최고의 극강 친교 캐릭터"라고 평하기까지 했다.
    실제로 그는 만취할 정도로 저녁 늦게까지 술을 마셔도 그 다음날 오전 6시 전에 기상해서 신문과 방송, 모바일을 통해 기사와 업무를 꼼꼼히 챙길 정도로 자기관리가 엄격하다.

    국회의원 시절 '5선 대변인'이라는 별명을 얻을 정도로 명대변인으로 이름을 날린 그는 대변인 시절 저녁 늦게까지 당직자, 출입기자들과 술잔을 기울이고, 이른바 '작취미성(昨醉未醒 · 어제 마신 술이 깨지 않음, 그가 대변인 시절 늘 쓰던 표현)' 상태로 이른 아침 브리핑을 하면서도 '촌철살인'의 명문장을 구사한 것으로 유명했다고 한다.

낙연주

    대정부 질문이 끝난 후 TBS '김어준의 뉴스공장'의 김어준 씨는 출연한 노회찬 대표에게 "최근 라이벌이 등장했다"라며 "이낙연 총리라고, 몇 마디 안 했는데 어록이 돌아다닌다"면서 화제가 되고 있는 대정부 질문에 참석한 그의 '사이다 답변'에 대해 언급했다.

이에 노 대표는 "그런 사람이 많아지는 건 좋은 일"이라며 "어제 보니 참 자상하다. 중학생을 대하는 자상한 대학생 같다는 생각이 들었다"라면서 그의 대정부 질문 답변 모습을 묘사했다.

또 노 대표는 "이낙연 총리가 막걸리를 좋아하신다길래 지난번에 총리 만찬 초청을 받았을 때 '낙연주'라고 이름 붙인 술을 담가서 가져갔다"라며 "그거 드시고 힘 난 거 아닌지 모르겠다"라고 호응했다. 또 김어준 씨는 "제가 보기에는 총리 임기가 끝나면 방송도 나오고 해야 한다"며 "그래서 '미리 자리를 봐 둬야 되겠는데?'라고 생각하신 것 아닌가 싶다"라고 말해 웃음을 자아내기도 했다.

| 마침표의 미학 |

"종파는 모두 다르다. 인간의 것이므로. 덕은 어디서나 같다. 신의 것이므로."

- 볼테르

다름의 존중

세상에는 사람도 많고 생김새도 제각각이듯 생각도 모두 다르다. 나와 똑같을 수 없고 똑같아야 한다고 생각해서도 안된다. 서로의 다름을 이해하고 존중해야 한다.

물론 나와 생각이 같을 때도 있다. 서로 생각이 같으니 대화도 잘 풀리고 같이 하는 일도 알아서 잘 굴러가지만 가족이나 친구조차 생각이 갈리기 마련이다.

그리고 무엇보다 내 생각이 항상 옳은 것도 아니다. 내가 틀리고 상대방이 맞을 수도 있다. 설사 내 생각이 맞더라도 상대방을 설득하는 과정 없이 상대방을 무조건 굴복시키려는 것도 좋은 태도가 아니다. 내가 옳다고 믿더라도 때에 따라 대승적 차원에서 일부 양보할 필요도 있다.

소모적 논쟁

논쟁하다 보면 상대방의 말이 백 번 옳을 때가 있다. 이럴 때는 주장을 굽히지 않고 계속 우기기보다는 깨끗이 인정하는 것이 좋다. 계속 우길수록 상대는 더욱 집요하게 물고 늘어지기 마련이다. 나중에 너덜너덜해지기 전에 빨리 인정함으로써 더 이상의 추가 공세를 막아야 한다.

어떤 경우에는 다소 이견은 있지만 대승적 차원에서 인정해야 할 때도 있다. 불필요하고 소모적인 논쟁을 막기 위해서다. 특히 기본적인 원칙이나 큰 틀에서 합의된 것을 따질 때가 이에 해당된다.

정성적 측면

대 정부 질문에서 국민의당 황주홍 의원이 문 대통령에 대한 협치의 부족에 대해 이 전 총리와 나눈 대화도 이에 해당한다.

> 황주홍 국민의당 의원 : 대통령은 스스로를 위해 야당을 애국심 있는 동반자로 인정해야 합니다. 김정은에게 베풀어지는 대통령의 그 한없는 관대함이 야당에게도 베풀어져야 합니다.
> 이낙연 전 총리 : 문재인 정부의 가장 아쉬운 대목 중의 하나가 협치라고 생각합니다.

사실 협치라는 것이 정량으로 측정 가능한 것도 아니고 정성적인 측면이 크다. 그리고 정부와 야당이 협치를 잘 해야 한다는 것을 반박하는 사람은 없을 것이다. 또 이 협치라는 것이 자신은 충분히 잘했다고 생각하는데 상대가 부족하게 받아들이면 그것은 그것대로 존중해야 한다. 협치를 강조하는 황 의원에게 굳이 반박하기보다는 아쉬운 부분이 있다고 한발 물러섬으로써 더 이상의 논쟁을 피한 것이다.

전적인 부정 혹은 긍정

이어 국민의당 이태규 의원은 문 대통령의 인사에 대한 평가에 대해 그의 답변을 묻는다.

> 이태규 국민의당 의원 : 문재인 대통령이 역대 정권 통틀어서 가장 잘된 균형·탕평·통합 인사라고 자평했는데 이런 대통령의 평가에 동

의하십니까?

이낙연 국무총리 : 부분적으로 아쉬움이 있었다고 봅니다.

당시 문 대통령이 지명한 장관 후보가 인사 청문회 과정에서 알려지지 않은 여러 의혹이 불거져 스스로 자진 사퇴하거나 낙마를 거듭하던 때였다. 청와대의 후보자 검증 시스템이 제 역할을 완벽히 하지 못한 것이다.

물론 모든 후보자가 다 그런 것은 아니었다. 다만 일부 후보자에 그쳤다고 해도 어떤 의혹들은 사전에 밝힐 수도 있었다. 이에 대해 그도 '부분적으로 아쉬움이 있다'고 이 의원의 질문에 공감을 표한다.

전적인 부정 혹은 전적인 긍정은 늘 논란의 여지가 된다. 잘못이 있다면 그 부분이라도 인정해야 더 이상의 논쟁을 피할 수 있다.

확대 해석

이번에는 자유한국당 이우현 의원이 더불어민주당에서 나온 '방송 장악 문건'을 가지고 잘못한 것 아니냐고 따진다.

이우현 자유한국당 의원 : 지금 방송 장악 문건이 나왔어요. 이거 잘 됐다고 생각하십니까, 잘못됐다고 생각하십니까?
이낙연 전 총리 : 음, 쓸데없는 짓을 했다고 생각합니다.

사실 집권 여당에서 그러한 문건을 작성한 것은 누가 봐도 충분히 그 의도와 취지를 가지고 의심할 수밖에 없는 상황이었다. 이 부분에 대해 그도 쓸데없는 짓을 했다고 인정한다.

국민께 사과

사과하는 것도 기술이 필요하다. 그리고 그 기술 중에 으뜸은 타이밍이다. 타이밍을 놓치면 사과를 하는 쪽이나 받아들이는 쪽도 어색해진다.

한번은 임미리 고려대 연구교수가 '민주당을 빼고' 투표하자는 취지의 칼럼을 쓴 데 대해 더불어민주당이 고발하고 또 고발을 취하하는 등 여론의 거센 반발에 부딪혔다. 당시 당 차원의 공식 사과나 논평이 없는 가운데 이 전 총리가 사과했다.

그는 "겸손함을 잃었거나 겸손해 보이지 않았던 것에 대해 국민께 죄송하게 생각한다."라며 "앞으로 저부터 스스로 더 경계하고 주의하겠다. 당도 그렇게 해주기를 기대한다."라고 밝혔다. 다만 개인적 차원이 아닌 공동 상임선대위원장 내정자 자격의 사과라고 덧붙였다.

임 교수 고발 논란과 관련해 민주당에서 사과 발언을 한 것은 그가 처음이다. 이에 임 교수는 "민주당 당 대표의 공식 사과가 없는 것은 유감이지만 당 공동 상임선대위원장을 맡기로 한 이 전 총리의 발언을 의미 있게 생각하고 수용한다."라며 사과를 받아들였다.

아름답고 멋진 장면

한 번은 국정감사장에서 강기정 수석이 자유한국당 나경원 원내대표를 향해 "우기는 게 뭐예요? 우기다가 뭐냐고?"라고 고성으로 항의하는 가운데 자유한국당은 강 수석의 행동을 야당을 무시하는 처사라며 '태도 논란'이 일었다. 이후 거듭된 파행 끝에 열린 국회 예결위 전체회의에서 강 수석의 고성 사태에 대한 야당 의원들의 사과 요구가 시작되었다.

지상욱 바른미래당 의원: 예결위 파행과 일련의 문제에 대해 한 말씀 해주시고 시작하는 것이 온당하다고 생각합니다. 총리님, 어떻게 생각하십니까?
이낙연 전 총리: 정부에 몸담은 사람이 감정을 절제하지 못하고 국회 파행의 원인 중 하나를 제공한 것은 온당하지 않았다고 생각합니다. 송구스럽습니다.

이렇게 이 전 총리가 즉각 사과하자 야당 의원들도 "진심어린 사과에 감동했다."라며 칭찬하는 이례적인 장면도 연출되었다. 주광덕 자유한국당 의원은 "오늘 멋지고 아름다운 광경을 목격했다."라며 "죄송한 마음을 매우 스마트하게 표현해주셨는데 국민들은 정치권의 이런 모습을 보고 싶어한다. 총리의 이런 마음가짐, 진심 어린 사과 표명이 오늘 그 어떤 질의나 답변보다 우리 정치를 성숙시키는 아름답고 멋진 장면이라고 생각한다."라며 한껏 치켜 세웠다.

이에 이 전 총리는 "국회와 정부 사람들이 국회에 와 임하다 보면 때로는 답답하고 화가 날 때도 있겠지만 스스로 절제할 줄 알아야 한다. 그것이 정부에 몸담은 사람의 도리다."라며 "더구나 그 논란 때문에 국회 운영에 차질을 빚게 된 것은 큰 잘못이라고 생각한다."라고 답했다.

이처럼 잘못한 것은 잘못했다고 인정해야 나중에 상대방이 잘못했을 때 지적해도 상대방도 수용할 마음이 생긴다. 단지 순간을 모면하거나 잘못을 덮으려기보다 인정할 것은 깨끗이 인정함으로써 더이상의 논란을 종식시키고 건설적인 대화를 이어가는 것이 좋다.

실전, 말하기

- '너는'이라고 말하지 말고 '나는'으로 시작하라.
- 답을 찾으려 말고 질문으로 맞서라
- 의도된 침묵이야말로 진짜 금이다.
- 궤변에는 몸통을 쳐라.
- 형용사는 명사의 적이고, 지옥으로 가는 길은 부사로 덮여 있다.
- 완전한 설득은 머리가 아닌 가슴이다.
- 몸이 말하게 하라. 목소리로 말하라.
- 최고의 유머는 나를 깎아내리면 상대가 올라갈 때이다.
- 백마디 말을 한잔의 술이 아낄 수 있다.
- 빠른 인정이 공공의 선이다.

명분과 이익이 아무리 좋은 일도 실행할 능력이 없다면 사상누각에 불과하다. 현실정치를 하면서 생기는 여러 문제들을 **강한 의지로 해결하는 실행력이 중요하다.**

3부

생각의 언어

"Comments are free but facts are sacred"
논평은 자유지만 팩트는 신성하다

- 영국 가디언지 편집국장 찰스 스콧이 한 말로 기자 생활 당시 신조 -

| 한비자의 언어 |

한자가 아닌 한비자

　중국 전국시대의 철학자로 본명은 한비(韓非)다. 전국시대 말기에 한(韓)나라에 살았던 공자(公子)로 한왕(韓王) 안(安)의 서자로 태어났다. 법치주의를 주장했으며 법가를 집대성한 철학자로 널리 알려져 있다. 보통이라면 '한자(韓子)'라고 해야 하지만 후에 당의 한유를 한자라고 부르면서 유가가 아닌 법가 사상가인 한비자의 우선순위가 낮아 한자 쪽 이름 전체를 넣어 한비자라고 부르게 되었다.

성인 무용론

그는 성인 무용론을 주장했다. 성인은 수백 년에 한 번 나올까 말까 하니 평범한 사람들로도 굴러가는 제도 구축에 노력하는 것이 더 낫다고 역설했다. 성인의 현능함을 이용하는 것이 무용하다고 역설한 것은 법가의 공통된 견해다.

또한 한비자는 다른 학자들이 옛 성인들을 언급하는 것을 비판했다. 한비자 자신도 옛 사람이나 그들의 시대가 더 좋았을지도 모른다고 인정했다. 그러나 시대가 변해 옛날처럼 할 수는 없다고 주장했다.

옛날에는 사람 수가 적어 재화가 넉넉했지만 오늘날 백성들은 아들 5명을 부양하기에 많다고 여기지 않지만 이 아들 5명이 각자 아들 5명을 낳으면 할아버지는 손자 25명이 생기는 것이니 재화가 줄어 자연히 다툼이 생길 수밖에 없다고 역설했다. 그러므로 새 시대에 맞는 새 정책이 필요하며 그는 수주대토(守株待兔)에 빗대어 이 상황을 설명했다.

수주대토

수주대토는 '그루터기를 지켜 토끼를 기다린다.'라는 뜻으로 고지식하고 융통성이 없어 구습(舊習)과 전례(前例)만 고집하는 태도를 일컫는 말로 한비자의 오두편(五蠹篇)에 나온다. 그 내용을 살펴보자.

송(宋)나라 사람 중에 밭을 가는 사람이 있었다. 밭 한가운데 나무 그루터기가 있었는데 갑자기 풀숲에서 토끼 한 마리가 뛰어나오다가 부딪쳐 목이 부러져 죽고 말았다. 그 광경을 목격한 농부는 그 후로 일도 하지 않고 매일 그루터기 옆에 앉아 토끼가 뛰어나오기만 기다렸다.

하지만 토끼는 다시 나타나지 않았고 그 사이에 밭은 황폐해져 쑥대밭이 되고 말았다. 농부는 온 나라의 웃음거리가 되었다. 한비자는 이 이야기로 언제까지나 낡은 습관에 묶여 세상 변화에 대응하지 못하는 사람들을 비꼬았다.

한비가 살았던 시기는 전국(戰國)시대 말기로 전 시대보다 기술이 진보하고 생산량도 증가했으며 사회의 성격도 변해 있었다. 그런데도 정치가 중에는 옛날의 정치가 이상적이라며 낡은 제도로 돌아갈 것을 주장하는 사람이 많았다. 옛날에 훌륭했던 것도 오늘날의 현실에 적응시키려는 것은 그루터기 옆에서 토끼를 기다리는 것과 같다고 한비자는 주장했다.

법가와 법학과

한비자와 이 전 총리를 이어주는 키워드는 '법'이다. 이 전 총리는 서울대 법학과를 졸업했다. 물론 단순히 법대를 나왔다고 한비자와 연결짓는 것은 아니다. 한비자의 법가의 사상적 기초 위에 세워진 '수주대토' 정신과 이 전 총리의 '실용적 진보주의'의 유사성을 들 수 있다.

한비자는 옛 성인의 말에 의지해 현 시대와 동떨어진 정책을 내세우는 것을 경계했다. 이 전 총리도 진보적 기치 아래 발생할 수 있는 문제의 실용적 해결이 필요하다는 실용적 진보주의를 취했다. 즉, 사상적 지향점은 진보주의지만 그것을 푸는 방법은 실용적 접근이 필요하다는 것이다.

성인의 말이라고 무조건 맹목적으로 따르거나 자신의 정치 성향에 따라 '진보냐? 보수냐?'에 매몰되어 이분법적으로 접근하는 것을 경계한 것이다.

법술세

한비자는 법(法)과 술(術)과 세(勢)를 중시했다. 이것은 한비자가 최후의 법가인 동시에 법가를 집대성한 법가의 거두로 불리는 이유다. 한비자 이전의 법가에는 크게 3가지 계통이 있었다.

첫째, 신도의 계통을 꼽을 수 있다. 이들은 세를 중시했다.

둘째, 신불해의 계통을 꼽을 수 있다. 이들은 술을 중시했다.

셋째, 상앙의 계통인데 이들은 법을 중시했다.

한비자는 이중 하나라도 빼놓을 수 없다고 여겼다. 한비자에 따르면 군주에게 세는 밑천이다. 일찍이 신도가 두 신하와 한 군주가 세력 균형을 이루고 있을 때를 언급했다.

임금은 두 신하 중 한 명을 쳐 세력의 절대우위를 점하라는 충신의 간언을 무시했다가 한 신하가 다른 신하를 쳐 세력을 흡수하자 열세에 놓여 당하고 말았다. 이처럼 세는 군주에게는 기본적인 밑천이다. 술은 군주가 신하를 부리는 술수다. 군주는 적합한 신하를 등용해야 하며 신하의 실적에 따라 상벌을 명확히 해야 한다.

군주가 신하를 제대로 부리지 못하면 국정은 온전히 운영될 수 없다. 법은 신하가 백성을 다스리는 규칙이다. 법이 엄정하지 못하면 나라가 어지러워진다. 세, 술, 법을 적절히 병용하는 것이 치국의 요체다. 법과 술은 군주의 수단이며 세가 없으면 수단을 부릴 힘이 없다. 한비자의 많은 부분은 술에 할애되어 있다.

관청법(觀聽法)

술은 군주가 신하를 부리는 술수다. 한비자는 신하의 마음을 읽는

법으로 5가지를 제시했다.

먼저 관청법이다. 잘 보고 똑똑히 듣는 것이다. 보고 듣는 것 중 하나만 잘해선 안 되고 둘 다 잘해야 한다. 윗사람들이 얻는 정보는 한정적이고 그나마 편향되어 있는 것이 일반적이다.

인간은 누구나 마음에 드는 일에는 솔깃해지고 싫은 일은 가까이 안 하려는 경향이 있으므로 자신이 '본 것'이 마음에 들면 그에 대한 나쁜 평가는 '들으려고' 하지 않고 '들은 것'이 마음에 들면 상상했던 것보다 좋지 않은 실제 모습은 '보려고' 하지 않는다.

그 때문에 음흉한 수하들은 듣기 좋은 말만 해주거나 좋은 것만 보여주려고 한다. 그러니 윗사람은 수하가 전해주는 듣기 좋은 말은 반드시 눈으로 확인하고 수하가 보여준 것도 다른 사람들의 의견을 널리 들어봐야 한다는 것이다.

여기에 이 전 총리의 버전을 추가하자면 근청법을 들 수 있다. 그는 평소 내각에 필요한 자세로 '근청원견(近聽遠見; 가까이 듣고 멀리 보다)'을 강조했다. 그는 "더 낮게, 더 가까이 다가가야 한다."라며 "더 어려운 분들께 더 가까이 가고 거기에 더 착목해 정책을 추진하는 동시에 놓치면 안되는 것은 더 멀리 보고 준비하는 것이다."라고 말했다.

그는 한 번 더 "더 낮게, 더 가까이, 더 멀리 3가지를 목표로 삼아야 한다."라고 거듭 강조했다. 이것은 전남 도지사로 당선되어 좌우명을 묻는 질문에 "내 좌우명은 근청원견이다. 가까이 듣고 멀리 본다는 뜻이다. 도민 여러분의 말씀을 가까이서 듣고 그 말씀을 정책에 반영할 때는 멀리 보면서 하겠다. 무슨 일을 하든지 근청원견의 자세로 하겠다. 당선 첫날의 초심이 임기 내내 이어지도록 저 자신을 채찍질하겠다."라고 말한 것과 상통한다.

일청법(一聽法)

두 번째는 일청법이다. 한 마디로 요약하면 '하나하나 다 들어보라.'라는 것이다. 그래야 '재능도 없이 무리 속에 숨어 머리 수만 채운 자'를 골라낼 수 있다는 것이다.

어느 왕이 피리 합주를 즐기다 보니 궁궐 안에 피리 부는 사나이가 무려 300명이나 되었다. 그러던 어느 날 '피리 명인'을 자처하는 자가 나타나자 그를 피리 합주단에 넣어주었지만 사실 그는 엉터리였다. 합주만 즐기던 왕이 죽자 그 뒤를 이은 왕은 선대왕과 달리 독주를 즐겼다. 새 왕은 300명이나 되는 피리 부는 사나이들에게 각자 독주를 해볼 것을 지시했다. 그러자 피리 명인을 자처했던 자는 슬그머니 도망쳤다. 한비자에 나오는 이 우화로 짐작할 수 있듯이 개개인의 능력을 시험해봐야만 무리에 끼어 묻어가는 자들을 제대로 가려낼 수 있는 것이다.

여러 사람이 모이다 보면 그 중 목소리를 내는 몇 명을 제외하면 대부분 침묵하는 다수에 편승한다. 그것이 목소리를 내기 어렵고 불편한 자리라면 말할 것도 없다.

하지만 이 전 총리는 어느 자리든 참석자의 소속과 이름을 다 외워 한명씩 호명해주는 것으로 알려져 있다. 말이 쉽지 열명이 넘어가면 이름을 다 외우기도 벅차다. 거기에 더해 소속까지 외우는 것은 두말 할 나위 없다.

그의 이런 자세는 침묵하는 다수에 묻혀 자신의 이야기를 하지 못하는 사람에게 용기를 주었고, 자신의 소속과 이름을 애써 외워온 그에게 감복하게 만들었다.

협지법(挾智法)

세 번째는 협지법이다. 알고 있으면서도 짐짓 모르는 척하며 상대방을 시험하는 것이다. 한(韓)나라의 소후(昭侯)는 신하들 중 누가 거짓말을 잘하는지 가려내기 위해 어느 날 잘라낸 자신의 손톱 하나를 감춰두고 "내 손톱 하나가 없어졌다. 손톱이 없어지면 불길하다던데 모두 샅샅이 찾아보라!"라고 명령했다.

여러 신하들이 대전 안을 샅샅이 뒤져 왕의 손톱을 찾아보았지만 없었다. 그때 한 신하가 자신의 손톱을 잘라 "폐하, 여기 있습니다."라며 바쳤다. 소후는 그 자가 자주 거짓말을 해왔다는 것을 알아냈다.

이 전 총리가 대 정부 질문에서 보여준 답변 중에 가장 화제가 된 답변이 있다. 박대출 자유한국당 의원이 "MBC 김장겸 사장 내쫓을 건가? 최근 MBC, KBS가 불공정 보도하는 것을 본 적이 있느냐?"라고 묻자 "MBC, KBS를 잘 안 본다."라며 "꽤 오래 전부터 더 공정한 채널을 보고 있다."라고 말해 박 의원의 말문을 막히게 한 것이다.

그가 MBC, KBS를 안 보았을 리는 만무하다. 상대방의 흐름을 끊고 맥이 풀리게 하는 진법이다.

도언법(倒言法)

네 번째는 도언법이다. 황당한 말이나 사실과 무관한 이야기 등 거짓말로 상대방의 심리를 꿰뚫는 방법이다.

연나라의 한 재상이 수하들과 이야기를 나누다가 "방금 저 문으로 백마가 나갔는데 참 이상하다."라고 거짓말을 했다. 다른 사람들은 어떻게 여기에 말이 들어왔다가 나갔겠느냐고 말했지만 한 수하가 문을 열고 밖으로 뛰어나갔다가 들어와 정말 백마 한 마리가 방문 밖에 있다가 어딘가로 달려갔다고 말해 그가 거짓말을 한다는 것을 알아냈다.

위나라의 한 재상은 왕이 자신을 의심하는 것 같다고 생각했지만 확신할 수 없어 왕이 총애하는 다른 정승을 만나 다짜고짜 그를 맹비난했다. 그러자 화가 난 충신은 "당신이 뭐라고 하든 개의치 않는다.

주군께서 당신을 신뢰하지 않는다는 것을 나는 아니까."라고 받았다. 그렇게 왕의 속마음을 알아냈다고 한다.

대 정부 질문에서 자유한국당 이채익 의원이 청와대 청원의 버닝썬 사건은 재검토에 들어갔는데 탈원전 반대 서명은 답변을 안하고 있다며 정부가 자신에게 좋은 것만 답하고 나쁜 것은 답변을 안 한다고 따졌다.

이제 이 전 총리의 답변이 가관이었다. "버닝썬이 정부에 좋은 겁니까?"라고 반문한 것이다. 당연히 버닝썬이 정부에게 좋을 리 없었다. 탈원전 반대 서명에 왜 답변을 못하는지 구구절절 늘어놓기보다 버닝썬과 엮으려는 이 의원의 우문(愚問)을 꼬집은 것이다.

반찰법(反察法)

끝으로 반찰법이다. 어떤 사건이 발생했을 때 그 일로 이득을 볼 수 있는지를 먼저 살펴보라는 것이다.

한나라 희후가 욕탕에 들어갔더니 욕조 안에 여러 개의 자잘한 돌멩이들이 보였다. 희후는 시녀를 불러 지금 목욕탕 관리책임자가 바뀌면 정해진 후임이 있는지 물었다. 그렇다고 하자 희후는 후임 내정자를 불러오게 했다. 그가 오자 자신의 욕조에 돌멩이를 집어넣은 이유를 추궁했다. 처음에는 그런 일이 없다고 잡아떼던 그는 결국 현 책임자가 파직되어야 자신이 그 자리를 차지할 수 있다고 자백했다. 즉, 상대방의 입장에서 동기를 찾아보면 상대방을 간파해 잘 부릴 수 있다는 말이다.

대 정부 질문에서도 이런 사례를 찾아볼 수 있다. 자유한국당 송언석 의원이 신용등급과 외환보유고 성과는 이전 정부에서 이루어진 일인데 현 정부의 치적처럼 포장해 국민을 호도하는 것 아니냐고 질책했다. 현 정부의 치적을 깎아내리면서 이전 정부의 집권 여당으로서 자신들의 공적을 내세우려는 의도가 깔린 것이다.

이에 이 전 총리는 "이전 정부의 잘한 점을 부정한 적이 없다."라며 분명한 선을 그었다. 이어 "공과 과는 계승되는 것이라고 생각한다."라며 "우리 정부의 과제도 이전 정부부터 누적되어 온 것이 있을 것 아니냐? 그것을 전부 부정하고 온통 너희 탓이라고 말하는 것도 무리가 있다고 생각한다."라고 답했다. 질문자의 의도를 간파하고 말려들지 않은 전법이다.

늙은 말과 기자

한비자의 설림상(說林上)에 노마지지(老馬之智)라는 말이 나온다. 노마지지는 '늙은 말의 지혜'라는 뜻으로 연륜이 깊으면 나름의 장점과 특기가 있다는 뜻으로 한낱 미물도 저마다 한 가지씩 재주는 있다는 의미로 쓰인다.

　내용을 보면 춘추시대 관중(管仲)과 습붕(隰朋)이 환공(桓公)을 따라 고죽국을 칠 때 봄에 가서 겨울에 돌아오다가 미혹되어 길을 잃었다. 관중이 늙은 말의 지혜를 이용할 만하다고 하자 곧 늙은 말을 풀어 말의 뒤를 따라갔다. 산중을 진군할 때 물이 없어 갈증이 나자 습붕이 개미는 겨울에는 남쪽에 살고 여름에는 산의 북쪽에 사니 개미집의 높이가 한 치라면 그 지하 8자를 파면 물이 있다고 말해 파보니 정말 물을 얻을 수 있었다.

　한비자는 여기서 "관중의 총명함과 습붕의 지혜로도 모르는 것은 늙은 말과 개미를 스승으로 삼아 배웠지만 그것을 수치로 여기지 않았다."라고 썼다. 한비자가 '늙은 말'을 들었다면 이 전 총리는 '늙은 기자'를 들었다.

　살충제 계란 문제에 대한 류영진 식약처장의 부실한 답변이 질책받던 때였다. 그는 살충제 계란 안건 토의를 마무리하며 "늙은 기자의 마음으로 질문했다면서 젊은 기자 시각에서 질문하는 것이 훨씬 예리할 텐데 이런 질문도 답변하지 못하면서 브리핑을 하루에 두 번 할 생각 마라. 업무를 제대로 파악하고 기자들을 응대하고 국민들에게 소상하게 밝혀라."하고 말했다.

한비자의 늙은 말과 이 전 총리의 늙은 기자가 같은 의미로 쓰인 것은 아니지만 늙은 말이 본능적으로 길을 찾듯이 늙은 기자의 질문에도 대답하지 못할 거라면 브리핑하지 말라는 말 속에서 연륜이 주는 지혜를 강조한 것으로 보인다.

신하의 거짓말

한비자의 외저설(外儲說)에 "신하가 나를 속이지 않을 거라고 믿지 말고 속이지 못하도록 하는 나의 조치에 의지하라."라는 말이 나온다. 쉽게 말해 신하를 맹목적으로 믿는 것이 아니라 구조적으로 신하가 감히 거짓말을 못하도록 환경을 만드는 것을 말한다.

신하가 거짓말을 못하게 하려면 어떡해야 할까? 이 전 총리는 그 답을 '현장'에서 찾았다. 신하의 거짓말이 통한다는 것은 그만큼 임금이 민심에 귀를 닫고 눈을 감았기 때문일 것이다. 임금이 민심을 정확히 읽는다면 간신배가 끼어들 틈이 없다.

임금이 민심과 멀어질수록 간신배는 들끓고 임금을 속이기 좋은 환경이 만들어진다.

이 전 총리는 국회의원 시절 당시 국정감사를 하면서 현장을 누비는 것으로 유명했다. 그는 KTX 나사 개수를 세어오라고 주문할 만큼 현장중심주의자로 통한다.

이것은 그가 기자 출신인 점도 한몫했다. 데스크에서 글을 지어내는 것이 아니라 현장에서 직접 발로 뛰며 얻은 정보로 글을 썼다. 한비자가 앞에서 말한 관청법에 나오는 대로 직접 보고 들은 것으로 글을 쓴 것이다.

이런 상사를 둔 부하직원은 거짓말을 할 수가 없다. 자신보다 더 많은 정보를 가지고 있으니 속이는 것 자체가 불가능하기 때문이다. 오히려 한비자의 협지법으로 이미 알고 있으면서도 짐짓 모르는 척 자신을 떠본다고 생각할 수도 있다. 신하에게 바른 말로 고하라고 강요하는 것보다 신하가 거짓말할 생각조차 못하게 하는 것이 고수의 대화법이다.

낮은 언어

"넓은 바다는 작은 시냇물도 버리지 않아 그렇게 넉넉해진 것이다."

— 한비자

물의 길

물은 위에서 아래로 흐른다. 그 물은 시내를 이루고 작은 시내는 모여 바다를 이룬다. 인간관계도 마찬가지다. 내가 나이가 많다고, 지위가 높다고, 돈이 많다고 상대방이 알아서 머리를 조아리는 것이 아니다. 당장 눈 앞에서는 고개를 숙여도 마음속으로는 다른 생각을 할 수 있다.

사실 자신보다 나이가 많거나 지위가 높거나 돈이 많은 사람 앞에서 주눅이 드는 것은 어쩔 수 없다. 그런데 그런 상대방이 스스로 낮추고 자신을 높여줄 때 비로소 마음이 움직인다. 이런 사람이 내 앞에서 이렇게 행동하는 것이 놀랍고 한편으로는 자신을 대우해준다는 생각에 고맙기도 하다. 그러면 사람은 마음의 경계를 풀고 친근감을 갖고 상대방을 대하게 된다.

낮은 자세

그의 좌우명은 '뜻은 높게, 몸은 낮게'이다. 그가 쓴 책 중에 2003년 대변인 시절에 쓴 '이낙연의 낮은 목소리'가 있다. 이 책은 그가 대변인 시절 논평을 모은 책으로 현재까지도 여당과 야당 대변인실에서 참고자료로 활용되고 있다.

책 제목에서도 알 수 있는 바와 같이 그는 항상 '낮은 자세'를 강조했다. 그는 위로 올라갈수록, 권력을 잡을수록 민심을 잘 읽기 위해 낮은 자세가 필요함을 역설했다.

오죽하면 도지사 시절에 '6급 공무원'이라는 말을 들었겠는가? 그만큼 민생에 가장 가까운 현장과 실무의 목소리를 듣기 위해 그는 노력했다.

그는 총리가 된 후 각 당 지도부를 예방했는데, 자유한국당은 이를 거부했다고 한다.

다음 날 그는 또다시 정우택 자유한국당 당 대표에게 "만나자"고 제의했지만 거절당했다. 이때도 그는 총리실 관계자들에게 "십고초려를 해야 한다"고 말했다고 한다. 상대의 거듭된 거절에도 기분 나빠하지 않고 초지일관 낮은 자세를 유지했다는 사실을 알 수 있는 대목이다.

또한 '의전'에서도 달라진 점이 발견된다.

예전의 황 전 총리는 기존 관례에 따라 총리실 공관에 손님이 모두 도착한 후 가장 마지막에 등장했던 반면 그는 가장 먼저 공관에 도착해서 손님들을 맞이한다고 한다.

총리실의 한 고위 관계자는 "이 총리가 평소 역대 총리 중에서 가장 '낮은' 총리가 되겠다는 말을 자주 한다"고 전했다. 그는 "이 총리가 최근 인사동의 한 막걸리 집에서 총리실 직원들과 회식을 했는데, 옆방에 총리의 지인이 있었다"며 "총리가 맨발로 뛰어나가 90도로 지인에게 인사하더라"고 덧붙였다.

또 그는 총리 취임식에서도 '시민여상'(視民如傷)라는 중국 성현의 말씀을 인용했는데, '백성을 볼 때는 상처를 보듯이 하라'는 뜻으로 그 또한 의전과 경호의 담장을 없애고, 더 낮은 자리에서 국민과 소통하는 '가장 낮은 총리'가 되겠다고 밝힌 바 있다.

80점의 비결

그는 청소년들에게도 인사의 중요성을 으뜸으로 강조했다.

그는 '2017년 차세대 리더 육성 멘토링 리더십 콘서트' 축사에서 "이 세 가지만 지켜도 면접시험에서 80점은 받을 수 있다"며 대학생들에게 "인사를 공손히 하고, 자신을 최대한 낮추고, 상대를 최대한 높이기를 당부한다"는 말을 했다.

그는 "며칠 동안 무슨 말을 할지 고민하며 정리했지만, 원고를 보느라 여러분의 눈을 못 보게 되는 일이 있을까 봐 원고는 무시하겠다"며 축사를 시작했다.

그는 꼰대의 잔소리 같은 말씀을 드려 대단히 미안하다면서도 대학생들에게 인사의 중요성을 거듭 강조했다.

그는 "다나카 가쿠에이 전 일본 총리는 비서관을 채용할 때 인사를 공손하게 하는 것을 유일한 시험으로 여긴다"며, "인사를 한다는 것, 그리고 인사를 공손하게 한다는 것은 여러분이 생각하는 것보다 훨씬 더 강렬한 인상을 다른 사람에게 주게 된다"고 설명했다.

또 "말, 행동, 모든 것에서 자신을 최대한 낮춰야 한다. 이것 또한 쉬운 것 같지만 어렵고, 어려운 것 같지만 쉽다"면서 자신을 낮추는 것도 중요하다고 했다.

그는 "진정으로 내가 모자란 사람이라고 생각해 버리면 된다. 실제로 모자란다. 그냥 꾸밈으로써가 아니라 정말 그렇다"면서 "자기를 최대한 낮춰라. 그것도 실력이다"라고 강조했다.

아울러 그는 "상대를 최대한 높여라. 이것 또한 쉬운 것 같지만 어렵고 어려운 것 같지만 쉽다. 우선 언어에서부터 높임말의 실수가 없어야 한다"는 조언도 했다.

특히 "저와 함께 일하는 젊은 사람들이 저한테 야단을 가장 많이 맞을 때가 언제냐면 존경어가 틀린 문장을 써 올 때다. 왜냐면 그 정도의 사람이면 다른 것은 볼 것도 없기 때문"이라고 설명했다.

똑바로 앉아라

한번은 그의 총리 인사 청문회에서 날선 공격을 이어가던 한 자유한국당 의원이 그의 뒤에 앉아있던 공무원을 질책하며 그를 우회적으로 칭찬하는 해프닝도 있었다.

자유한국당 김성원 의원이 총리 후보자인 그가 장시간 질문 공세에도 자세 한번 흐트러뜨리지 않고 성실히 답변에 임하는데, 뒤에 앉은 총리비서실 직원 몇몇이 기대고 앉아있는 모습을 보이자 그러한 태도를 지적하며 "뒤에 있는 직원들 기대 있지 말고 똑바로 앉아라. 총리 후보자는 열심히 답하고 있는데"라고 일갈한 것이다.

어느 경우에나 흐트러짐 없는 모습을 보이는 그를 볼 수 있는 대목이다.

잎사귀 20장

그는 주변에서도 겸손한 사람으로 통한다. 어떤 호사가들은 그를 두고 '온건한 합리주의'라는 평을 하기도 한다.

평소 그의 겸손한 태도는 그가 2013년 11월에 쓴 '잎과 열매'라는 제목의 글에서도 나타난다.

"잎과 열매는 어떤 관계일까요? 이 사과밭은 위에서 열매를 가리는 잎을 따서 열매가 햇볕을 충분히 받도록 해주었습니다. 이렇게 하면 사과의 윗부분에 햇볕이 닿습니다. 아랫부분에는 햇볕이 닿지 않습니다. 그래서 땅에는 반짝반짝 빛나는 반사필름을 깔아 햇볕이 사과 아랫부분에 닿게 해줍니다. 그 결과로 사과 전체가 빨갛게 익습니다.

그러나 어린 사과가 자라는 데는 잎이 절대적으로 필요합니다. 잎의 탄소동화작용으로 영양을 만들어 사과를 키워야 하니까요. 사과 하나를 키우는데 잎사귀 20장이 필요하다고도 말합니다.

그렇게 잎은 열매를 키우지만, 마지막에는 열매를 완성시키기 위해 잎이 비켜주는 것입니다. 인간이 사과에게 배워야 할까요? 11월 10일 장성 삼서면 효섭농원에서 잠시 생각해 봤습니다."

그는 기자 시절에도 '잎'을 인용한 '낡은 잎이 떨어진 뒤에 새싹이 나오는 게 아니다. 새싹이 나오는 힘에 밀려 낡은 잎이 떨어지는 것이다.'라는 논설을 남기기도 했다.

옛말에 '태평천하'라는 말이 있는데, 요임금처럼 지배자가 있는지 없는지를 모를 정도로 정치를 잘하는 지배자를 최고의 통치자로 꼽았다고 한다.

잎은 열매를 키우고, 또 결국 열매를 완성시키기 위해 비켜준다는 그의 말은 평소의 정치 지론을 보는 듯하다.

상생은 듀엣

그의 이러한 신조는 전남 도지사 시절, '광주, 전남 상생발전위원회'

에 참석한 자리에서 '상생은 곧 듀엣'이라고 한 말과도 상통한다.

그는 "광주·전남의 상생은 노래로 치면 듀엣에 해당한다. 듀엣이라면 두 사람이 늘 똑같은 음을 소리 내는 것이 아니다"라며 "어떤 때는 솔로 부분도 있고 어떤 때는 똑같은 소리를 내는 부분이 있는데 그 경우에 자기 목소리만 내면 듀엣은 성공할 수 없다"며, "나름 내 목소리를 내면서도 상대방이 무슨 음을 내는지 끊임없이 듣고 상대방의 입을 바라보고 거기에 맞춰야 듀엣이 된다. 듀엣을 하다가 솔로부분이 나오면 그 솔로를 하는 사람이 돋보이도록 상대방은 한 발짝 뒤로 물러서는 것이 듀엣이다"라고 말했다.

그는 자기 의견을 내세우는 것 못지않게 상대방의 말을 우선 경청하고 때론 양보도 하면서 하나의 화음을 만들어 나가야 함을 강조한다.

마치 앞서 말한 잎과 열매에서 잎이 열매를 완성시키기 위해 비켜줘야 결국 나무가 사는 것과 같은 이치다.

| 사나운 개 |

"개가 사나우면 술이 쉰다."

– 한비자

사나운 개

  '구맹주산(狗猛酒酸)'이라는 말이 있다. 송(宋)나라 사람으로 술을 파는 자가 있었는데 술을 팔 때는 속이지 않았고 손님에게 공손히 대했으며 술을 만드는 재주도 뛰어났다. 주막이라는 깃발을 높이 내걸었지만 술을 사가는 사람이 없자 술은 항상 시큼해졌다.

  도무지 이유를 알 수가 없어 평소 알고 지내던 마을 어른 양천에게 물어보니 혹시 개가 사납냐고 묻는 것이었다. 술집 주인은 개가 사나운 것과 술이 팔리지 않는 것이 무슨 상관이냐고 되물었다.

그러자 양천은 "사람들이 두려워하기 때문이오. 어떤 사람이 어린 자식을 시켜 돈을 가지고 호리병에 술을 받아오게 했는데 개가 달려들어 그 아이를 물었소. 이것이 술이 시큼해지고 팔리지 않는 이유요."

주인은 항상 자신에게 꼬리치는 그 개가 사나운지 몰랐지만 마을 사람들에게는 두려움의 대상이었던 것이다. 한비자의 이런 비유는 나라에도 개와 같은 간신들이 있다는 의미다. 나라를 다스리는 책략을 품은 인사가 만승의 군주에게 간언하려고 해도 간신이 사나운 개처럼 달려들어 물어뜯으려고 하니 군주의 이목은 가리고 나라에 위기가 닥친다는 비유다.

군주가 간신의 말에 휘둘리지 않으려면 술집의 개 같은 신하를 잘 가려내 솎아내야 한다. 사나운 개 같은 신하가 활개치면 군주는 직위뿐만 아니라 국가도 잃고 목숨마저 위태로워진다.

내안의 개

사람의 머리속에는 개 2마리가 있다고 한다. 첫 번째 개는 힘으로 나를 끌고 가려는 개다. 그것은 '선입견'이다. 반면, 어떤 개는 자리에 앉아 끌고 가려고 해도 꿈쩍하지도 않는다. 그것은 '편견'이다.

내 안의 개를 물리쳐야만 새로운 것을 받아들일 수 있다. 나의 지식, 생각, 관념에만 머물러선 안된다. 한비자가 말한 사나운 개가 머리를 지키고 있다면 재주가 아무리 뛰어나고 총명하더라도 더이상 발전할 수가 없다.

혁신은 기존 프레임 안에서 답이 나오는 것이 아니기 때문이다. 새로운 시각과 접근법이 필요하다. 그러려면 기존 것을 비틀어서 보거나 서로 이질적인 것들과 섞어봐야 한다.
즉, 주어진 환경에서 정답을 찾지 않고 정답을 만드는 창조적 예술행위가 '혁신'이다.

섞어 번개팅

이것은 조직에서도 마찬가지다. 한 예로 그가 전남 도지사였을 때 섞어번개팅를 만든 것을 들 수 있다. 말그대로 번개팅이다보니 가벼운 마음으로 새로운 사람을 만난다. 미리 일정을 고지하면 참석하는 입장에서 부담이 된다. 괜히 참석안하면 눈 밖에 날 것 같다. 또 참석을 한다고 해도 무슨 얘기를 해야할지 고민이 된다. 하지만 사전 예고 없는 번개팅은 다른 일정을 핑계로 참석을 안해도 된다. 또 참석을 해도 준비성이 부족하다고 타박 받을 일이 없다.
물론 막걸리 한 잔 하면서 그런 자리 한번 했다고 바로 혁신이 찾아오지는 않는다. 다만 다른 부서와의 만남이라는 자극을 통해 우물 안의 개구리처럼 좁아진 시선에서 벗어나 종합적인 사고 및 문제 해결 능력이 키워지는 것이다.

총리 시절에는 현안 점검 조정회의에서 초등학교 유휴교실을 국공립 어린이집으로 활용하는 방안을 놓고 회의 참석자 전원의 의견을 밝히도록 했다. 이미 청와대에 청원이 들어가 공론화되었기 때문에 토론 자체를 미룰 수 없다는 이유 때문이었다.

총리실 관계자는 사회적 공론화가 된 사안들은 주무 부처가 아니더라도 국무위원이면 의견을 밝힐 수 있을 정도의 식견을 쌓고 유지해야 한다는 것이 총리의 지론이라며 총리가 주재하는 회의에서 교육 관련 보편적인 이슈 등은 국방장관이나 환경장관에게도 의견을 묻곤 한다고 전했다. 교육과 전혀 무관해 보이는 국방장관에게도 의견을 묻는 자세에서 그가 장관들에게 종합적인 사고방식을 얼마나 요구했는지 알 수 있다.

산업화

산업혁명 이후 기능이 분화되면서 예전에 한 사람이 해야 하는 것을 기능별로 나누어 여러 명이 나누어서 하는 분업화가 가능하게 되었다.

이것은 대량생산을 가능하게 하는 데는 좋은 구조일지는 모르나 혁신을 막는 요소로 작용하기도 한다. 즉 자기에게만 주어진 업무만 알고 그 작업의 고도화를 위해서만 매달린다면 그 업무에 매몰되는 현상이 발생하는 것이다. 예컨대 자신을 지킨다고 성을 계속 쌓다보면 결국 그 성에 자기자신이 가두어지는 꼴이 되고 만다.

때로는 전체를 보고 서로 쪼개진 요소를 조립도 하고 분해도 하는 과정에서 혁신이 나오는 것이다.

넓고 얕은 지식

따라서 이제는 한 분야만 판다고 능사가 아니다. 즉 한 분야만 판 경우 그 분야의 전문가라고 할 수 있지만 시대가 요구하는 상하고는 거리가 멀다.

예전에 '지적 대화를 위한 넓고 얕은 지식'이라는 시리즈가 베스트셀러 도서로 크게 화제가 된 적이 있다.

이 책은 현대 사회와 같은 정보의 과잉 속에서 깊은 지식보다는 실용적 요구가 있는 얕은 지식이 오히려 호소력을 지닌다고 강조한다. 한두 개의 깊고 전문화된 지식보다는 여러 개의 얕은 지식을 알고 있는 것이 훨씬 더 유용하다는 말이다.

분업화의 단점

지금 우리도 마찬가지다.

혁신을 하기 위해서는 산업혁명을 소위 '역행'해야 한다. 즉 분업화로 인해 여기 저기 쪼개진 지식을 내 알 바 아니라고 무시하는 것이 아니라 그 지식들을 주워서 내 것으로 만들어야 한다.

근대화 사회 이전에는 집안의 가장이 집을 만들어야 했다. 기둥도 세우고 지붕도 올리고 벽도 발라야 했다. 하지만 지금은 기둥 세우는 사람 따로 있고 지붕 세우는 사람 따로 있고 벽을 바르는 사람도 따로 있다.

물론 그렇게 해서 더 많은 집을 지을 수 있겠지만 내가 지금까지 기둥만 올렸다면 지붕도 올려보고 벽도 발라보는 경험이 필요하다. 그런 경험을 통해서 그동안 늘 만들어왔던 방식에서 벗어나 새로운 집도 설계할 수 있고 실제로 만드는 것도 가능한 것이다.

그런 면에서 그가 살아온 과정을 살펴보면 그는 혁신을 이끌 적임자로 보인다.

비빔밥의 재료

왜냐하면 그는 '재료'가 많고 또 그 '재료'를 섞는데 능숙하기 때문이다.

전주에서 유명한 음식이 비빔밥이다.

사실 비빔밥이라고 해서 뭐 특별난 것도 아니다. 그냥 남은 잔반들을 밥에다 넣고 쓱싹쓱싹 비빈 것이 전부인 것이다. 그런데 이제는 전주를 대표하는 음식의 하나로 '비빔밥'이라는 공식 명칭까지 얻게 된다.

비빔밥이 인기를 끈 것은 비빔밥에 들어가는 재료 하나하나의 맛 때문이 아니다. 그것들이 얽히고 설키고 눌리면서 새로운 맛을 내기 때문이다.

그의 20년이 넘는 기자 생활은 그가 만드는 비빔밥의 밥이 되었고, 그가 거쳐 온 길은 모두 재료가 되었다. 재료가 많이 들어가면 들어갈수록 낼 수 있는 맛은 다양할 것이다.

그는 자신에게 주어진 '재료'를 잘 활용하여 기회를 만들어온 것처럼 보인다.

자세히 한번 들여다보자.

기자+국회의원=대변인

그는 기자 출신의 4선 국회의원이다.

거기에 붙는 것이 하나 더 있다. 바로 그가 다섯 번의 대변인을 맡은 것이다.

그는 21년 기자 생활 경험을 충분히 살려서 대변인 직을 맡는다. 한 정당, 때로는 대통령의 입이 되어서 자신의 존재감을 과시한 것이다.

대변인 직이라는 것이 언론의 스포트라이트를 받는 자리이다 보니 당연하기도 하지만 거기에 그의 촌철살인과 같은 논평이 더해진 결과였다. 그의 오랜 기자 생활은 그로 하여금 정제되면서도 강렬한 논평을 남기게 만든다.

또한 그것은 그의 의정활동에도 도움을 준다. 매번 국정감사 때마다 노숙자·KTX·임대주택 체험, 원전 주변 마을 생활상 등을 7년간 연속 르포하면서 현장 보고서를 만드는데 일조한 것이다.

한두 해도 아니고 21년이라는 긴 기자 생활 경험은 그에게 지속적인 자양분이 되었음이 틀림없다.

국내+일본=국제 감각

그는 기자 시절 3년 넘게 일본 도쿄의 특파원으로 지낸다.

그 자신도 이 특파원 시절이 국제 감각을 키우는데 큰 도움이 되었다고 밝히기까지 했다.

일본은 우리나라와 가장 근접한 국가로 국제 정세를 논하는 데 있어 빠지지 않는 국가다. 특히 위안부 문제부터 독도 영주권 분쟁, 북핵 미사일 도발 등에 이르기까지 이해관계가 굉장히 복잡하게 얽힌 국가인 것이다.

이런 상황에서 그는 위안부 문제로 경직된 한일 관계의 해법을 제시할 수 있는 인물로 주목을 받고 있다. 또 일각에서는 그가 총리로 발탁된 배경이 한일 관계뿐만 아니라 급변하는 대내외의 산적한 문제를 풀기에 그만한 적임자가 없다는 분석도 있다.

농림수산식품위원장+국회의원=도지사

그는 이어 2008년 농림수산식품위원회의 위원장을 맡는다.

그는 위원장을 맡은 이후 근 6년 동안 본인의 고향인 전남까지 내려가 농업과 어업의 청사진을 그린다. 또 그 때의 경험을 바탕으로 세 권의 책을 낸다.

'食전쟁 한국의 길(2009년)', '농업은 죽지 않는다(2012년)', '전남 땀으로 적시다(2014년)'가 바로 그것이다.

그의 이러한 노력은 2014년 그가 전남 도지사에 출마하면서 빛을 발한다. 선거 때가 되어서 전시 행정으로 행정을 살핀 것이 아니라, 책을 세 권이나 낼 만큼 지역의 현안을 누구보다 잘 파악하고 문제 해결을 위해 노력한 공을 인정받은 것이다.

그가 단순히 국회의원으로서 의정 활동만 하고 위원장직을 통해 전남의 농수산업 현장을 누비지 않았다면 전남 도지사라는 자리에 오르지 못했을지도 모른다.

입법+사법+행정=총리

그는 그렇게 도지사를 하다가 문재인정부 첫 국무총리로 임명된다.

20년간의 기자 생활을 한 경험은 그에게 있어 넉넉한 '밥'과 같다. 지도자로서 가져야 할 현장감과 디테일, 소통의 능력을 그에게 주었다.

그리고 그 밥에다 놓고 비빌 반찬(재료)은 차고 넘친다. 4선 국회의원, 다섯 번의 대변인, 국회 농림수산식품위원장, 전남 도지사 그리고 총리가 바로 그것이다.

물론 밥 위에 비빔 재료를 얹었다고 해서 바로 비빔밥이 되는 것이 아니다. 재료가 잘 섞히도록 숟가락으로 휘젓고, 누르고 해야 한다. 기왕이면 재료 고유의 식감을 살리면 더욱 좋다.

그만큼 노력과 고민이 필요하다. 자기가 가진 지식들을 쪼개고, 붙이고 하는 과정을 반복하면서 새로운 대안을 찾아야 한다. 단순히 지식을 모아놓은 물리적 결합이 아닌 화학적 결합을 만들어야 한다.

또 엉뚱한 재료가 들어가면 전체 맛을 버린다. 재료에도 상생이 있지만 상극도 있다. 버릴 재료는 아무리 비싸도 과감히 버리고 필요한 재료는 발품을 팔아서라도 사는 지혜가 필요하다.

그 역시도 마찬가지다. 현재 가진 지식으로 대안이 나오지 않는다면 새로운 것을 배우는데 주저해서는 안된다. 한 때 자랑이었지만 그것이 오히려 안주하게 하고 나태하게 만든다면 당장 접어야 한다.

모든 비빔밥이 처음부터 맛있는 것은 아니다. 이것도 넣어보고 저것도 넣어보는 가운데 제대로 된 맛을 찾는다. 수많은 시행착오를 겪어야 한다. 발명왕 에디슨이 말한 '실패는 없고, 1만 번의 안 되는 방법을 찾았을 뿐이다'를 기억해야 한다.

때로는 기다림도 필요하다. 포도주를 만드는 과정도 이와 비슷하다. 포도를 짜내면 포도즙이 된다. 하지만 이것은 물리적 변형이다. 그것을 숙성시켜야 포도주가 된다. 화학적 변형은 시간이 해결해 준다.

과연 그가 그 많은 재료를 가지고 앞으로 어떤 맛을 낼 음식을 내놓을지 귀추가 주목되는 대목이다.

| 훌륭한 거짓말 |

"아무리 훌륭한 거짓말도 보잘것없는 진실보다 못하다."

— 한비자

진짜보다 더한 가짜

최근 가짜뉴스가 사회문제로 떠오르고 있다. 잘못된 정보가 한 번 퍼지면 되돌리기는 불가능에 가깝다. SNS를 타고 퍼지는 속도를 따라잡을 수 없기 때문이다. 나치 독일 괴벨스의 "사람들은 한 번 말한 거짓말은 부정하지만, 두 번 말하면 의심하게 되고, 세 번 말하면 이내 그것을 믿게 된다."라는 말처럼 사람들은 가짜뉴스에 취약하다. 또 "선동은 문장 1줄로도 가능하지만 그것을 반박하려면 수십 장의 문서와 증거가 필요하다. 그리고 그것을 반박하려고 할 때면 사람들은 이미 선

동당해 있다."라는 말처럼 한번 각인된 것을 뒤엎기는 어렵다.

특히 가짜나 거짓말은 진짜보다 더 진짜같다. 더 진짜처럼 보이기 위해 더 논리적이고 더 그럴듯하게 포장되어 있기 때문이다. 진짜와 진실은 그에 비하면 뭔가 허술하고 보잘것없어 보인다.

하지만 한 사람을 오랫동안 속일 수는 있어도 많은 사람을 오랫동안 속일 수는 없다. 결국 진실은 드러나고 거짓은 가라앉는다. 그것이 바로 진실의 힘이다. 사람 사이에도 위선은 오래가지 못한다. 진심과 진정성은 시간이 증명해준다.

의리를 지키다

이 전 총리는 주변에서 의리파로 통한다.

국회의원 시절부터 지금까지 15년이 넘는 시간 동안 함께한 보좌진이 있을 정도로 한번 믿음을 준 사람은 끝까지 믿는다.

이러한 성격은 노무현 전 대통령의 탄핵 정국에서 확연히 나타나는데, 2004년 3월 국회에서 가결된 탄핵소추안에서 반대표를 던진 두 사람 중 한 사람이 바로 그였다. 그와 노 전 대통령과의 인연을 거슬러 올라가 보면 2002년 대선에서 그는 노 전 대통령의 캠프 선대위 대변인과 인수위 대변인을 맡았다.

분당 과정에서 열린우리당에 합류하지 않았지만, 다른 민주당 의원들과는 달리 노무현 전 대통령에 대한 탄핵안에 반대하며 소신 투표한 것이다.

어머니의 만류

혹자는 이를 두고 그렇게 '의리'를 중시하는 그가 왜 열린우리당에 합류하지 않았는지 궁금해 할 수도 있다.

그는 그 이유를 '어머니의 추억'이라는 책에서 밝히고 있다.

그는 이 책에서 "노무현 대통령이 민주당을 버리고 신당(열린우리당)을 만들었을 때 노 대통령이 두세 번쯤 사람을 보내 신당 동참을 권유했고 장관직 얘기도 있었다. 당시 분당(分黨)은 옳지 않다는 생각을 기본으로 가지고 있었지만 그래도 고민했었다"며 "그 무렵 어머니의 전화를 받았다"고 술회했다. 어머니는 "사람이 그러면 못 쓴다"며 탈당을 만류했고 결국 그는 어머니의 말씀을 따른다.

김대중 전 대통령의 공천으로 당시 새천년민주당의 초선 국회의원으로 당선된 그에게, 그의 어머니는 처음에 맺은 '의리'를 재확인시켜 준 셈이다. 또 한때 야당 정치인을 도왔던 그의 아버지가 5공 출범 시절 여당인 민정당 행을 권유를 받았을 때도 "자식들을 지조 없는 사람의 자식으로 만드는 것은 못 참는다"며 말렸다고 한다.

하지 않는 3가지

2014년 1월 그가 국회의원이던 시절 그의 의원실에서 카스 친구 1,000명 돌파 퀴즈를 내는데, 그 질문은 '이낙연이 하지 않는 3가지는' 이었다.

그 결과 무려 80개가 넘는 댓글이 달렸는데, 이중 정*철, 은양, 남*당, 이*연, 김*정, 무*, 유*숙 등 여러 참여자들이 올린 답은 바로 '골프, 거짓말, 담배'였다. 이외 배신(당적바꿈), '게으름'도 적지 않았다.

4선 국회의원을 하는 동안 한번도 당적을 옮기지 않은 것은 그가 얼마나 '의리'를 중시하는지 알 수 있는 대목이다. 또 평소 골프 등을 멀리하고 초선 못지않은 활발한 의정활동이 그에게서 게으름을 빼앗아 갔다.

배려남

또 그는 상대를 배려하기로도 유명하다. 단적인 예가 하나 있다.

하루는 그가 문재인 대통령 측으로부터 연락을 받고 급거 상경길에 오르는데, 그는 KTX 열차 특실을 예매했음에도 불구하고 서울로 향하는 내내 객실 밖 보조 좌석에 앉아 있었다고 한다.

이유는 하나였다. 총리 내정설로 그의 휴대폰으로 전화가 쏟아졌기 때문에 통화 소음으로 인한 객실 내 승객의 불편을 배려한 것이다. 그는 주변 승객들의 불편을 고려해서 전화기를 붙들고 좁은 보조 좌석에

쪼그리고 앉아 전화 통화를 했다. 그런 그의 모습은 소탈하다 못해 안쓰럽기까지 한데 그처럼 몸에 밴 타인을 배려하는 모습은 상대방이 그에게서 친근감을 느끼게 하기에 충분하다.

한번은 그의 매너 다리가 화제가 되었다.
그가 총리가 되어 서울 여의도 국회 국회의장실을 예방한 자리에서 정세균 국회의장이 "나보다 키가 많이 크시다"고 하자 기념사진 촬영하는 동안 무릎을 굽혀 정 의장과 키를 맞춰 매너 다리 자세를 취한 것이다.
그러한 그의 행동 덕분에 촬영 분위기가 화기애애진 것은 물론이다.
이러한 모습은 여러 곳에서 목격된다. 휠체어를 탄 장애인 앞에서 무릎을 굽혀 자세를 낮추기도 했다. 사진 찍을 때 자신보다는 상대가 잘나오도록 포즈를 잡는다.
특히 의전 등을 강조하는 행사에서 그의 행보는 돋보인다. 보좌관에 따르면 그는 자신으로 인해 행사의 이목이 쏠리는 것을 싫어한다. 그러다보니 행사장에서 먼 곳에서 내려 행사장까지 직접 걸어가기도 한다. 이러한 자세는 본인이 주최한 행사에서도 나타난다. 끝까지 자리를 지키는 것은 기본이요, 행사가 끝나고 나서도 일일히 손님을 배웅한다.
또 상갓집에 가서도 스스로 신발장에 구두를 넣는다. 다른 사람의 구두를 만지는 것이 상대방 입장에서 불쾌하지 않겠느냐 것이다. 철저히 상대를 배려한 계산이다.

국민을 무섭게 아는 정치인

그를 잘 아는 사람은 무엇보다 그를 지근거리에서 모신 비서관일 것이다.

그가 민주당 의원일 당시인 2010년 6월부터 2014년 5월까지 그의 비서관으로 일한 양재원 전 비서관은 그를 두고 "국민 알기를 정말 무섭게 아는 정치인"이라고 평가했다.

그는 자신의 소셜미디어에 "이 사람을 보며 국회의원은 하지 말아야 생각했다. 그렇게 살 자신이 없다는 생각이 들었다. 국회의원을 네 번이나 하면서 그 흔한 골프 하나 못 쳤다"며 이같이 말했다.

그는 또 "외국에 나갈 기회가 있어도 그럴 시간 있으면 지역에 한번 더 간다며 뿌리쳤다. 끽해야 막걸리 한 잔, 그게 취미의 전부"라며 "공무원과 보좌진에겐 호랑이같이 엄하면서도 지역민들만 만나면 썰렁한 농담으로나마 웃기려고 애를 썼다"고 회상했다.

또한 "그는 주말 내내 지역을 돌며 민원과 문제점들을 잔뜩 받아다 월요일 아침이면 낡은 가방에서 쏟아냈다"며 "주민들을 상전 모시듯이 했다. 지역 장터에서 스치듯 만난 아주머니를 훗날 우연히 만났는데도 기억해내던 모습에 혀를 내둘렀다"고 말했다.

이낙연은 믿어도 된다

그는 그의 인생 키워드로 신뢰, 신의, 믿음을 얘기한다.

본인 스스로를 두고 거짓말을 끌고 갈 만한 그릇이 안 된다며, 그럴 바에야 참말 하고 사는 게 낫다는 주의다.

한번은 국회의원 선거 때 유림이 찾아와 호주제 폐지에 반대하는 서명을 요청했다고 한다. 이에 그는 서명을 해주었는데 이번에는 같은 날 여성단체에서 찬성 서명을 받으러 왔다. 이미 그는 반대 서명을 했으므로 찬성 서명을 할 수 없다고 정중히 거절했는데, 나중에 알고 보니 경쟁 후보 대부분은 양쪽 다 서명을 해 줬다고 한다. 그가 얼마나 '신뢰'를 중시하는지 알 수 있는 대목이다.

그는 또 '신의'를 쉽게 저버리지 않는데, 새천년민주당으로 국회의원을 시작한 이후 4선 의원을 하는 동안 한번도 당적을 바꾸지 않았다. 정치인들은 말을 자주 바꾸는 것만큼이나 당적도 자주 바꾼다. 오죽하면 '철새 정치인'이란 말이 나왔겠는가. 하지만 그는 민주당이 열린우리당으로 쪼개질 때도 끝까지 남았다. '사람이 그러면 못 쓴다'는 어머니의 전화를 받고 내린 결정이었다.

특히 '믿음'을 강조한 그는 월간중앙 인터뷰에서 어떤 총리로 남고 싶으냐는 질문에 이렇게 답한다.

"이뤄질 수 없는 꿈일 수도 있지만 평생을 간직하고픈 게 하나 있는데 '다른 사람 말은 몰라도 이낙연 말은 믿어도 된다.' 이런 평가를 들어보고 눈을 감았으면 좋겠다. 총리로서든, 자연인으로든 이낙연 말을 믿어도 된다, 그런 사람으로 살고 싶다."

혹자는 공직자가 일만 잘하면 되지 그것이 무엇이 중요하냐고 반문할 수 있다. 하지만 거짓말하는 사람치고 일 잘하는 사람은 없다. 표면적으로는 일을 잘하는 것처럼 보일 수 있지만 나중에 어떤 형태로든 사회악을 끼치기 마련이다. 결국 그 피해를 감당하는 쪽은 바로 국민이다.

초심을 지키다

주간경향은 19대 국회 최우수 회원 3명 중 하나로 그를 꼽으면서 '중진임에도 초선같이 열심히 한다'고 평가했다.

사실 국회의원을 4선이나 하면 좀 느슨해질 법도 하지만 그는 매년 국감 때 마다 현장을 누비며 7번의 '현장 르포' 보고서를 제출하면서 국정감사 우수의원으로 10번이나 상을 받는다. 또 농식품위원장을 할 때는 전남에 내려가 6년 동안 현장을 탐방하고 '전남, 땀으로 적시다'라는 정책 도서까지 발간하기도 한다.

사람이 처음의 '초심'을 끝까지 가져간다는 것은 쉽지 않은 일이다.

남에게 엄격한 것이 아닌 자기 자신에게 엄격해야 하는 것은 물론이고, 무엇보다 일에 대한 열정이 있어야만 가능한 것이다. 그런 점에서 그의 열정과 부지런함, 그리고 자기관리는 정말 눈여겨 볼만하다.

번호를 바꾸지 않겠습니다

그는 국무총리 후보자로 지명된 후 전남지사 퇴임식 다음날 세월호 유가족을 찾아간다.

오후에 전남지사로서의 지방 생활을 마치고 상경한다고 작별인사를 드리기 위해서였다.

세월호에 대한 그의 관심은 남달랐다. 세월호가 목포 신항에 거치된 한 달여 동안 10여 차례 이상 다녀갔다. 해양수산부 직원보다 더 자주 갔다는 말이 나올 정도였다. 어떤 날은 수행원과 단출하게 미수습자 가족들의 숙소만 둘러보고 갔고, 2014년 4월 세월호 참사가 발생한 당시에도 전남 도지사로서 현장에 달려가 수습에 나섰다. 그 동안 추모식 등 공식행사는 물론 설과 추석에도 어김없이 팽목항을 찾아가 가족들과 만난 것으로 알려져 있다.

상경 전 작별인사 자리에서 미수습자 가족들은 수습이 빨리, 완전히 마무리되게 해달라고 그에게 주문하였고, 그는 세월호 현장을, 가족들의 마음을 조금은 아는 사람으로서 현장과 정부, 가족과 정부 사이에 어긋남이 생기지 않도록 노력하겠다고 답한다.

이어 그는 "총리가 돼도 이 번호를 바꾸지 않을 테니 언제든지 전화 주십시오"라고 말하며, 휴대 전화번호가 적힌 명함을 가족들께 드리는데, 이러한 모습은 이례적인 풍경이었다. 그만큼 누군가에게 휴대 전화번호를 주는 것은 조심스러운 일이기도 했고, 귀찮은 전화에 시달릴지도 모를 일이기 때문이다.

게다가 보여주기식 '소통'이 넘치는 정치판에서 그의 이러한 모습은 그의 인간미와 함께 그가 얼마나 그동안 진정성 있게 유가족을 대했는지 단적으로 보여준다.

| 리더의 언어 |

"3류 리더는 자신의 능력을 사용하고 2류 리더는 남의 힘을 사용하고 1류 리더는 남의 지혜를 사용한다."

– 한비자

상사와 부하

어느 커뮤니티에 '직장인 공감 백퍼(100%) 직장생활 관계도'라는 재미있는 글이 하나 실렸다.

상사와 부하를 각 네가지 유형으로 구분하여 상사-부하의 매칭도를 본 것이다.

네가지 유형은 '똑게'(똑똑하지만 게으름), '멍게'(멍청하고 게으름), '멍부'(멍청하지만 부지런), '똑부'(똑똑하고 부지런)이다.

얼핏 생각하면 상사나 부하 모두 자신이 '똑부'이고 싶을 것이다. 설사 '똑부'는 아니더라도 최소한 '똑게'는 된다고 생각한다. 왜냐하면 어느 누구도 자신을 멍청하다고 생각하지는 않기 때문이다. 또 자신을 떠나서 최고의 상사-부하 관계는 '똑부'인 상사와 '똑부'인 부하가 만났을 때라고 생각하기 쉽다. 똑똑하기도 한데다가 부지런하기까지 한 상사와 부하가 만났으니 업무도 똑 부러지게 할 것 같다.

의외의 결과

하지만 결과는 의외였다. 최고의 관계는 바로 '똑게'(똑똑하지만 게으름)인 상사와 '똑부'(똑똑하고 부지런)인 부하가 만났을때였다.

'똑부'인 상사 밑에서 부하는 유형별로 이렇게 처신했다. '똑게'는 '임기응변', '멍게'는 '안 맞다고 생각함', '멍부'는 '숨막혀 하며 열심히 함', '똑부'는 '맞짱'이었다. 그런데 '똑부'인 상사는 어느 유형의 부하를 만나든 '조짐' 한가지였다.

반면 '똑게'인 상사 밑에서 부하는 유형별로 이렇게 처신했다. '똑게'는 '불안함', '멍게'는 '상사를 천사라 생각함', '멍부'는 '자신이 잘하고 있다고 생각함', '똑부'는 '이상적인 궁합'이었다. '똑게' 상사는 부하의 유형별로 '똑게'는 '지켜봄', '멍게'도 '지켜봄', '멍부'는 '가르침', '똑부'는 '이상적인 궁합'으로 받아들였다.

이외 최고, 최악의 상사는 각 '똑게'와 '멍부'였고, 최고, 최악의 부하는 '똑부'와 '똑게'이었다. '멍게'인 상사-부하끼리는 '평화'이었고,

'명부'인 상사-부하는 '절친궁합'이었다. '명부'인 상사는 부하를 대체로 '갈굼'하였고, '멍게'인 상사는 부하에게 '요청만 함'이었다.

상사의 유형

다시 이 전 총리의 얘기로 돌아와서 그는 어느 유형의 상사일까.
그가 서울대학교 법학과를 나와 21년간 기자생활, 4선 국회의원, 다섯번의 대변인, 도지사, 국무총리까지 나왔다고 해서 성급히 똑똑한 상사라고 단정하기는 어렵다. 그러한 이력은 극히 표면적일뿐이다. 이력과 업무능력이 반드시 일치하지는 않는다. 실제로 그가 그러한 이력을 밟아오는 동안 얼마나 특출난 능력을 보여주었는지가 중요하다.

'멍게'와 '명부'

국회의원 시절만 놓고 보자. 국회는 입법부로서 국민을 대신한 법안 '발의'와 정부가 일을 제대로 하는지 '견제'하는 기능이 중요하다. 그는 2008년 우수 국회의원 패를 받는다. 민생법안 발의건수 2위를 기록했기 때문이다. 또 그는 국감 우수 의원상을 10차례나 받는데, 매번 국감 때마다 현장 르포 보고서를 올리는 등 그의 노력을 인정 받아서이다.
다음으로 전남도지사였을 때를 보자. 도지사의 업무 중 가장 중요한 것 중의 하나가 얼마나 정부의 예산을 잘 받아내 잘 쓰는지이다. 그는 2017년 6조가 넘는 도 예산을 받아냈는데, 국가 전체 예산 증가율보다 2배가 넘는 수치였다. 또 받아낸 돈을 쓰는데 있어서도 2017년에 재정 집행 대상을 받을만큼 능력을 인정받는다. 물론 예산만 많이 받아 많이 쓴다고 잘한다고 할 수 없다. 그만큼 잘 써야 한다, 그는 도지사 취임후 청년이 돌아오는 전남을 만들겠다고 공약했다. 그러기 위해서는 그들이 일할 일자리가 무엇보다 절실했다. 결과는 어떠한가. 그는 고용노동부로부터 일자리종합대상을 받는 등 그 공로를 인정받는다.

어느 직에 있던 그 직에서 요구하는 일을 잘해야 한다. 다른 자잘한 업무는 그 다음이다. 그런 점에서 그는 국회의원, 도지사 시절 그 직이 요구하는 일을 '비교적 잘했다'라고 할 수 있다. 최소한 '멍게'나 '멍부'는 아니라는 얘기다.

똑부 도지사?

앞서 얘기했듯이 그가 국회의원 시절때는 혼자만 잘하면 되었다. 하지만 도지사를 거쳐 국무총리라는 자리는 혼자만 일 잘한다고 되는 것이 아니다. 수많은 부하 공무원 조직을 이끌고 원하는 방향으로 잘 끌고 가야 한다.

그렇다면 그는 '똑게'나 '똑부' 둘 중의 무엇일까.

국무총리였을 때는 몰라도 도지사였을 때는 '똑부' 쪽에 가깝지 않았나 싶다. 그가 전남도지사였을 시절 그는 '이주사'라는 별명이 붙을 만큼 부지런한 상사였다. '주사'라는 직책은 6급 공무원을 일컫는 말로 가장 업무 현안에 대해 잘 꿰고 있고 일도 가장 많은 자리이다. 그런데 그가 '도지사'가 아닌 '주사'로 불렸다는 얘기는 그가 얼마나 현장을 뛰어 다녔는지를 반증하는 증거다. 오죽하면 그가 크리스마스를 맞아 모처럼 일정을 비워둔 것을 가지고 공무원에게 주는 '크리스마스 선물'이라는 기사까지 났겠는가. 그동안 주말도 잊은체 부하 직원들을 이끌고 현장을 다닌 탓이다.

그외에도 그는 평상시 완벽주의에 가까운 일처리로 부하 직원들에게 호랑이 같은 상사라는 평이 많았다. 특히 그는 문서나 보도자료 문구 하나하나도 꼼꼼히 챙겼는데, 특히 문서의 오류나 모순에 대해 엄격했다. 우스개소리로 머리카락이 들어있는 청국장은 먹어도 군더더기 들어있는 글은 용납하지 않는다고 했겠는가.

그의 이러한 자세는 그가 평소 강조한 '업무 디테일론'과 무관하지 않았다. 작은 것 하나에 일의 성패가 좌우된다고 본 것이다. 그는 사소한 것도 허투루 챙기지 않았다.

'똑부' 상사와 부하의 관계

앞서 '똑부'인 상사를 둔 부하는 어떠했는가.

'똑게'인 부하는 '임기응변', '멍게'는 '안 맞다고 생각함', '멍부'는 '숨막혀 하며 열심히 함', '똑부'는 '맞짱'이었다. '똑게'인 부하는 자신의 게으름을 '임기응변'으로 둘러댈 정도로 똑똑할 것이고, '멍게'는 '똑부' 밑에서 오래 못 버틸 것이다. '멍부'는 특유의 부지런은 떨지만 '똑게'인 상사에 눌려 항상 기죽어 있을 것이고, '똑부'는 사사건건 '똑부'인 상사와 충돌할 것이다. 그리고 '똑부'인 상사는 그들을 항상 조질려고 할 터이니 어느 경우에나 좋지 못한 관계이다.

똑게 상사

그래서 상사와 부하직원의 관계중 최고의 상사는 '똑게'(똑똑하고 게으름)이다.

여기서 '게으름'은 우리가 아는 '게으르다'하고는 다른 의미이다.

사전에서 '게으름'은 '행동이 느리고 움직이거나 일하기를 싫어하는 태도나 버릇'을 일컫는다. 하지만 여기 상사와 부하의 관계 속에서 '게으름'은 사전적 의미의 '게으름'이 아니라 '안내를 가지고 지켜봄'을 뜻한다. 이것은 비단 부하에게만 적용되는 말이 아니다. 어떤 장기적인 프로젝트나 업무를 수행할 때도 마찬가지다.

'똑부' 상사 밑에서는 부하는 기가 눌려 자기 일만 열심히 하는 수동적인 부하가 되기 쉽다. 물론 우연히 '똑부' 부하를 만나 둘이 기가 막힌 하모니를 이룰 수 있지만 의견이 대치되는 관계에서는 오히려 상극이다.

그래서 적당한 '게으름'이 필요하다. 즉 적당히 부하를 놓아주고 지켜보고 더 나아가 스스로 움직이게 하는 것이 중요하다. 왜냐하면 그도 강조했듯이 공무원 조직은 팀 플레이가 중요하기 때문이다. 지도자가 아무리 날고 뛰어도 부하가 일사분란하게 함께 움직이지 못하면 단기 성과는 올릴 수 있어도 오래가지 못한다.

배는 정박해 있을 때가 가장 안전하다.

생떽쥐베리가 한 명언중에 비젼을 얘기하며, "배를 만들고 싶거든 톱질은 이렇게 하라느니, 못질은 이렇게 하라느니, 돛은 이렇게 세우라느니 이런 것을 가르치려고 하지 말라. 다만 저 바다 건너 우리가 가야 할 섬에 대한 이야기를 충분히 해줘라"는 말이 있다. 선원들에게 톱질, 못질 이런 것을 가르쳐서는 안된다. 즉 그들이 알아서 톱질, 못질 할 수 있도록 '동기부여', 배를 타고 건너갈 '섬'에 대한 이야기를 해주어야만 한다.

또 그렇게 훌륭한 톱질과 못질을 가르쳐 배가 완성된다고 한들 그 배는 고작 배일 뿐이다. 즉, "배는 정박해 있을 때가 가장 안전하다. 하지만 그것은 배의 존재 이유가 아니다"라는 명언처럼 배는 배 그 자체가 목적이 아니고 저 거친 풍랑을 뚫고 섬에 도착하는 것이 목적인 것이다. 그러기 위해서는 그들에게 용기와 꿈을 주어야 하고 그것이 바로 '비전' 제시이다.

또 부하의 입장에서 어떤 과업을 완수하는 그 자체도 중요하지만 또 하나 중요한 것이 바로 '상사의 인정'이다. 똑부인 상사가 그정도 일이면 나도 할 수 있다라는 식의 반응을 보이면 어느 부하든 일할 의

욕이 나지 않을 것이다. 즉 공부도 할려고 하는데 누가 '공부하라'고 잔소리를 하면 공부 하기 싫어지는 것과 같은 이치다.

게으른 지도자

설사 가는 길을 알아도 그 길을 바로 알려주는 것이 아닌 부하가 그 길을 잘 찾아가는지 지켜봐야 하고 또 그들이 길을 찾으면 잘했다고 토닥거려줘야 한다. 물고기를 낚아주는 것이 아닌 물고기를 낚는 법을 가르쳐주는 것과 같다.

그것을 통해서 부하도 성장하고 조직도 함께 성장한다.

이 전 총리는 기자 시절 동아광장 코너에 'DJ가 듣기 싫어하는 말'이라는 제목의 사설에서 당시 김대중 전 대통령이 수석비서관들과 점심을 함께 하며 한 말을 인용한 적이 있다.

"나는 가장 불유쾌한 것이 대통령 혼자 뛴다는 말이다. 물론 혼자 하지도 않았고 혼자 할 수도 없다. 총리 각료 등 모든 분이 성심성의껏 일했다. …대통령 혼자 한다는 것을 부끄럽게 생각하고 싫어한다. 정부가 다 잘해서 대통령이 잘한다는 평가를 받도록 해야 한다."

김 전 대통령은 지도자의 덕목으로 혼자서 열심히 잘하는 것을 부끄럽게 여겨야 한다고 강조했다. 함께 뛰어야 한다는 것이다. 리더라면 뒤처진 부하직원이 따라올 때까지 기다려주는 적당한 '게으름'이 필요하다.

사제의 자세

이 전 총리는 김대중 전 대통령의 말을 인용하며 '팀플레이'의 중요성을 강조했다. 전남 도지사 취임 후 첫 직원 정례조회에서도 프란치스코 교황은 "사제는 대중 앞에서 대중이 가야 할 방향을 제시하고 대중 속에서 대중이 화합하게 만들고 대중 뒤에서 단 한 명도 버림받지 않게 해야 한다."라며 사제의 자세를 들어 리더의 역할을 강조했다.

이것은 총리가 된 직후 인터뷰에서도 "국회의원 때는 혼자 움직이면 되었지만 공무원 조직에서는 팀플레이가 중요하다."라고 말한 데서 확인된다. 적어도 그는 '똑부'를 경계하고 자신의 '능력' 하나만을 믿는 삼류리더가 아닌 부하의 '지혜'를 활용하는 1류 리더, '똑게'였음을 알 수 있다.

| 중용의 글 |

"정곡을 찌르면 목숨을 잃을 것이요, 정곡에서 벗어나면 자리를 잃을 것이다."

– 한비자

목숨과 자리

문재인 대통령 취임 후 처음으로 새 정부 국무위원만으로 개최된 국무회의 말미에 '경제부총리가 안 보인다', '책임총리가 없다'라는 등의 보도가 화두가 되었다. 문 대통령은 이날 회의에서 "어떤 말이든 자유롭게 하는 국무회의가 되도록 하자."라면서 "자신의 소관 분야가 아니어서 잘 모르는 이야기가 될지 모른다는 걱정은 말고 토론하자."라고 말했다.

듣기에 따라 회의 석상이든 국정이든 언론에서 '안 보인다'고 지적하는 국무위원들이 좀 더 적극적인 태도를 보여달라는 요구로 해석될 수 있는 발언이었다. 문 대통령의 말을 받은 이 전 총리는 이런 보도를 언급하며 "그렇지 않다."라고 해명했다.

그는 "한비자의 세난편(說難篇)에 '정곡을 찌르면 목숨을 지키기 어렵고 정곡에서 벗어나면 자리를 지키기 어렵다'라는 구절이 나온다."라며 앞으로 목숨과 자리 중 하나는 건다는 마음으로 일하자."라고 말했다.

목숨을 거는 자세로 대통령과의 회의 석상에서 정곡을 찌르는 '쓴소리'도 서슴없이 하든지 그렇게 못 하겠다면 자리를 내놓으라는 말이었다. 이어 대통령 주변사람들이 잘 보이게 하는 것이 결국 대통령께 도움이 되는 일이라고 말하자 회의 석상에서는 폭소가 터지기도 했다.

처세의 중용

우스갯소리로 나온 말이지만 목숨과 자리 중 하나를 걸고 일하기는 쉽지 않다. 목숨은 말할 것도 없고 자리도 마찬가지다. 자리를 잃으면 먹고 살 길이 막막해지니 목숨이 위태로워지는 것과 같다.

지금은 목숨을 걸고 일하는 사람이 없지만 옛날에는 자칫 임금에게 잘못 찍히면 바로 사약을 받아야 했다. 정곡을 찌르는 충언을 열린 귀로 듣는 임금이 있는 반면, 자신에 대한 도전, 역적이라고 생각하는 임금도 있었기 때문이다. 그렇다고 직분을 망각하고 임금께 드릴 충언을 게을리하는 자도 직위를 유지하기 어려웠다.

충언하는 입장에서는 충언 자체가 목적은 아니다. 충언을 통해 임금이 잘못된 생각을 바꾸고 마음을 바꾸게 하는 것이 목적이다. 그러므로 어설픈 충언으로 목숨이나 자리를 잃는 것은 어리석다. 임금의 심기를 건드리지 않는 선에서 임금이 잘 받아들일 충언을 하는 '처세의 중용'이 필요하다.

명불허전

그는 기자 출신에 4선 국회의원을 거쳐 국무총리로 임명되기 직전까지 전남 도지사를 역임한 대표 정치인 출신이다. 아무래도 기자 출신이다 보니 정제된 말을 구사함과 동시에, 대변인이라는 요직을 다섯 번이나 맡으면서 어떻게 정치 언어를 구사할 지에 대한 감각을 키웠고, 뛰어난 소통 방법을 터득한 것으로 보인다.

그 대표 사례로 2007년 1월 노무현 전 대통령이 제안한 '대통령 4년 연임제' 개헌안을 두고 벌인 여야 토론회에서 박형준 한나라당 의원과 벌인 설전을 들 수 있는데, '돌발 영상'에서 이 장면을 다루어 큰 화제를 모았다.

당시에 '돌발 영상'은 다른 시사 프로그램에서 볼 수 없는 각계 인사들의 소소한 발언, 행동, 비하인드 스토리들을 풍자 형식으로 엮은 TV 방송으로 큰 인기를 끌었다.

개헌을 놓고 벌어진 두사람 간에 벌어진 설전을 들어보자.

박형준 의원 : 왜 이 민심을 거역해야 할까요? 민심과 함께 하면 실패할 것이 없고 민심과 함께 하지 않으면 성공없다. 이거 링컨 대통령이 하신 말씀입니다.

이낙연 의원 : 세네카는 이런 말을 했습니다. 민심에 거스르기만 하면 국민에 의해 망할 것이고, 민심에 따르기만 하면 국민과 함께 망할 것이다. 이런 말을……."

링컨이 한 말을 세네카가 한 말로 그대로 맞받아친 것이다. 아무리 많은 것을 알아도 적절한 타이밍에 제대로 된 답을 꺼내지 못하면 진정한 지식인이라고 할 수 없다. 민심을 들어 개헌을 반대하는 박 의원에게 민심에 따르기만 하면 국민과 함께 망할 것이라는 세네카의 말은 신의 한수이다.

사실 민심이 중요한 것은 두말할 것도 없으므로 링컨의 말도 새롭지 않지만 그는 이것을 세네카의 말로 재해석한다. 민심에 거스르면 국민에 의해 망하는 것은 분명하지만 자칫 그릇된 민심, 몽매한 민심에 영합한다면 국민과 함께 망할 수도 있음을 경고한 것이다. 민심을 따르는 것 못지않게 잘못된 민심을 올바른 방향으로 이끄는 중용의 덕이 정치인에게 필요하다.

개혁의 어려움

그는 동아일보 논설위원 시절 경희대 이영조 교수가 쓴 '김영삼정부 개혁정치의 딜레마'라는 논문을 인용해 개혁의 어려움으로 세가지를 든다.

첫째는 '양면전의 문제'이다.

개혁은 필연적으로 보수세력과 급진세력의 협공을 받는다. 보수세력에는 개혁이 지나치게 급진적으로 비친다. 급진세력에는 너무 미지근하게 보인다. 개혁가는 두 전선에서 동시에 싸워야 한다. 한 전선에서의 적을 다른 전선에서는 동지로 만들 수 있어야 한다.

둘째는 '집단행동의 문제'이다. 개혁으로 혜택을 보게 될 다수의 사람들이 개혁의 적극적 지지자일 것 같지만 사실은 미온적 지지자에 불과하다. 사람들은 개혁에 무임승차하려 든다. 기득권층의 보복을 각오하면서까지 적극적 지지에 나설 이유가 없다.

셋째는 '집행자의 문제'이다. 많은 경우에 개혁은 개혁대상이 될 수도 있는 사람들, 특히 기존 관료조직을 통해 집행될 수밖에 없다. 적잖은 관료들은 자기도 개혁대상이 될 수 있다는 두려움을 갖는다. 그래서 복지부동한다.

그는 이 세가지를 들어 개혁의 어려움을 극복하려면 정교한 전략과 전술이 동시에 필요함을 강조한다. 미국 하버드대 새뮤얼 헌팅턴교수는 점진전략과 전격전술의 결합을 제안했다며 전략과 전술간의 중용을 피력한다.

3가지 도

한비자의 말 중에 '정치를 위한 3가지 도가 있다. 첫째는 이익, 둘째는 힘, 셋째는 명분이다'가 있다. 정치를 위한 3가지 도로 이익, 힘, 명분을 꼽은 것이다. 이익은 민심을 얻는 근본이고 힘은 법령을 시행할 추진력이며 명분은 모든 사람이 따라야 할 근거다.

인간은 자신에게 이익이 될 때만 자기 일이라고 생각하고 임하지만 단순히 돈만 많이 준다고 일을 결정하지는 않는다. 그 일이 자신에게 맞고 보람을 느낄 가치 있는 일인지도 따진다. 그것이 바로 명분이다. 명분과 이익이 아무리 좋은 일도 실행할 능력이 없다면 사상누각에 불과하다. 현실정치를 하면서 생기는 여러 문제들을 강한 의지로 해결하는 실행력이 중요하다.

한비자의 이 말은 현대 정치에도 그대로 통용된다. 정치를 하려는 자는 정책을 세울 때 이 3가지 도에 어긋남이 없는지 끊임없이 점검해야 한다.

코와 눈

그것에 더해 장기적 안목도 필요하다. 한비자는 "얼굴을 조각할 때는 망치지 않도록 코는 가능하면 크게, 눈은 작게 다듬어야 한다."라고 말한 적이 있다. 일단 파내거나 깎으면 다시 덧붙일 수 없기 때문이다. 튀어나온 부분은 좀 더 크게 다듬고 들어가야 할 부분은 더 작게 파내야 혹시 나중에 잘못되더라도 더 깎거나 파내 만회할 기회가 있는 것이다.

이것은 당장의 일도 중요하지만 그 다음에 벌어질 일과 그 일이 잘 안되었을 때의 대책도 고려해야 한다는 말이다. 말 그대로 플랜 B, 플랜 C도 생각해야 한다. 사람의 일은 원래 생각한 대로 이루어지는 경우보다 의도하지 않은 방향으로 가는 경우가 많기 때문이다.

성장과 포용

한국 정치에서 보수와 진보의 충돌은 어제 오늘의 얘기가 아니다. 흔히 진보는 급진적이고 보수는 변화를 싫어하는 집단으로 인식된다. 과연 보수와 진보 사이의 타협점은 없을까?

이 전 총리는 국무총리 재직 당시 총리실 출입기자단 만찬 간담회에서 앞으로 한국 사회가 나아가야 할 시대정신의 방향을 묻는 질문에 성장과 포용을 강조하며 '실용적 진보주의'라는 기치를 제시했다. 즉, "과거와 같은 고도성장을 계속하기는 어렵겠지만 성장이 멈추면 내부에 잠재된 문제들이 한꺼번에 표출될 가능성이 있다."라면서 "자본주의는 자전거와 같아서 페달을 밟는 동작을 멈추면 쓰러진다. 페달을 계속 밟아야 한다. 속도가 더뎌도 계속 밟아야 한다."라고 강조했다.

이어 "하지만 앞으로 우리에게 닥칠 성장은 격차를 키우고 승자와 패자를 가르는 경제체제가 될 것으로 전망한다."라며 "그때 승자 편에 서지 못하는 분들, 일시적으로 경쟁에서 밀려난 분들이 견디기 힘든 고통에 빠지지 않도록 바탕을 지탱해주는 것이 포용이라고 생각한다." 라고 말했다.

실용적 진보주의

또한 그는 '성장과 포용'의 해답을 실용적 진보주의의 관점에서 찾을 것이라며 자신의 정치적 포부를 밝혔다. 그는 진보는 한 걸음이라도 앞으로 나아가는 것이고 항상 문제를 해결하고 결과를 내야 하는 것이 실용이므로 수식어로 붙였다."라고 설명했다.

또한 그는 추구하는 가치가 중요한 만큼 문제를 실질적으로 해결하는 것이 중요하다는 관점에서 실용은 포기해서는 안 된다면서 실용적 관점에서 문제를 이해하고 해결을 위해서 노력하는 것이 내가 하고 싶은 일이고 해야 할 일이다라고 말했다.

즉, 그가 추구하는 가치는 진보지만 그것을 현실사회에 적용할 때 발생하는 문제들은 실용적 해결이 필요하다고 말한 것이다. 이상과 현실 사이의 중용의 자세를 역설한 셈이다.

서생적 문제의식과 상인적 현실감각

그는 동아일보 인터뷰에서 '실용적 진보주의'가 DJ가 언급했던 '서생적 문제의식과 상인적 현실감각'의 이낙연식 표현이냐는 질문에 이렇게 답했다.

"DJ의 오랜 축적이 반영된 말씀과 비교되기에는 과분하다. 영향을 받은 것은 맞다. 같은 기류다. 워낙 다종다양한 문제들이 생기기 때문에 한쪽 방향만 보고 그런 문제점들을 경시한 채 갈 수는 없다는 말이다. 국민은 각론으로 고통받는데 자꾸 총론적 방향만 말해선 안 된다. 실용과 진보 중 무엇이 더 중요한지도 미리 정할 필요가 없다. 방향성을 가지면서도 수단은 실용적이어야 한다는 뜻이다."

한비자의 말을 빌리자면 성장과 포용을 각각 이익과 명분이라고 보았을 때 그것을 실행할 힘을 실용주의에서 찾았다고 할 수 있다. 성장과 포용 사이의 중용의 해법을 실용주의에서 찾은 셈이다.

| 글 안의 길 |

"겨울에 얼음이 단단히 얼지 않으면 봄, 여름에 초목이 무성하지 못하다."

– 한비자

왔다갔다 했습니다

그는 어릴 때의 목표대로 서울대 법대에 입학했다. 하지만 가난한 아버지는 하숙비를 1학년 겨울부터 보내주지 못했다. 그는 선배나 친구의 하숙집과 자취방을 돌아다니며 얻어먹거나 때로는 굶어야 했다.

급기야 영양실조에 걸려 체중이 50kg 밑으로 내려가기까지 하는데, 대학 졸업 앨범 속의 그의 사진을 보면 산 사람의 얼굴이 아니었다.

그는 재학 중 고시 합격의 꿈을 이루지 못하고 졸업 후 입대영장이 나오자마자 피난을 가듯이 군대에 들어간다. 그는 제대 후에도 친구의 도움으로 사법시험 공부를 하지만 계속해서 친구의 도움을 받을 수는 없었다.

거기에 장남으로서 남은 형제들과 부모를 부양해야 한다는 책임감이 그를 짓눌렀다.

그는 부모님과 동생들에게 항상 미안한 마음이었고, 결국 고시 공부를 이어가는 대신 동아일보 기자가 된다.

한 번은 대 정부 질문에서 지상욱 바른미래당 의원이 "총리께서는 10대 때 어떤 꿈을 꾸셨습니까?"라고 물었다. 이 전 총리의 답이 가관이었다. 멋지고 그럴듯한 답변을 기대했는데 "꿈이 왔다 갔다 했습니다."가 대답이었다. 싱거우면서도 여러 감정이 섞인 솔직한 답변이었다.

꿈과 연애하라

어릴 때부터 아버지의 영향으로 법조인이 되고자 했던 그가 그 꿈을 포기하고 기자가 되었을 때의 심정은 어땠을까?

2013년 11월 그는 목포 세한대학교 구암관에서 300여 명 학생 앞에서 '청년이여, 꿈과 연애하라'라는 주제로 1시간 동안 강연했다. 당시 그가 어떻게 좌절하지 않고 상황을 헤쳐 나갔는지 엿볼 수 있는 대목이 나온다.

당시 강연한 내용 중 일부를 세 부분으로 나누어 소개한다.

청년의 경쟁은 아직 시작되지 않았다

그가 처음으로 학생들 앞에서 꺼낸 이야기는 청년의 경쟁은 아직 시작되지 않았다는 것이다. 앞으로 60년 이상 살 것이고, 그 60년 사이에 세상이 어떻게 변화할지 모르는데, 현재 가진 지식으로 미래를 함부로 재단하지 말자고 운을 뗀다.

"나는 경쟁에서 이미 루저가 아닐까라고 생각하신다면 그건 틀렸다 이겁니다. 여러분의 인생은 아직 승부가 끝나지 않고 오질 않았어요.

이제 승부를 향해서 운동화 신발끈을 매는 단계에요. 여러분의 인생에 승부가 몇 번 올 텐데, 그 본격적인 승부, 아직 오직 않은 승부를 위해서 단단하게 준비하고 그 승부에서 여러분이 승자가 되시길 바랍니다. 그렇게 할 수 있을 거예요."

당장의 좌절과 성공에 대한 조급증을 버리고, 다가올 '진짜 승부'를 위해 차분히 준비해야 한다는 점을 강조한 것이다.

언제나 길은 있다

그는 두 번째로 아무리 절망적인 상황에도 길이 있다는 점을 강조한다.

그 역시 부양할 가족에 대한 책임감으로 법조인의 꿈을 접었을 때

절망적인 상황이었을 것이다. 하지만 거기서 그는 주저하지 않았고, 눈앞의 현실 속으로 걸어 들어가는 길을 선택한다.

"여러분 때는 절망감 같은 것, 고독감, 좌절감 이런 것이 아침 안개가 스며들 듯이 스며들 때가 있을 겁니다. 그런 기분에, 너무 깊게 빠지지 말길 바랍니다.

왜냐하면 제가 여러분보다 조금 더 많이 살아보니까요. 어느 순간, 어느 여건에도 길은 반드시 거기에 있더라.

긴 눈으로 보면 제가 죽을 만큼 배가 고팠고, 그것 때문에 법조인이 되지 못한 거기에 저의 길이 숨어 있었던 거죠. 안 그렇습니까? 그 때 제가 배불리 먹었고, 아무 걱정 없이 고시공부를 할 수 있는 상태였다면, 지금 이 길은 없었을 거 아니에요? 그렇지 않습니까?

누가 준비했는지 모르지만 죽을 것 같이 배고팠던 그 상태에 저의 길이 이미 준비되어 있었던 것이지요. 그렇지 않습니까?

여러분께서 혹시 좌절감, 고독감, 절망감에 빠질 때는 제 말을 떠올렸으면 좋겠습니다.

언젠가는 알게 될 것입니다. 지금 이 절망감, 도대체 여기에 어떤 길이 숨어 있었는지를.

평지에서 산을 보면 길이 안 보입니다. 그러나 숲 속에 들어가 보면 길이 나 있습니다. 그 길을 따라가다 보면 능선이 나오고 마침내는 정상까지 올라 갈 수 있습니다.

여러분이 지금 놓여 있는 이 현실에 여러분의 무지개 같은 미래를 위한 길이 있습니다."

그는 좌절감, 절망감, 고독감이 밀려오더라도 그런 기분에 너무 깊게 빠지기 말고 그 속에 어떤 길이 숨어 있을까를 생각하고 당당히 들어가라고 주문한다.

그 길의 끝에는 무지개와 같은 미래가 열려 있다는 것이다.

청춘이 아름답다

세 번째로 그는 할 수만 있다면 힘들던 그 시절로 다시 돌아가고 싶다며 청춘예찬을 펼친다.

"여러분 같이 젊은 시절부터 그 분야에 집중하는 분들을 보면, 저도 할 수만 있다면 다시 배고파도 좋으니까 20대로 돌아가고 싶다는 택도 없는 꿈을 꾸었습니다.

여러분이 보시기에 제가 많은 것을 이루었다고 생각하지요? 하지만 전혀 배부르지가 않아요.

오히려 진짜로 배고프고 앞이 캄캄해 보이는 청춘이 뭔가를 이룬 것 같은 저 같은 중늙은이 인생보다 훨씬 아름답고, 여러분의 인생이 훨씬 저보다 아름답고, 그리고 훨씬 더 많은 가능성을 여러분의 인생이 내포하고 있다, 이렇게 생각을 합니다."

국회의원이라고 하면 일견 성공한 삶처럼 보일 것이다. 하지만 그는 그런 삶보다는 청춘 그 자체야말로 훨씬 아름답고 수많은 가능성을 지니고 있다고 강조하며, 1시간에 걸친 강의를 마무리한다.

분홍색 쪽지

강의가 끝나자 한 여학생이 그에게 쪽지를 건넸다고 한다.

차에서 그 쪽지를 읽어본 그는 정작 학생들보다 자신이 격려를 받았다는 생각으로 고민 끝에 그 쪽지를 공개한다고 밝힌다.

"오늘 우연히 강연을 듣게 되었는데 너무 저에게 필요한 말들을 듣게 되어서 너무 기쁘고 감사합니다. 제가 원하는 꿈, 비전을 이루기 위해 지금 주어진 상황, 분야에 최선을 다하겠습니다.

세상이 각박해지는 것이 아니라 희망으로 가득 찬 행복한 세상을 만들기 위해 우리 더욱 주어진 상황에서 힘내요!! 저도 커서 국회의원님처럼 많은 사람들에게 선한 영향력을 끼치는 사람이 될 거예요.

이런 상황을 주신 하나님께 감사드리고, 그 상황 속에서 국회의원님 말씀으로 더욱 마음이 견고하게 다질 수 있게 해주심을 감사해요! 열정 가득가득해져 가요 ㅎㅎ

건강 잘 챙기시고 좋은 일 많이 하시면서 사람들에게 희망을 주세요."

숲 속의 길

위 연설 중에서 가장 인상깊었던 구절은 다음과 같다.

"여러분께서 혹시 좌절감, 고독감, 절망감에 빠졌다면 제 말씀을 떠올렸으면 좋겠습니다. 평지에서 산을 보면 길이 안 보이지만 숲 속에 들어가 보면 길이 나 있습니다. 그 길을 따라가다 보면 능선이 나오고 마침내 정상까지 올라갈 수 있습니다. 지금 놓여 있는 이 현실에 여러분의 무지개 같은 미래를 위한 길이 있습니다."

사실 멀리서 산에 있는 숲을 보면 나무에 가려 길이 보이지 않지만 막상 숲 속에 들어가면 지금까지 보이지 않던 길이 눈 앞에 보인다. 또 그 길을 따라 걷다보면 어느새 정상까지 오르기도 한다.

지금 당장은 절망감, 막막함에 허덕일지 모르지만 용기를 갖고 직면한 문제를 마주하다 보면 처음에 보이지 않던 길이 거짓말처럼 나타날 수도 있다. 아무리 절망적인 순간에도 반드시 길이 있고 그 길을 따라 나아가다 보면 정상에 설 수 있다는 믿음을 역설한 것이다.

실전, 생각하기

- 하나 하나, 따로 따로 들어라.
- 모르는 척해야 더 많이 안다.
- 황당한 얘기로 상대를 흔들어라.
- 누가 이득인지를 먼저 살펴라.
- 상대를 믿는 것보다 거짓말하지 못하는 환경을 믿어라.
- 내 안의 두마리 개를 다스려라. 선입견, 편견.
- 진정성은 결국 위선을 이긴다.
- 리더는 시스템이 일하게 한다.
- 치우치면 멀리 못 간다.
- 나의 한 걸음이 길이 된다.

4부

정치의 언어

대관소찰(大觀小察) : 크게 보고 작게 살핀다

- 업무의 디테일을 강조하며 인용 -

| 정치인의 입 |

정치의 모습

정치 기사를 보면 이런 난리도 없다. 인사청문회를 보면 고함은 기본이다. 윽박지르기, 떼쓰기 등 도떼기 시장에서도 볼 수 없는 진풍경이 연출된다. 시정잡배들도 아니고 최고의 지성이라고 할 수 있는 국회의원의 모습이다. 국회의원의 면면을 보면 대부분 엘리트 코스를 밟아온 사람들이다.

우리나라에서 내노라 하는 명문대 출신에 '사' 자 돌림의 의사, 검사, 변호사 출신도 많다. 외국에서 공부하고 들어온 사람들도 많다. 스펙만 보면 사회 지성인들이다. 굳이 스펙이 아니더라도 여러 단체에서 봉사활동을 한 분들도 꽤 많다.

살아온 길을 보면 어떤 사람인지 알 수 있다고 하지 않는가? 그것만 보면 누구보다 교양 있고 사익보다 공익을 우선하는 지성인이 연상되지만 언론에서 접하는 국회의원의 모습은 딴판이다 못해 이게 과연 정상인지 의심스러운 모습이 자주 목격된다. 집단 지성을 보여야 할 그들이 오히려 집단 환멸감을 국민에게 주는 것이다.

그들은 왜 그렇게 행동할까?

국회의원은 선출직 공무원이다. 사회적으로 보면 4년 계약직 직원이다. 4년 임기가 끝나고 공천을 못 받으면 그것으로 끝이다. 공천을 받기 위해 당의 눈치를 살펴야 한다. 말그대로 당의 이쁨을 받아야 다음 임기가 결정된다. 투표로 당선되는 것은 별론으로 치고 말이다. 그러다 보니 소신보다 당의 입장에 맹목적으로 따를 수밖에 없다.

당의 인정을 받으려면 쇼맨십도 중요하다. 정치는 여론전이다 보니 언론의 입방아에도 올라야 한다. 말 그대로 무 댓글보다 악플이 낫다 보니 필요 이상으로 '오버'하는 경우도 생긴다. 조용히 말하고 품위 있게 행동해봐야 소용없다. 언론은 그런 것은 취급조차 안 해준다. 적당히 선을 넘어야 언론에서도 기사로 다루어준다. 그러다 보니 평소 조용한 사람도 카메라 앞에서는 목소리를 높인다.

심지어 삿대질은 기본이고 서류를 바닥에 패대기치는 쇼까지 연출

한다. 그 뿐인가? 당이 반대하는 안건이 국회에 상정이라도 되면 물리력도 행사한다. 상대방의 멱살을 잡고 팔을 꺾고 패대기치기도 한다.

국회의원만의 특권

3권이 분리된 우리나라에서 국회는 입법부에 해당한다. 행정부, 사법부와 함께 중요한 국가기관이다. 그런데 행정부, 사법부에서 그런 모습이 연출된 적이 있었던가? 누가 그러기라도 하면 징계를 받고 목이 날아갈 판이다. 그런데 유독 입법부인 국회의원에 대해서는 관대하다.

그 이유는 두 가지다. 불체포특권과 면책특권이다. 이 두 가지는 국회의원에게만 주어진 특권이다. 불체포특권은 현행범이 아닌 한, 회기 중 국회 동의 없이 체포되지 않을 권리이고 면책특권은 회기 중 발언한 내용에 대해 법적 책임이 면제되는 특권이다. 그러다 보니 공개적인 장소에서 상대방을 모욕해도 명예훼손이나 모욕죄로 처벌받지 않는다.

사실 이런 특권은 독재국가에서 입법부의 자율권을 해치지 않기 위한 안전장치로 만든 제도인데 오늘날 제도의 원래 취지와 무관하게 국회의원의 망발에 악용되는 셈이다.

공천 딜레마

정책은 둘째치고 자질도 안되는 국회의원을 걸러낼 수는 없을까? 사실 국회의원 임기는 4년이므로 투표로 심판하면 된다. 그런 망발 정치인은 안 뽑으면 된다. 하지만 현실은 다르다. 교통사고 현장에서 목소리 높은 사람이 이긴다고 이런 국회의원들이 더 잘 뽑힌다. 앞에서 설명했듯이 당에서도 이런 저질 국회의원들을 많이 공천해준다. 당을 위해 몸싸움을 하고 삭발하고 단식 정도는 해줘야 당 지도부의 눈에 띄고 공천도 받는다.

국민의 삶을 위해 아무리 좋은 정책을 입안해도 그것은 부차적인 고려사항이다. 1차가 당이다. 사실 정당은 정치적 이해관계가 같은 사람들의 집단이다. '이해'가 얽힐 수밖에 없다. 당에 해를 끼치는 해당 행위는 엄격히 제한된다. 당의 호위 무사로서 얼마나 싸웠는지가 공천 기준이 된다.

최근 조국 법무부 장관 사퇴와 관련해 자유한국당이 법사위원회 의원들에게 상을 수여해 언론의 뭇매를 받기도 했다. 조국 사태는 법리적 판단을 떠나 국민적 갈등을 촉발시킨 국가적 비극이다. 조국 사퇴로 야기된 국민적 갈등을 봉합하고 정책 공백을 메워야 할 시기에 한가하게 공치사나 한 것이다.

물론 당의 입장에 서서 맹활약을 펼친 그들에게 당이 상을 준 것뿐인데 무슨 문제냐고 반문할 수도 있지만 그것은 바라보는 국민적 정서를 고려하지 않은 소리다. 어쩌면 그것을 불편하게 바라보는 국민적 정서와 전혀 공감하지 못한다고 할 수 있다. 상을 주는 것도 모자라 공천에 가산점을 준다고 대놓고 얘기한다. 이런 상황이다보니 국회의원 입장에서는 국민의 목소리보다 자신의 밥줄을 쥔 당 지도부의 눈에 드는 것이 1차 목표다.

국민의 묵인

하지만 이렇게 공천을 받더라도 선거에서 안 뽑으면 되지 않느냐고 생각할 수도 있다. 하지만 현실은 그렇지 않다. 선거가 끝나면 안보일 거라고 생각했던 정치인들이 어김없이 다음 임기에도 뽑힌다.

그 배경에는 충분히 합리적이지 못한 국민이 있다. 국민이 투표할 때는 현재 자신이 살고 있는 지역구에서 누가 대세인지 확인하고 투표한다. 당장 집값을 올려주고 살기 좋은 동네로 만들 수 있는지를 본다. 그러려면 당에서 밀어주는 인물이어야 한다.

정책이 아무리 좋더라도 당에서 밀어주지 않는 사람을 뽑아봐야 공수표가 될 가능성이 크다. 당에서 차지하는 입지가 견고해야 지역구 살림도 챙기고 그것이 실현될 확률도 높기 때문이다. 그러다 보니 각 후보자의 면면을 살펴보기보다 소속 정당이 집권 여당인지, 야당인지도 중요하다. 아무래도 야당보다는 집권 여당 쪽이 좀 더 힘을 낼 거라고 생각하기 때문이다. 투표할 정당이 결정되면 해당 국회의원이 당에서 차지한 당직이나 위상을 보게 된다.

여우와 호랑이

상황이 이렇다 보니 선거철만 되면 국회의원 입후보자들은 자신의 유세장에 당 대표를 모셔오려고 혈안이 된다. 호랑이를 앞세워 허세를 부리는 이솝 우화의 여우가 연상된다. '후광효과'를 노린 것이다. 당 대표가 당에서 차지하는 위상은 최고봉이다. 그런 당 대표가 지지해준다는 인상을 주는 것이 유세장에서 백 마디 떠드는 것보다 낫다.

인지도와 지지도를 손쉽게 높이는 데 이만한 전략도 없다 보니 당 대표를 모셔오기 어려우면 당 대표와 다정히 찍은 사진을 홍보자료로 활용하기도 한다. 어떻게든 소속 정당에서 차지하는 자신의 큰 위상을 부각시키는 것이 선거판에서 이기는 필승 전략이기 때문이다.

하지만 이처럼 후광효과를 노리는 전략은 쉬워 누구나 구사하는 전략이다. 그것만으로는 부족하다. 특히 재선을 노리는 국회의원에게는 말이다.

목소리 큰 국회의원

재선을 노리는 국회의원은 어쩌면 처음 정치판에 뛰어든 정치인보다 유리한 고지에 있다고 할 수 있다. 아무래도 언론의 주목을 받는 위치에 있기 때문이다. 국민들은 해당 국회의원이 얼마나 힘이 있는지 따질 때 얼마나 언론에 오르내렸는지를 본다. 언론에 자주 비치고 이름이 올라간다는 것은 그만큼 VIP라고 생각하기 때문이다. 뭔가 주목할 만하니 언론에서 다루어 준다고 생각한다. 그러다 보니 국민을 위해 뭔가 큰일을 해내 주목받는 정치인보다 어떻게든 언론의 눈에 자주 띄어 기사화되는 정치인이 더 주목받게 된다. 그 결과, 국회의원들은 어떻게든 언론의 주목을 끌려고 오버하게 된다. 언론은 평범한 것보다 자극적인 소재를 더 자주 더 많이 다루기 때문이다.

결국 국회의원은 공천을 받기 위해 소신보다 당의 정책을 따르게 되고 선거에서 이기기 위해 어떻게든 언론에 이름을 올리려고 혈안이 된다. 그리고 어김없이 국회의원의 자질 보다는 당을 먼저 보고 언론에 자주 이름이 올라가는 국회의원이 잘났다고 믿는 일부 국민 때문에 이런 악순환은 어김없이 계속된다.

| 언어의 격 |

불구경 vs 싸움 구경

　세상의 모든 구경 중에서 불구경과 싸움 구경이 제일 재밌다고 한다. 그런데 남의 불행을 두고 왜 그렇게 재미있다고 하는 것일까?

　불구경이 재밌는 것은 '강 건너 불구경'이라는 말이 있듯이 눈앞에 펼쳐지는 불행에 비해 상대적으로 난 안전하다는 느낌에서 기인한다고 한다. 또 싸움 구경은 싸움이라는 것이 반드시 누군가는 이기고 누군가는 진다는 점에서 승자와 패자를 지켜보는 재미에 있을 것이다.

　그러고 보면 정작 불난 집과 싸움을 하는 사람의 입장에서는 구경꾼이 여간 얄밉지 않을 수가 없다. 불 끄는 것을 도와주거나 싸움을 말리기는커녕 팔짱을 끼고 지켜만 보니 말이다. 그렇다고 구경꾼을 붙잡고 화를 낼 일도 아닐 터이니 어서 불을 끄거나 싸움을 끝내는 것이 상책이다.

설전, 혀의 전쟁

대 정부 질문도 행정부를 대표하는 정부와 입법부를 대표하는 국회의원 간에 한바탕 설전이 벌어지는 싸움판이다.

물론 대정부 질문에서는 싸움판과 달리 승패 자체가 목적이 아니다. 국회의원은 국민을 대신해 국민이 궁금해하는 것을 정부에게 묻고 정부의 잘못이 발견되면 지적해 정부가 바른 길을 가도록 하는 것이 대정부 질문의 목적이다. 즉 정반합의 합을 이루는 것이 목적이지 서로 반목하고 갈등을 드러내는 것이 대정부 질문의 목적이 아니다.

하지만 합을 이루는 과정에서 벌이는 설전, 말 그대로 혀끼리 벌이는 전쟁을 지켜보는 재미 또한 충분한 볼거리다. 그래서 대정부 질문을 하는 기간에는 누가 실언을 하고 누가 선방을 했는지 연일 화제에 오르게 된다.

차트 역주행하다

그럼에도 이 전 총리가 보여준 대정부 질문처럼 크게 화제가 된 적은 없었다. 그동안의 대정부 질문이 사전에 전달받은 질문과 답변지를 읽어 내려가는 수준에 그쳤기 때문이다. 마치 짜고 치는 약속 대련을 보는 것처럼 맥이 빠진 싸움이었다.

하지만 이번 대정부 질문은 달랐다. 문재인 정부 출범 이후 처음 진행되는 대정부 질문이었고, 또 시작부터가 자유한국당의 지각 제출 건으로 삐거덕거린 탓도 있었다.

그러나 정작 눈길을 끈 이유는 바로 그가 보여준 유연한 모습 때문이었다. 답변 내용도 내용이지만 답변하는 방식이 큰 화제를 모았다.

연일 주요 포털 메인에 그의 기사가 뜨는가 하면 네이버 실시간 검색어에 랭크되기도 하면서 말 그대로 차트를 역주행한다.

철벽방어하다

몇 가지 사례를 보면 국민의당 황주홍 의원이 "한국은 의심의 여지 없는 제왕적 대통령 1인제"라며 삼권분립이 무너졌다고 지적하자, 그는 김이수 헌법재판소장 후보자 인준 부결을 거론하며 "조금 전에 삼권분립을 체험하지 않았느냐"고 되묻는다. 이에 황 의원은 "예, 좋습니다."라며 머쓱해 할 수밖에 없었다.

또 바른정당 김무성 의원이 "총리께서는 지금 수십조씩 퍼붓는 복지 예산을 늘릴 때라고 보십니까, 안보 예산을 늘릴 때라고 생각하십니까?"라고 묻자, 그는 "안보 예산도 필요한 건 늘려야 되겠죠. 근데 복지 예산이 늘어난 것은 대부분 지난 대선 때 모든 정당들이 공통으로 공약된 사항들이 먼저 이행되고 있는 것"이라고 답했고, 김 의원 역시 "네, 총리 들어가십시오" 라는 말 외에는 달리 할 말을 없게 만들었다.

총리의 역공

이 밖에도 그가 역공을 가한 사례도 있다.

자유한국당 김성태 의원이 "김대중 정부의 햇볕정책, 노무현 정부의 동북아 균형자론이 얻은 게 뭔가. 핵과 미사일인가?"라고 묻자, 그는 "지난 9년 동안 햇볕정책과 균형자론을 폐기한 정부가 있었다. 그걸 건너뛰고 이런 질문을 받은 게 뜻밖"이라고 맞받아쳤고, 김 의원은 당황한 기색이 역력했다. 이어 김성태 의원이 "문재인 정권은 최순실 국정농단의 가장 큰 수혜자"라고 다시 공세를 이어가자 그는 "최순실 국정농단의 큰 짐을 떠안은 것을 저희들로선 불행으로 생각합니다. 어떻게 수혜자일 수 있겠습니까?"라고 반문했고, 김 의원은 할 말을 잃을 수밖에 없었다.

또 상대의 맥을 풀리게 한 사례도 있다.

박대출 자유한국당 의원이 "MBC 김장겸 사장 내쫓을 겁니까! 최근에 MBC, KBS가 불공정 보도를 하는 것을 본 적이 있느냐"라고 묻자 그는 "MBC, KBS를 잘 안 본다."며 잔뜩 힘이 들어간 박 의원의 맥을 풀리게 했고, 이어 "꽤 오래 전부터 좀 더 공정한 채널을 보고 있다"고 말해 박 의원의 말문을 막히게 했다.

우회적인 공격 화법

또한 우회적인 표현으로 상대방을 제압한 화법도 화제가 되었다.

국민의당 박지원 의원이 "우리 정부는 한미 두 정상이 전화 통화해서 탄두 중량 해제에 합의했다고 발표했는데, 백악관은 한국 정부가 미국산 첨단 무기를 대량 구매하는 것을 승인했다고 발표했다"며 "우리 정부는 왜 이 사실을 숨기느냐. 합의가 안 된 것 아니냐"고 압박하자, 그는 "구체적인 무기 구매에 대해서는 언급이 없었다"며 "박 의원님께서 한국 청와대보다 미국 백악관을 더 신뢰하지 않으시리라고 본다"고 대답해서 박 의원이 할 말을 잃게 했다.

또 비슷한 예로 자유한국당 김성태 의원이 "트럼프 대통령이 아베 총리와 통화하면서 '한국은 대북 대화를 구걸하는 거지같다'고 말했다는 기사가 나왔다. 전략적 왕따가 문재인 정권의 안보 정책인가"라고 오보로 밝혀진 보도 내용을 언급하며 수위 높은 발언을 이어갔는데, 이에 대해 그는 "김 의원이 한국 대통령보다 일본 총리를 더 신뢰하고 있다고 생각하지 않는다"며 우회적으로 맞받아쳤다.

언중유골 화법

 김성태 자유한국당 의원이 "언론 장악 문건은 언론의 자유를 침해한 중대 범죄"라면서 "집권당 워크숍이 이를 조직적으로 실천하기 위한 사전 모의를 했다면 국정조사를 통해 명백히 밝혀야 한다고 생각한다"고 몰아붙이자, 그는 "언론은 장악될 수도 없고 장악돼서도 안 된다. 오히려 그걸 시도했던 과거가 있다면 청산돼야 한다고 생각한다"며 지난 정부 9년 동안의 방송장악 기도, 불법, 부당행위 전반에 대한 국정조사 의사도 내비친다. 김 의원과 야당 입장에서는 뜨끔할 수밖에 없는 답변이었다.
 또 김 의원이 여당 의원들이 성주에 가서 '사드 댄스'를 춘 것과 관련해서 "석고 대죄하라"며 "국회의원이 어떻게 국가 안보를 조롱할 수 있느냐. 두 번 다신 안보 가지고 장난질 수 없도록 해 달라"고 요구하자, 그는 "네, 저도 그렇게 부탁을 드립니다"라고 응수하는데, 이는 사사건건 안보를 가지고 물고 늘어지는 자유한국당을 향한 일침이기도 했다.

실소가 터져 나오다

 반면 진지하고 무거운 분위기의 대정부 질문 속에서 폭소가 나오는 장면도 있었다.
 송영무 국방부 장관이 전술 핵 재배치에 대해 "충분히 검토할 용의

가 있다"는 발언을 한 것에 대해 따져 묻는 자리였다.

노웅래 더불어민주당 의원이 "송 장관의 발언은 정부와 협의가 이뤄진 내용인가"라고 추궁하자, 그는 "협의가 이뤄지지 않은 내용"이라며 "국방부 장관이 질의에 답변하는 과정에서 모든 가능한 옵션을 검토할 수 있다는 원론적 답변을 한 것이며, 정부는 고려하지 않고 있다" 밝혔고, 이에 노 의원이 "송 장관이 정신 나가서 얘기한 건 아니지 않으냐. 숨은 뜻이 있을 것"이라고 재차 묻자, 그는 "국회의원을 했던 저로서도 국회에 나오면 정신이 나갈 때가 있다"고 답을 했다.

그의 이 같은 농담은 몇몇 의원들로 하여금 웃음을 터뜨리게 하였고, 질문을 한 노 의원 역시 "공적으로 정신이 나가면 안 되지 않냐"며 한층 누그러진 모습을 보였다.

부드러운 카리스마, 우아한 화법

사실 상대방을 꼼짝 못하게 하는 답변 내용도 그렇지만 그의 답변 태도 역시 화제였다.

고압적이고 위협적인 태도로 질문하는 일부 의원들과는 달리 연신 조용하고 나긋한 목소리로 할 말은 정확하게 하는 그의 태도 때문이었다. 이를 두고 "우아하다", "총리의 품격이 보인다"는 칭찬이 이어졌고, 또 큰소리를 내지 않고도 논리와 식견으로 상대를 제압하는 모습에 부드러운 카리스마를 보는 것 같다는 반응도 나왔다.

| 언행 |

최장수 총리

이낙연 전 총리는 2019년 10월 28일을 기점으로 '최장수 국무총리' 타이틀을 달았다. 2017년 5월 31일 문재인 정부 초대 국무총리로 임기를 시작한 이후 재임 881일을 맞이한 날이었다. 이것은 1987년 10월 대통령 직선제 도입 이후 국무총리로는 최장 재임 기간이다. 직전 최장수 총리인 김황식 전 총리(2010년 10월 1일~2013년 2월 26일, 880일)의 기록을 깬 것이다.

그의 최장수 기록은 유독 단명이 많은 대한민국 총리 역사에 큰 족적을 남겼다는 점에서 의미가 크다. 그 많은 역대 총리들은 '관리형 총리', '거수기 총리'라는 평가를 받으며 대통령의 그림자 역할에 만족해야 했다.

하지만 그는 최근 아베 신조 일본 총리와 한일 최고위급 회담을 갖는 등 총리실의 위상을 크게 높여 놓았다. 관리형 총리(고건·김황식 전 총리), 정치적 실세 총리(김종필 전 총리)와 다른 책임 총리로서의 입지를 굳힌 셈이다. 더구나 안정적인 국정운영과 신속한 현안 대처로 각종 여론조사에서 차기 대선주자 선호도 1위를 달리고 있다.

현직 총리 중 차기 대선주자 1위 자리를 이렇게 오래 지킨 사례는 전무하다. 최장수 총리가 되었다는 것은 공과는 별개로 치더라도 그만큼 안정적으로 국정을 운영했다는 반증이다. 또한 개인적인 구설에 오르거나 언론의 입방아에도 이름이 올라가지 않았다고 할 수 있다.

군기반장

그는 각 부 장관들 사이에서 '군기반장'으로 통한다. 국무위원이나 총리실 간부들이 현안에 대해 갈피를 못 잡거나 행정편의주의적 대책을 내놓으면 강도 높은 질책으로 '군기반장'이라는 별명을 얻게 되었다.

한 전임 장관은 이 총리와의 술자리에서 "회의에서 너무 다그치지 마라. 아무리 준비를 해도 내게 질문할까봐 회의 들어가기가 무섭다."라고 짜증 섞인 애교를 부렸다고 한다.

익명을 요구한 한 장관은 "회의 때 총리가 날카롭고 구체적인 질문을 많이 하므로 국무회의나 국정 현안 점검조정회의 때 장관들이 매우 긴장한다. 장관이 자기 부처의 현안을 대충 알고 회의에 임할 수가 없다. 부처 수장들이 항상 긴장감을 유지해 이 정부 들어 대형 사고나 사건이 적고 발생하더라도 빨리 수습되는 측면이 있는 것 같다."라고 말했다.

그는 이낙연표 행정의 사례로 지난 겨울 조류독감(AI)이 발생하지 않은 것을 들었다. 평창 동계올림픽을 앞두고 총리 주재로 조류독감 예방을 위해 미리 대책을 논의했고 농민 출신 김현권 더불어민주당 의원의 건의를 받아들여 야생오리가 지나가는 지역에서는 오리 사육을 금지하는 선제적 조치를 했다는 것이다. 해마다 생기던 조류독감이 그해 없었던 원인인지는 더 분석해봐야 알겠지만 현장 중심으로 꼼꼼히 국정을 챙기는 이낙연 정치 리더십의 단면을 보여준다.

질문력

그의 정치 리더십을 이루는 근간은 무엇인가. 먼저 그는 국무총리로서 의례적인 질문이 아닌 국민이 궁금해하고 알아야할 것을 장관에게 물었다. 오랜 기자생활을 통해 몸에 배인 질문력이다. 기자의 업무는 독자 대신 취재원을 만나 인터뷰해 궁금증을 풀어주는 것이지만 대부분의 취재원이 쉽게 입을 열지는 않는다. 자신의 이해득실을 따져보고 유리한 것만 말하고 불리한 것은 자연스럽게 숨긴다. 따라서 기자는 이런 취재원의 심리적 기제를 무너뜨리고 독자가 궁금해하는 사항의 답을 얻어내는 능력이 요구된다.

나아가 취재원이 쏟아붓는 다양한 이야기를 그대로 옮겨 적는 것이 기자의 업무는 아니다. 취재원에게 필요한 질문만 하고 취재원이 말하는 내용을 독자가 쉽게 이해하도록 정리하는 정리력이 필요하다. 그러려면 당연히 핵심을 간파하는 능력과 그것을 글로 표현하는 능력이 요구된다. 그는 과거 기자생활을 오래 하면서 이 능력을 몸에 체득했다. 이것은 자신의 질문에 잘 대답하지 못하는 장관에게 늙은 기자의 마음으로 질문했다며 준비되지 않은 상황에서 아예 브리핑 룸에 서지도 말라고 했던 말과 상통한다.

누군가가 질문할 때는 자신이 알고 싶어하는 것을 묻는 것이 일반적이지만 기자는 그러면 안된다. 자신이 궁금한 것도 있지만 독자가 궁금해할 만한 것을 물어야 한다. 또한 그 중에는 독자가 알아야 할 만한 것을 되묻는 능력도 필요하다. 그것도 국무총리로서 의례적 질문이 아니라 국민이 궁금해하고 알아야 할 것을 장관에게 물었다.

국무회의에 임하는 장관의 입장에서는 국무총리가 아닌 기자 앞에서 브리핑하는 각오로 임해야 하는 것이다. 이것은 정치뿐만 아니라 일반 기업에서도 요구되는 부분이다. 제품을 만들고 서비스를 기획할 때는 공급자의 시각에서 머물면 안된다. 막연히 기능을 개선하고 가격을 낮추면 고객이 저절로 찾아올 거라고 믿는 것은 큰 오산이다.

철저히 소비자 입장에서 소비자가 필요로 하는 것인지 따져봐야 한다. 공급자 마인드에서 벗어나 소비자 시각에서 살펴보아야 한다. 하물며 국가의 중요 정책에 대한 의사결정을 내려야 하는 자리라면 두말할 것도 없다. 철저히 국민의 시각에서 국민을 대신해 정책상 미비점이 없는지 따져 묻고 그에 대한 답변을 준비해야 한다.

실무감각

두 번째는 실무감각이다. 그는 과거 도지사 시절 '이 주사'라는 별명이 붙었다고 한다. 공무원 사회에서 일을 가장 많이 하는 직급은 6급이다. 사기업의 과장, 대리에 해당하는 호칭이 '주사'다. 그만큼 실무에 능하고 업무 우선순위를 스스로 결정하는 자리가 '주사'인 셈이다.

도지사는 도정을 책임지는 최고 의사결정권자다. 실무적 감각은 물론 정무적 감각도 필요하다. 도정에서 가장 중요한 도 예산을 따오려면 정치권과 소통하는 정무 능력도 중요하기 때문이다. 그런데 정무 능력만 뛰어나고 실무 능력이 뒤떨어지는 도지사들이 많다는 것이 문제다.

정부 예산을 아무리 많이 배정받더라도 필요하지 않은 곳에 필요 이상의 예산을 쓰는 것만큼 도정을 해치는 행위도 없기 때문이다.

그런 점에서 그가 실무감각까지 갖춘 것은 큰 장점이다. 고위직일수록 탁상행정식, 인기영합식 결정을 내리기 쉽기 때문이다. 실무감각은 하루 아침에 쌓이지 않는다. 서류만 들여다본다고 익혀지는 것도 아니다. 오랜 기간 현장을 살피고 현장의 의견을 듣고 현장과 함께 고민해야 얻을 수 있는 것이다.

그는 도지사 재직 당시 주말에도 현장을 누비고 다녔다. 오죽하면 크리스마스 때 공식 일정을 비워 둔 것을 두고 주말에도 수행한 공무원들에게 크리스마스 선물을 준 것이라는 말까지 나왔겠는가? 단순히 부하직원이 올린 보고서만으로 의사결정을 내리는 것과 현장에 직접 가서 눈으로 보고 듣고 느낀 것으로 의사결정을 내리는 것은 전혀 다르다.

물론 그런 현장지식을 쌓기 위해 모든 현장을 누벼야 하는 것은 아니다. 현실적으로 불가능하고 그럴 필요도 없다. 최소한 특정 사안이 발생했을 때 체크하고 챙겨야 할 사항들을 아는 것이 중요하다. 그것은 현장을 직접 발로 뛰어다니며 배운 사람만 얻을 수 있는 자산이다.

그렇게 얻은 자산은 다른 현장에도 얼마든지 적용 가능하다. 오직 현장을 다녀본 사람만 본능적으로 체득하는 자산이다. 그가 정부 모든 부처의 업무를 손바닥 들여다보듯 알 수는 없다. 다만 현장을 뛰어다니며 체득한 눈으로 질문하고 챙겨야 할 사항들을 본능적으로 알 뿐이다. 이런 총리 앞에서 실무 부처가 올린 보고서만 달달 외워 국무회의에 참석하면 질문 몇 개 앞에서도 속절없이 무너질 수밖에 없다.

최장수 총리

그는 최장수 총리라는 기록을 세우기 위해 그렇게 오래 총리직에 머문 것은 아닐 것이다. 그는 자신의 위치에서 자신의 일을 찾아 했을 뿐이다. 사람들은 자신의 위치에서 벗어난 일을 하거나 주어진 일도 못하는 사람을 그 자리에 오래 두지 않는다. 그런 점에서 그가 최장수 총리 타이틀을 가진 것은 공과를 떠나 그 자리에 맞는 일을 해왔다는 반증이고 그것이 오랜 기자생활에서 체득한 질문력, 정리력, 도지사 재직 때 배운 실무감각, 현장 능력으로 만들어진 것이라고 요약하기에는 부족하다. 자신에게 주어진 일을 국민적 소명 앞에서 진정성을 다해 임했는지가 중요하다. 즉, 정치적 야심이나 사익을 추구했다면 잠깐 국민의 눈을 속일 수 있을지는 몰라도 최장수 총리 타이틀을 얻지는 못했을 것이다. 일을 잘했는지 못했는지는 시간이 지나 역사가 판단할 일이지만 최소한 자신의 일을 열심히 한 총리라는 평가는 유효하다.

| 주머니 속 송곳 |

벌써부터 차기 대선 후보?

  문재인 대통령의 임기는 아직 2년 이상 남았지만 문재인 정부에 대한 지지도 설문조사 못지않게 언론에서 자주 보도되는 설문조사가 있다. 바로 대선후보 지지도 조사다. 문재인 정부가 잘하고 있는지 못하고 있는지는 변수가 워낙 다양해 그 자체로 흥미를 주지 않는다.

  설문조사를 보는 독자 입장에서는 추상적인 질문만큼이나 결과도 추상적으로 들릴 뿐이다. 하지만 차기 대선후보 지지도는 다르다. 현 정권의 잔여 임기와 상관없이 그것은 화제를 모으기에 충분하다. 현직 대통령보다 후임 대통령 자리를 두고 싸우는 인물들에게 관심이 더 크다.

승자의 이야기보다 당장 '치고 박는' 싸움 구경이 재미있는 것과 마찬가지다. 세상에서 재미있는 것이 불 구경, 싸움 구경이라고 하지 않는가? 당사자 입장에서는 속이 뒤집힐 일이지만 그런 세상만사를 부정할 수는 없다. 승패가 걸린 싸움을 지켜보는 것은 승자의 자랑담과 패자의 실패담을 듣는 것보다 훨씬 더 큰 스릴과 긴장감을 준다.

상황이 그렇다 보니 차기 대통령 선거는 한참 남았지만 차기 대선 후보 지지도는 심심하면 한 번씩 언론을 타고 보도된다. 언론 입장에서도 현 정권이 잘하냐 못 하냐를 묻기보다 집권 여당 대선 후보와 야당 대선 후보 중 누구를 더 지지하는지 묻는 것이 독자의 흥미를 더 끌 수 있다는 사실을 알고 있다. 집권 여당 대선 후보를 더 지지한다는 것은 그만큼 현 정권이 잘하고 있다는 것이고 야당 대선 후보를 지지한다면 그 반대라는 것을 쉽게 유추할 수 있다. 결국 같은 질문이지만 어떻게 묻는 것이 독자의 관심을 더 끄는지 아는 점에서 언론이 이런 설문조사를 하도록 더 부추긴다.

문 대통령 지지도의 바로미터

그런데 매번 설문조사에서 이낙연 전 총리가 차기 대선후보 지지도 1위를 달리고 있다. 그 뒤를 자유한국당 황교안 대표가 바짝 뒤쫓는 형국이다. 여권 내 경쟁구도에서도 그는 타 여권 후보들을 큰 표 차로 따돌리고 있다. 여권 대 야권 대결로 치면 현직 총리와 전직 총리인 이낙연 대 황교안의 대결 구도다.

   그의 지지도 1위는 무엇에 기인할까? 무엇보다 문재인 정부의 행정부 수반으로서 문재인 대통령에 대한 지지도에 힘입은 바 크다. 문 대통령이 추구하는 정책노선을 실행하는 부서가 행정부이기 때문이다. 문 대통령이 잘하고 있는지, 못하고 있는지가 바로 행정부에 대한 국민 지지도와 연결된다. 그 반대도 마찬가지다. 행정부가 제대로 일하고 있는지는 문재인 대통령에 대한 지지도로 연결된다. 그만큼 대통령과 총리직은 떼어놓고 볼 수 없는 밀접한 관계다.

   그가 총리로 발탁된 이유로 문 대통령의 탕평·통합 인사정책 때문이라는 말이 있다. 그는 호남 출신에 비 문재인 계로 계파색이 적고 여야 모두로부터 호평을 받고 있어 무난하다는 평가를 받았다. 당시 문 대통령은 청와대 춘추관에서 인선을 직접 발표하고 이 지사 지명은 호남 인재 발탁을 통한 균형인사의 시작이자 협치행정, 탕평인사의 신호탄이 될 것이라고 발탁 배경을 설명했다.

   또한 4년 연임제 개헌안을 반대하는 자유한국당이 총리를 국회에서 추천하는 내용의 개헌안을 만들자 문 대통령은 "한국당 안은 대통령제와 맞지 않을 뿐만 아니라 이런 식으로 국회가 총리를 사실상 결정하면 이 총리처럼 좋은 분을 우리가 모실 수 있을까요?"라며 깊은 신뢰를 보내기도 했다.

이런 신뢰는 국가대사를 의논하는 자리에서도 이어졌다. 한 여권 인사는 청와대 비서실에 문 대통령에게 직언할 만한 '어른'이 없기 때문에 문 대통령은 조언이 필요할 때마다 그에게 의견을 구하고 이 총리의 건의가 받아들여지는 경우가 많다고 했다. 한때 문 대통령을 움직이는 실세의 정체 소문이 돌았을 때 양정철 민주연구원장, 윤건영 실장이라는 설도 나왔지만 이 전 총리일 거라는 데는 이견이 적었다.

특히 홍남기 국무조정실장이 경제부총리 겸 기획재정부 장관이 되는 데 그의 조언이 크게 반영된 것으로 알려졌다. 그에 대한 문 대통령의 신뢰는 월요일마다 총리와 오찬 회동을 하고 개발도상국과의 정상외교의 일부를 총리에게 위임한 데서도 드러난다.

사실 대통령과 총리로 만나기 전 두 사람의 개인적 관계나 친분은 전혀 없었다. 그는 한겨레신문 인터뷰에서 문 대통령과의 첫 인연을 "2012년 대선 패배 직후 내 나름대로 당내 문화를 바꿔야 하겠다고 판단해 내 홈페이지에 우리가 진보적 가치를 추구하더라도 신중한 태도를 견지하는 '태도 보수'를 하자는 글을 쓴 적이 있다. 당시 막말 파동 등 때문이었다. 당시 문재인 의원님이 전화를 걸어와 책을 쓰는 데 제 글의 일부를 인용해도 되는지 물으셨다. 그것이 개인적 인연으로는 처음이다. 2년 동안 국회 기획재정위 활동을 함께 했지만 제가 도지사 경선 준비로 바빠 깊은 얘기를 나누지는 못했다."라고 회고한 적이 있다.

중도 보수

 이런 연장선 상에서 그가 지지도 1위를 유지하는 이유로 계파색이 없다는 점을 드는 사람들이 많다. 김대중 정부에서 정무수석을 지낸 조순용은 이 총리는 보수적 진보가 아니라 진보적 보수라며 국민이 진보 정권에게 실망하는 현 상황에서 가장 본선 경쟁력이 있는 후보가 될 것이라고 말했다. 국회의원 시절부터 이 총리와 가까웠던 김효석 대한석유협회 회장도 "차기 대선의 시대정신은 포용과 통합이 될 것이다. 거기에 가장 근접한 인물이 이낙연이다. 사회적 갈등을 치유해야 한다는 시대적 요구가 높아지면 가능성이 크다고 본다."라고 말했다.

 그의 지지자인 정대철 전 새천년민주당 의원은 "총리나 국회의장은 정치에서 보면 착실히 실력을 기른 정규군이다. 그동안 그들이 대통령이 된 적은 한 번도 없지만 안정된 사회에서는 가능하다. 우리도 이제 시대적으로 그럴 때가 되었다고 본다. 더구나 이 총리는 임명직만 맡았던 황교안 전 총리와는 다르다."라고 말하기도 했다.

 사실 그는 보수와 진보로 대별되는 우파, 좌파로 별로 치우치지도 않고 정치인에게 흔한 라인도 없다. 무색, 무취이므로 어느 쪽에 붙어도 자연스럽다. 그만큼 중도 확장성이 뛰어나다고 할 수 있다. 국민 입장에서도 특정 계파색보다 보수와 진보를 아우르는 포용성과 안정감을 주는 그를 현 시기에서 적합한 인물로 볼 수도 있다.

반면, 그 점이 약점으로 작용할 수도 있다. 보수와 진보 양쪽에서 공격당할 수도 있기 때문이다. 그의 입장에서는 보수와 진보 양쪽의 지지를 받는 중도를 찾는 것이야말로 지지도 1위를 굳히는 관건이라고 할 수 있다.

다같이 한 발 뒤로, 한 발 앞서다

끝으로 그가 지지도 1위를 유지하는 데는 여권 내 유력 대선 후보로 지명되던 김경수, 안희정, 이재명, 조국 등이 이런저런 악재에 휩싸이면서 그 외에 마땅한 인물이 없다는 점도 한 몫 한다. 한 줄에 여러 명이 서 있는데 한 명만 빼고 뒤로 나머지 모두가 물러나니 가만 있던 한 명이 부각되는 꼴이다.

그는 스스로 앞에 나서는 것을 워낙 싫어해 이런 상황이 달갑지만은 않았을 것이다. 누구는 어부지리가 아니라고 하겠지만 원치 않는 시기에 자신이 주목받는 것만큼 고역도 없기 때문이다.

'낭중지추(囊中之錐)'라는 옛말이 있다. 낭중지추는 '주머니 속의 송곳'이라는 뜻으로 뾰족한 송곳은 가만 있어도 뚫고 나오듯이 뛰어난 재능을 지닌 자는 가만 있어도 남의 눈에 띈다는 뜻이다. 평소 그도 자신을 낮추고 직접 앞에 나서기를 꺼리는 심성이어서 주변에서 자연스럽게 알아주는 흐름을 추구했다. 그런데 누군가 그 주머니를 벗겨 송

곳이 자꾸 드러나게 하니 그 속을 당사자만 알지 누가 알겠는가?

이것은 총리직에 대한 그의 평소 소신과도 연결되어 있다. 대 정부 질문에서 정양석 자유한국당 의원이 "사이다 총리라면 청와대 여당에게도 쓴 소리할 줄 알아야 한다."라고 말하자 "일부러 들리게 하는 것이 총리답다고 생각하지는 않는다."라며 총리의 자세에 대한 평소 생각을 말하기도 했다.

또 다른 질문에서 대권 후보로 거론되는데 이제 독자적인 목소리를 낼 때가 되었다는 지적에도 그것은 별개의 문제라며 "총리로 재임하는 한, 총리의 직분을 다하는 것이 옳다. 제 방식은 요란스럽지 않게 결과로 말하는 것이며 책임총리가 되겠다."라는 소신을 밝히기도 했다.

| 총리의 어록 |

인용

적절한 인용은 대화를 풍부하게 해준다.

인용은 사자성어, 명언에서부터 책 속에 들어 있는 말까지 다양하게 활용할 수 있다.

통상 정치인들은 신년의 화두를 고사성어에 담아 우회적으로 자신의 정치적 입장을 표현하곤 했다. 가장 화제를 모았던 분은 김종필(JP) 씨였다. 한학에 밝았던 JP는 역시 풍류객답게 1980년 신군부가 등장하자 "봄은 봄이되 봄 같지 않다(春來不似春)"고 일갈했다.

JP의 사자성어 중 압권은 1997년 대선을 앞두고 DJP연합을 촉구하며 쓴 '모든 일은 때가 있다'는 의미의 신년휘호 '줄탁동기(啐啄同機)'였다. 또 1995년 당시 김영삼 대통령과 결별할 때는 '토끼 사냥이 끝나면 사냥개를 삶는다'는 의미의 '토사구팽(兎死狗烹)'이란 통렬한 멘트도 날렸다. 사자성어가 유행하자 당시 어떤 정치인들은 아예 고사성어 사전을 끼고 다니기도 했다. 그렇지만 시기적절하게 절묘한 고사성어를 인용하는 데는 JP가 단연 최고였다.

근청원견(近聽遠見)

그 역시도 사자성어나 격언을 자주 인용했다.

그가 인용한 것을 크게 분류하면 세 가지이다. 긴 안목을 강조하는 말, 디테일의 중요성, 공직자로서 민심을 대하는 자세다.

특히 '긴 안목'과 '디테일'은 그가 평소 강조한 근청원견과도 맞닿아 있다. 그는 도지사로 부임하자마자 "저의 좌우명은 근청원견(近聽遠見), 즉 가까이 듣고 멀리 본다는 뜻이다."며, 도민 여러분의 말씀을 가까이 듣고, 그 말씀을 정책에 반영할 때는 멀리 보면서 하겠다. 무슨 일을 하건, 근청원견의 자세로 하겠다. 당선 첫 날의 마음이 임기 내내 이어지도록 제 자신을 채찍질하겠다."고 소신을 밝히기도 했다.

긴 안목

다음으로 '긴 안목'을 강조하는 말이 있다.

첫 번째는 등고견원(登高見遠)으로 '높이 올라가야 멀리 본다'로 그는 도지사 시절 실국장 토론회에서 "'등고견원'은 높이 올라가야 멀리 본다는 말도 되지만, 높이 올라가면 멀리 봐야 한다는 말도 된다"며 "실국장들이 공간적으로는 멀리 떨어져 있는 곳에서 벌어지는 일을, 시간적으로는 먼 미래의 일을 보고 대비책을 세워야 한다"고 강조한다.

두 번째는 "1년을 생각하며 곡식을 심고, 10년을 생각하며 나무를 심으며, 백년을 생각하며 사람을 키운다"는 중국 격언이다. 그는 도지사 시절 '숲 속의 전남 만들기를 위한 나무 심기' 행사에서 구실잣밤나무를 심으면서 나무와 사람을 키울 때는 장기적인 안목이 필요함을 강조한다.

디테일의 중요성

그 다음은 '디테일의 중요성'을 강조하는 말이다.

먼저 알리바바그룹 마윈 회장이 말한 "승리하고 싶다면 세부적인 것에서 승리해야 한다. 세부적인 것은 사악해서 당장 완벽하지 않으면 안 된다"로 "평소 크게 보고 작게 살피자는 대관소찰(大觀小察)을 강조해 왔는데, 마윈 회장은 이 연설문에서 '대관'보다 '소찰'이 중요하다는 것을 역설했다"고 말했다.

대관소찰은 그가 전남 도지사일 때 시무식에서 사용한 사자성어로 "도청의 모든 부서가 그늘진 곳을 살피고, 서민 등 사회적 약자를 배려하는 세밀한 정책을 찾아내고 시행해주길 바란다"라고 당부한 말이다.

이어 '약팽소선(若烹小鮮), 나라 다스림은 작은 생선을 굽는 것과 같다'를 인용하면서 "작은 물고기를 잘 구우려면 형태가 유지되면서 속까지 잘 익어야 하지만, 디테일에 약하고 덜렁거리면 그 물고기는 부서지고 만다"며 "행정도 작은 물고기를 굽는 것처럼 해야 한다"고 강조한 바 있다.

또 디테일을 이루는 '팩트'의 중요성도 역설했다. 영국 가디언지 편집국장 찰스 스콧의 명언 "논평은 자유지만 팩트는 신성하다(Comments are free but facts are sacred)"인데, 그는 기자 생활 21년 동안 이 말을 항상 잊지 않았다며, 사실 보도의 중요성을 강조했다.

민심을 대하는 자세

다음으로 민심을 대하는 공직자의 자세이다.

가장 대표적인 것은 세네카의 "민심에 거스르기만 하면 국민에 의해 망할 것이고, 민심에 따르기만 하면 국민과 함께 망할 것이다"는 말이다.

개헌 여야 토론회 중 한나라당 박형준 의원이 "민심과 함께 하면 실패할 것이 없고 민심과 함께 하지 않으면 성공 없다."는 링컨 대통령의 말을 인용하자, 그가 세네카가 한 말로 읍소하여 유명해진 말이다.

두 번째는 시민여상(視民如傷)으로 '백성을 볼 때는 상처를 보듯이 하라'이다. 그는 총리 취임식에서 의전과 경호의 담장을 없애고, 더 낮은 자리에서 국민과 소통하는 '가장 낮은 총리'가 되겠다고 밝힌다.

또 그는 전남도청 시무식에서 수처작주(隨處作主), "어디에 가건 스스로 주인이 되라"를 새해 화두로 제시했다. 즉 "안팎으로 올해만 한 격변이 한꺼번에 쏟아지는 해는 역사상 그리 많지 않을 것으로, 이런 시기엔 약자가 먼저 피해를 보게 된다"며, "격변, 격동의 시기를 맞아 사회적 약자를 정책적으로 배려하는 일에 공직자들이 주인이 돼 달라"고 당부했다. 이어 도민들에게는 처한 것이 변해도 흔들림 없이 대처하자는 '처변불경'(處變不驚)을 들며 변화에 취약한 약자나 소외계층의 삶이 크게 흔들리지 않도록 노력하겠다는 뜻을 전하기도 했다.

네 번째는 한비자의 세난편(說難篇)에 나오는 "정곡을 찌르면 목숨을 지키기 어렵고, 정곡에서 벗어나면 자리를 지키기 어렵다"이다.

문 대통령 취임 후 처음으로 새 정부의 국무위원만으로 개최된 국무회의에서 그는 "앞으로 목숨이나 자리 중 하나는 거는 마음으로 일하자"라고 말했다.

방명록

정치인이나 공직자들이 방명록에 쓴 글은 언제나 화제가 된다. 남긴 글 자체가 기사 제목이 되기도 하고, 그 글에 담긴 정치적 함의나 메시지를 해석하기도 한다.

그 역시 예외는 아니었는데, 그가 방명록에 쓴 글을 보면 크게 세 가지의 특징이 있다.

첫째, 기관을 예방한 자리에서는 사자성어나 경귀를 인용해 짧게 쓰는 반면 추모하는 자리나 빈소에서는 길게 쓴다.

국무총리가 되어 원불교 중앙 총무를 예방한 자리에서는 '원융회통(圓融會通)'을 남기는데, 원융회통이란 여러 갈래의 서로 다른 쟁론을 화합해 하나로 소통시킨다는 의미로, '소통'은 그가 취임 이후 가장 강조해온 덕목 중 하나이기도 하다. 또 대법관을 예방하는 자리에서는 '사법 정의 구현'이라는 비교적 원론적이면서도 짧은 글을 남긴다.

반면 2016년에 세월호 유족을 찾아 팽목항을 방문한 자리에서는 "세월이 지난다고 잊히겠습니까? 세월호의 안전하고 완전한 인양을 바랍니다"라고 썼으며 2017년에는 "아이들은 오지 않았는데 또 설이 왔습니다. 완전한 인양, 완전한 수습, 완전한 진상 규명과 재발 방지를 늦추지 말아야 합니다"라는 비교적 긴 글을 남긴다. 또 두 명의 소방관이 순직한 빈소를 방문한 자리에서는 "두 분께서 남기신 큰 뜻, 후배들과 국민이 함께 지켜 가겠습니다"라는 글을 남기는데, 기관을 예방한 자리에서는 방문 기록 성격으로 짧게 글을 남겼다면 위로의 자리에서는 내용이 길더라도 위로의 마음을 전하고자 한 셈이다.

대비와 매칭

두 번째는 대비를 살린 매칭된 말을 자주 쓴다.

미술에 보면 명도 대비라는 것이 있다. 명도 대비란 다른 두 색을 이웃하거나 배색하였을 때, 밝은 색은 더욱 밝게, 어두운 색은 더욱 어둡게 보이는 현상을 말한다. 말도 이처럼 서로 대비되는 말을 잘 매칭하면 강조의 의미를 전달하기도 한다.

그가 전남도지사 시절 유기 농가인 보성 우리원에 들러 '양심 생산, 신뢰 소비'라고 쓴 말이 가장 대표적이다. 생산과 소비는 동전의 양면과 같다. 그 점을 살려 공급자는 양심을 생산하고 소비자는 신뢰를 소비한다는 그의 글은 그대로 홍보 포스터에 쓰여도 좋을 만큼 압축적으로 잘 표현되어 있다.

또 제주시 4.3평화공원을 방문했을 때는 "4.3의 피와 눈물이 화해와 상생의 꽃으로 피어나기를 기원합니다"라는 글을 남긴다. 이 글은 '피와 눈물'과 '화해와 상생'이 서로 대비를 이루면서 평화공원인 꽃의 이미지와 잘 어울린다.

나라다운 나라

특히 그는 이렇게 대비되는 말을 쓰면서 문재인 정부의 슬로건인 '나라다운 나라'를 부쩍 잘 인용한다.

그는 국립서울현충원을 방문해서 "안으로 公正(공정)하고, 밖으로 堂堂(당당)한 나라다운 나라를 세우겠습니다"라고 쓴다. 안과 밖, 양면을 고루 살피겠다는 뜻이다.

또 노무현 전 대통령 때는 "나라다운 나라로, 사람 사는 세상, 이루겠습니다. 당신을 사랑하는 못난 이낙연"이라는 글을 남긴다. 나라다운 나라는 문재인 정부의 슬로건이고, 사람 사는 세상은 노무현 재단의 이름이다. 노 전 대통령의 뜻을 문재인 정부에서도 이어 가겠다는 뜻을 한 문장으로 표현한 셈이다. 또 '당신을 사랑하는 못난 이낙연'이라는 말에는 국무총리가 아닌 노 전 대통령과 한때 동고동락했던 자연인 이낙연을 떠오르게 한다.

혼과 시

세 번째는 유독 '혼(魂)'이 들어간 말을 자주 썼다.
아무래도 묘역을 방문하거나 참배하는 자리가 많기 때문이다.
그가 도지사로 당선되어 국립 5.18 민주 묘역을 참배하면서 쓴 '오월혼(伍月魂)으로 전남 회생'이라는 글과 국무총리가 되어 임청각에 들러 쓴 '滅私奉公(멸사봉공)의 魂(혼)이 숨쉬는 臨淸閣(임청각)', 그리고 단재 신채호 사당에 남긴 '국혼(國魂)'이 바로 그것이다.
특히 신채호 사당을 방문 후 그는 자신의 SNS 계정에 "주체적 역사학자, 불굴의 독립운동가, 올곧은 언론인인 단재 신채호 선생을 기리며, 그 분의 역사관인 국혼(國魂)을 남겼다"는 글을 올리기도 했다.

그렇다고 그가 언제나 딱딱하고 무거운 글만 남긴 것은 아니다.
광양시 하조 산촌 생태마을을 방문한 자리에서는 중국 남송시대의 시인 륙유(陸游)의 한시를 인용하여 "산도 겹겹, 물도 겹겹, 길이 없는 성 싶더니, 버들 우거지고, 꽃 피는 또 하나의 마을이 있네"라는 글을 남기기도 했다. 아름다운 마을의 정경과 한시를 인용한 '무릉도원'의 이미지가 잘 겹쳐진다.

또 충남 아산의 한 한정식집에는 "모두 좋지만, 된장찌개. 와~~! 제97회 전국체전 왔다가 우연히 먹은 전남지사 이낙연"이라는 액자가 걸려 있는데, "된장찌개. 와~!"라는 글에서 꾸미지 않은 소박함이 느껴진다.

풍미를 더하다

그의 적절한 인용은 대화의 풍미를 더한다.

마치 음식이 다 만들어진 후 위에다가 올리는 고명처럼 맛도 맛이지만 아래에 놓인 음식을 더욱 맛있게 보이도록 하는 역할도 한다.

하지만 뭐든지 지나침은 아니함만 못하다. 특히 자신의 지식을 내세우거나 해박함을 강조하기 위한 무분별한 인용은 오히려 대화의 맥을 끊고 본전도 못 찾을 가능성이 높다. 빈 깡통이 요란하다고 자신의 지식의 부재를 감추는 허세로 보일 수도 있는 것이다.

앞서 얘기한 고명처럼 음식 자체가 맛이 있어야 한다. 즉 대화의 실속이 가장 중요하다는 말이다. 그 다음에 고명을 올려놓아야 고명도 음식도 모두 빛을 발한다.

결 어

형용사는 명사의 적

이 책의 부제는 "형용사는 명사의 적이다.'이다. 이 말은 앞서 얘기한바와 같이 볼테르가 한 말이다. 이 말을 부제로 쓴 이유는 이 말이 이 전 총리를 가장 대변한다고 생각했기 때문이다.

그가 가장 잘 쓰는 표현 중의 하나를 들자면 "남루하다"를 들 수 있다. 그는 국무총리 임명 당시 국회를 방문해 "저의 남루한 삶을 되돌아보도록 질책해준 의원들에게 감사한다."며 취임 인사를 했다. 또 국무총리로서 한국교총 행사에 참석한 자리에서는 "서정주 시인은 자화상이라는 시에서 '스물세 해 동안 나를 키운 건 팔 할이 바람이다'고 읊으셨는데, 남루한 저를 키운 건 팔 할이 선생님이다."고 말하기도 했다. 이 말은 국무총리 퇴임후에도 이어졌다. 종로 출마의 변을 말하는 자리에서 "남루한 청춘의 흔적이 가장 많이 남아있는 곳이 종로다."라는 말을 한 것이다. 국무총리 임명 때부터 퇴임 이후까지 '남루하다'는 말을 그에게 꼬리표처럼 따라다녔다.

백수다운 백수

'남루하다'의 '남'은 누더기 남(襤)이고, '루'는 누더기 루(褸)이다. 말그대로 누더기 중 누더기를 말한다. 사전적 정의는 "옷 따위가 낡아 해지고 차림새가 너저분하다."이다. 스스로를 남루하다고 말하는 그의 실제 삶은 어떤가. 그는 국무총리 퇴임후 6년만에 당에 복귀한 자리에서 "백수다운 백수를 못한 것이 아쉽다."고 말할 만큼 치열한 삶을 살았다. 기자로서 21년을 보냈고 국회에 입성하여 국무총리가 되기까지 정치가로 20년을 넘게 보냈다. 한번도 중간에 쉬거나 자유인의 신분인 적이 없었다. 국회의원과 도지사, 그리고 국무총리까지 오른 그의 삶은 남루한 삶과는 동떨어져 보였다.

낮은 목소리

하지만 평소 그가 보인 언행을 보면 놀랄 일도 아니었다. 그가 쓴 책 중에 '낮은 목소리'가 있을 만큼 그는 항상 '낮은 자세'를 강조했다. 청소년들에게 인사의 중요성을 강조하는 자리에서도 "말, 행동, 모든 것에서 자신을 최대한 낮춰야 한다. 이것 또한 쉬운 것 같지만 어렵고, 어려운 것 같지만 쉽다"며, "진정으로 내가 모자란 사람이라고 생각해 버리면 된다. 실제로 모자란다. 그냥 꾸밈으로써가 아니라 정말 그렇다"면서 "자기를 최대한 낮춰라. 그것도 실력이다"라고 강조하기도 했다. 심지어 "저와 함께 일하는 젊은 사람들이 저한테 야단을 가장 많이 맞을 때가 언제냐면 존경어가 틀린 문장을 써

올 때다. 왜냐하면 그 정도의 사람이면 다른 것은 볼 것도 없기 때문"이라는 말을 하기도 했다.

그는 자리가 올라가면 올라갈수록 스스로를 낮추기 위해 부단히 노력했고 '남루하다'는 말은 입버릇처럼 그의 입에 올렸다.

머리와 입

사람은 머리에 들어가는 것이 많아지면 많아질수록 입이 가벼워지기 마련이다. 자신이 알고 있는 것을 과시하고 싶어 입이 근질근질하다. 누가 알아주기를 바라고 물어봐주기를 바란다. 그나마 이것은 양반이다. 상대의 처지나 의사와 상관없이 자신의 지식과 경험이 삶의 정답이라도 되는 것 마냥 전파하는 이도 있다. 소위 '꼰대'이다. 심지어 'latte is horse(라떼는 말이야)'라는 기성세대가 자주 쓰는 '나 때는 말이야'를 풍자하는 신조어가 생기기도 했다.

특히 나이가 많을수록, 지위가 높을수록 이런 유형이 많은데, 좋은 의미로는 자신의 연륜과 경험을 나눠주고 싶은 선의도 있지만 자신의 지식을 과시하고 지위를 뽐내기 위한 목적에서 하는 이도 적지 않다.

이 전 총리도 1952년생으로 적은 나이가 아니다. 또 그의 삶은 남루한 삶을 살아온 사람치고 파란만장하다. 할 얘기도 많고 내세우고 싶은 것도 많을 것이다. 하지만 그는 일절 그러지 않는다. 오히려 젊은이들 앞에서 중늙은이 같은 자신 보다 다시 배고파도 좋으니까 20대로 돌아가고 싶다며 청춘 예찬론을 펼친다. 가르치려 드는 것보다는 배우려 하고, 말하기 보다는 남의 이야기를 빼곡히 메모한다.

새롭게 듣는 것

그는 20년 넘는 신문 기자 생활 동안 많이 듣고 적게 쓰는 것을 배운 사람이다. '신문(新聞)'의 '문'자는 '들을 문'자인데, 많은 기자들이 '물을 문'자로 잘못 알고 있다며, 동사로서의 '신문'은 '새롭게 듣는 일'이라고 강조하기도 했다.

'새롭게 듣는 일'은 그래서 어렵다. 사람은 자신이 알고 있는 것을 들으면 자신의 생각을 고착화한다. 기존 프레임을 강화하고 그에 반하는 얘기는 귀를 닫으려 한다.

하지만 이미 알려진 것도 지금도 맞은지, 과거 진실로 알려진 것도 지금도 유효한지 끊임없이 새롭게 들어야 한다. 관성에 따라 혹은 타성에 젖어 판단을 내리는 것은 위험하기 때문이다. 대부분의 문제는 그 속에 숨어 있다. 평상시에는 큰 문제 없이 숨죽이고 있지만 어느 순간에 그 위력을 발휘한다.

따라서 늘 열린 귀와 깨어진 정신으로 들어야 한다. 그래서 그는 그가 자주 인용하는 '논평은 자유다. 그러나 사실은 신성하다'는 말처럼 진실에 가까워지기 위해 부단히 노력했다.

정치 언어

그리고 진실을 얘기하는데 거짓말에 들어가는 것 만큼 꾸밈은 필요없다. 그래서 그는 글을 쓸 때 마치 능숙한 보석세공사처럼 문장을 깎고 깎았다. 혹자는 깎아서 떨어져 나간 보석이 아까워 계속 쓸어모으려고 한다. 하지만 그는 그렇지 않았다. 결벽증 같이 깎고 버렸다. 더 이상 깎아낼 수 없는 수준까지 문장을 다듬었다.

그래서 그의 글은 가볍다. 간결하고 명료하다. 어렵지 않고 쉽게 이해가 된다. 볼테르는 "형용사는 명사의 적이다."라고 말했지만 그의 글에 형용사는 찾아보기 어렵다.

말도 마찬가지이다. 그는 늘 품위 있고 절제된 말을 구사했다. 한 번은 대정부질문에서 그의 답변을 가지고 김태흠 의원이 구렁이 담 넘어가듯 답변하는 것 같다고 하자, 그는 "저는 거칠게 표현하는 게 꼭 좋다고 생각하지 않습니다. 제 방식은 오랫동안 그려왔던 정치 언어의 한 부분입니다."라는 말을 하기도 했다. 실제로 고성이 오가고 욕설이 난무하는 정치 현장에서 그의 정치언어는 빛을 발했다.

말과 글의 완성

이것은 비단 그의 말과 글에서만 보이는 것이 아니다. 그의 삶 자체도 형용사와는 거리가 멀었다. 꾸미지 않고 소박했고, 소박하다 못해 남루했다.

그의 삶은 '백수다운 백수'를 못한 것이 아쉽다고 말한 그대로

'동사'의 삶을 살았다. 무엇이 되기보다 무엇을 했다. 꾸미는 것에 신경쓰는 것보다 내실을 다지는데 시간과 공을 들였다. 남들이 책상에 앉아서 고민할때 현장을 누볐다. 스티븐킹은 "지옥으로 가는 길은 부사로 덮여 있다."고 말했는데, 그는 스스로의 수식어구에 갖혀 못 나아가는 것이 아닌 동사로서 길을 열어 나갔다.

최태성 강사는 '한번의 젊음 어떻게 살 것인가'에서 명사의 꿈이 아닌 동사의 꿈을 꿔야 한다고 말했다. 'CEO'가 되고 싶다, '검사'가 되고 싶다는 것은 꿈이 아니라 'JOB(직업)'이며, 내가 CEO가 돼서 뒤에 오는 사람들을 위해 무엇을 할 것인지를 이야기 하는 것이 꿈이어야 하고, 내가 검사가 돼서 불의에 맞서 무엇을 할 것인지를 이야기 하는 것이 꿈이어야 함을 강조했다.

그가 '국회의원'이 되기 위해, 또는 '도지사'가 되기 위해, 혹은 '국무총리'가 되기 위해 살아왔다고 생각하지 않는다. 그의 전 보좌관이 말한데로 국민을 무섭게 알지만, 또 세네카의 말처럼 민심에 따르기만 하면 국민과 함께 망한다는 사명감으로 오늘을 살아왔다고 생각한다.

한비자는 "위대한 지식은 어린 아이들도 알지만, 80세 노인도 실행하기는 어렵다."는 말을 했다. 아무리 말과 글이 좋아도 허울 뿐이라면 공허하다. 말과 글은 행함 속에서 완성된다. 이 책이 완생의 길로 나아가는 한 인간의 치열한 모습을 보여주었기를 바란다.

약 력

1. 기본
1952 전라남도 영광 출생

2. 이력
2017.05~2020.01 / 제45대 대한민국 국무총리
2014.07~2017.05 / 제37대 전라남도 도지사
2014.03~2014.05 / 제19대 국회의원 (전남 담양군함평군영광군장
　　　　　　　　　　　　　　　성군/새정치민주연합)
2013.05~2014.03 / 제19대 국회의원 (전남 담양군함평군영광군장
　　　　　　　　　　　　　　　성군/민주당)
2013.03 / 민주통합당 중앙선거대책위원회 공동위원장
2012.11 / 한일의원연맹 수석부회장
2012.10~2012.11 / 제18대 대통령선거 민주통합당 공동선거대
　　　　　　　　　책위원장
2012.07 / 제19대 국회 기획재정위원회 위원
2012.05~2013.05 / 제19대 국회의원 (전남 담양군함평군영광군장
　　　　　　　　　　　　　　　성군/민주통합당)
2011.12~2012.05 / 제18대 국회의원 (전남 담양군함평군영광군장
　　　　　　　　　　　　　　　성군/민주통합당)
~2012.05 / 민주통합당 전남도당위원장
2010.10~2011.05 / 민주당 사무총장
2010.09 / 민주당 전남도당위원장
연도없음 / 한일의원연맹 부회장, 간사장
2008.08~2010 / 제18대 국회 농림수산식품위원회 위원장

2008.05~2011.12 / 제18대 국회의원 (전남 담양군함평군영광군장성
군/민주당)

2007.08 / 대통합민주신당 대변인

2007.08 / 제17대 국회의원 (전남 함평군영광군/대통합민주신당)

2007.07 / 중도통합민주당 최고위원

2007.07 / 제17대 국회의원 (전남 함평군영광군/중도통합민주당)

2004.07 / 국회 한일의원연맹 사회문화분과 위원장

2004.06~2006.06 / 민주당 원내대표

2004~2007.06 / 제17대 국회의원 (전남 함평군영광군/민주당)

2004 / 제16대 국회 운영위원회 위원

2004 / 제16대 국회 건설교통위원회 위원

2002.12 / 노무현대통령당선자 대변인

2002.06 / 새천년민주당 대변인

2001.11~2002.04 / 민주당 대변인

2000.12~2001.11 / 민주당 제1정책조정위원장

2000 / 2002년 월드컵 축구 국회의원 연맹 위원

2000 / 제16대 국회 예산결산특별위원회 위원

2000 / 인사청문회특별위원회 위원

2000.05~2004.05 / 제16대 국회의원 (전남 함평군영광군/새천년민
주당)

1999.11~2000.02 / 동아일보 편집국 국제부 부장

1997.10~1999.02 / 동아일보 논설위원실 논설위원

1997.09 / 동아일보 편집국 국제부 차장

1989.12 / 동아일보 동경주재특파원

3. 학력
1970~1974 / 서울대학교 법학 학사
1967~1970 / 광주제일고등학교

4. 수상경력
2013 / 국제평화언론대상 의정부문 최우수상
2013 / 국정감사 NGO모니터단 국정감사 우수의원
2012 / 국회사무처 입법 및 정책개발 우수 국회의원
2012 / 국정감사 NGO모니터단 국정감사 우수의원
2012 / 경찰기독신문 대한국인 대상 정치인부문
2012 / 민주통합당 국정감사 최우수의원
2012 / 한국문화예술유권자총연합회 국정감사 최우수국회의원
2011 / 한국문화예술유권자총연합회 국정감사 최우수국회의원
2011 / 국정감사 NGO모니터단 국정감사 우수의원
2011 / 여성유권자연맹 자랑스러운 국회의원상
2011 / 대한노인회 노인복지대상
2011 / 사회정의시민행동 공동선 의정활동상
2011 / 법률소비자연맹 대한민국 헌정상
2011 / 일치를 위한 정치포럼 국회를 빛낸 바른 언어상 으뜸언어상
2010 / 한국문화예술유권자총연합회 국정감사 우수국회의원
2010 / 매니페스토 약속대상 우수상
2009 / 매니페스토 약속대상 우수상
2009 / 사랑의 쌀 나눔대상 특별상
2009 / 산림환경신문 대한민국산림환경대상 정책분야

2009 / 한국농민문학회 농촌문화상
2009 / 세계음식문화연구원 한식세계화를 빛낸 자랑스런 한국인상
2009 / 한국농업경영인중앙연합회 국정감사 우수상임위원장
2009 / 뉴스매거진 인물대상 의정대상
2009 / 국정감사 NGO모니터단 국정감사 최우수 상임위원장
2008 / 국정감사 NGO모니터단 국정감사 우수 상임위원장
2007 / 바른사회시민회의 국정감사 우수의원
2007 / 국정감사 NGO모니터단 국정감사 우수의원
2007 / 제4회 전국지역신문협회 의정대상
2006 / 바른사회시민회의 국정감사 우수의원
2006 / 국정감사 NGO모니터단 국정감사 우수의원
2005 / 국정감사 NGO모니터단 국정감사 우수의원
2004 / 국정감사 NGO모니터단 국정감사 우수의원
2004 / 환경실천연합회 친환경정책 최우수의원
2003 / 국정감사 NGO모니터단 국정감사 우수의원

참고인용

1. 도서
   - 어머니의 추억(2007년)/이낙연
   - 연필로 쓰기 〈내 마음의 이순신〉/김훈

2. 기사
   - [단독 인터뷰] 이낙연 국무총리의 '책임총리' 집념/월간중앙 2017.09.26.
   - 이낙연 국무총리, 우문현답+사이다 발언으로 여론 호응 이끌어/베타뉴스 2017.09.12
   - 국장은 총리에게 '카톡' 보고…사무관은 '페북'에 댓글로/중앙일보 2017.06.06.
   - 이낙연 총리가 대학생들에게 당부한 면접 태도 3가지/중앙일보 2017.09.23.
   - 시도지사들 대선출마… 이낙연 지사 등 공직자세 돋보여/브레이크뉴스 2017.03.07.
   - [인물탐구] 'DJ가 신뢰한 기자' 이낙연 국무총리 후보자/월간중앙 2017.05.24.
   - 섬 2219개 전남의 미래 … 제주 버금가는 관광자원 만들 것/중앙일보 2014.11.17.
   - "아내, 위장전입 맞나?" 이낙연 "그렇다"/부산일보 2017.05.24.
   - 이낙연, 아들 병역면제에 "부실한 자식 둔 부모 심정 헤아려달라"/뉴시스 2017.05.24.
   - 강효상 "이낙연 아들 증여세 탈루 의혹"… 李측 "증여 안 했다… 아들 부부가 마련"/서울신문 2017.05.19.

- [문재인 정부 파워 엘리트] 이낙연 총리, 여야·계파 초월 두터운 인맥… 휴대폰 저장된 지인 15,000명/이투데이 2017.06.08.
- 前 박주민 보좌관 "이낙연, 골프 한 번 안쳐…막걸리 한 잔이 취미일 뿐"/동아일보 2017.05.18.
- 이낙연 '전두환 찬양' 기사, 당시 민정당 사무총장 발언이었다/미디어오늘 2017.05.24.
- 영남으로 휴가 가는 '호남 총리' 이낙연/한국경제 2017.08.09.
- 직원들에 '또라이들의 시대' 책 선물/전남일보 2017.02.03.
- 文대통령 "이낙연 총리 지명은 탕평인사 신호탄…통합 적임자"(종합)/연합뉴스 2017.05.10.
- 썰전 유시민 "이낙연 후보자 선택? # 호남 연고 # 원만한 성품 가져 총리에 적합"/아주경제 2017.05.19.
- '택시 운전사' 보고 울어버린 기자 출신 李 총리/머니투데이 2017.08.06.
- "중진 차출? 안철수 측과의 대결에서 내가 앞서"/오마이뉴스 2014.01.19.
- 이낙연, '업무 디테일론' 강조…"세부적인 것에서 승리해야"/연합뉴스 2016.09.01
- 이낙연 총리 후보자 '특별한 막걸리 사랑'…3가지 이유/연합뉴스 2017.05.11.
- [기자의 눈/조수진] 與, 이제 '기자 줄 세우기'까지/동아일보 2006.01.24.
- '사이다' 이낙연, 김어준의 뉴스공장 출연 약속…"방송 자리 봐 두려고 나오시는?" 김어준 농담/이투데이 2017.09.14.
- 이낙연 총리의 '막걸리 예찬'/서울신문 2017.06.01.
- [칼럼] 이낙연 총리의 '12살 인터넷신문'/독서신문 2017.08.02
- 통인시장 방문한 이낙연 총리가 시민에게 낸 퀴즈/중앙일보 2017.06.06.
- 이낙연 전남지사는 직언을 싫어할까?/노컷뉴스 2017.01.10.
- [현장에선] 김상조 號 100일 명암/세계일보 2017.09.21.

- 與·野 기싸움부터 '강남 총리'까지…이낙연 청문회 말말말/더 팩트 2017.05.26.
- [인터뷰] 전남 도지사 출마한 민주당 이낙연 의원 "F1 적자 1,900억 원…원점에서 재검토해야"/국민일보 2014.03.17.
- 이 지사의 '크리스마스 선물'/광남일보 2015.12.28.
- 기자 출신 도지사가 섬·숲·중국에 집착하는 이유/오마이뉴스 2015.01.27.
- 이낙연 의원 "KTX 나사 수까지도 세어와라"/오마이뉴스 2004.10.05.
- [기자수첩] 이낙연 전남지사 '상생=듀엣'론/국제뉴스 2015.03.24.
- 국장은 총리에게 '카톡' 보고…사무관은 '페북'에 댓글로/중앙일보 2017.06.06.
- 이낙연 노래방 가면 마이크를 놓지 않는다?…전여옥이 말하는 도쿄 특파원 시절/중도일보 2017.05.24.
- 전남 도정 7대 핵심과제 추진 도정 역량 집중/아시아뉴스통신 2017.06.22.
- '지일파 해결사' 이낙연 국무총리/동아일보 2019.07.17.
- 이낙연 총리 "신발 신고 발바닥 긁는 것 같은 정책은 곤란…현장이 시작이자 끝"/동아일보 2019.12.23.

3. 사이트
- 이낙연의 힐링 스토리 - 맛있는 토크 밥상
- : http://blog.daum.net/_blog/BlogTypeMain.do?blogid=0IV6F
- '깐깐·완벽·합리' 이낙연의 키워드
- : http://blog.naver.com/hanki22/221002397981
- 이낙연 네이버 인물 검색
- : http://people.search.naver.com

부 록: 이낙연 Who?

사진이 없는 메주, 소년 이낙연

그는 1952년 전남 영광에서 농사를 짓는 가난한 부부의 7남매 중 장남으로 태어났다.

위로 두 형과 누나가 있었지만 어린 시절 세상을 떠났고, 태어났을 때부터 얼굴이 길고 볼이 통통해 '메주'라는 별명이 붙었던 그는 가난했지만 어머니가 농사일과 채소 장사를 하며 뒷바라지한 덕분에 대학까지 마칠 수 있었다.

당시 그의 가족은 사진 찍을 돈이 없을 만큼 가난했는데, 유년 시절 사진 한 장 제대로 가지지 못한 그가 그나마 학업을 이어갈 수 있었던 것은 장남이 가질 수 있는 특권 때문이었다. 만일 일찍이 두 형과 누나가 세상을 떠나지 않았다면 그 특권은 그의 몫이 아니었을 수도 있었다.

멘토를 만나다

그는 영광 법성면 삼덕초등학교에 다녔는데, 그 학교는 교실이 세 칸뿐이어서 두 학년이 하나의 교실을 사용했다고 한다. 책상이 아닌 마루에 앉아 공부를 했고, 수업이 끝나면 부모의 농사일을 도와야 했다.

그러던 그가 광주에 있는 중학교로 진학한 것은 현재는 작고한 6학년 담임이었던 박태중 선생 덕분이었다. 박 선생은 첫 부임지인 영광 삼덕초등학교에서 그의 영민함을 알아보고 '너는 광주 서중에 가라'며 전과와 수련장을 사다 주기까지 한다. 또 그 시기 그는 공부는 잘했지만 회초리 또한 가장 많이 맞았는데, 박태중 선생이 "광주에서 중학교에 다니려면 공부를 더 잘해야 한다"며 2주마다 시험을 치러 성적이 떨어지면 회초리를 들었기 때문이다.

하지만 그는 아쉽게도 지원한 광주 서중에는 떨어지고 후기로 선생님이 권한 북중에 가게 된다. 나중에 알고 보니 그 학교는 박 선생의 모교이기도 했다. 사제지간이 중학교 선후배 사이가 된 것이다.

그에게 있어 광주에 있는 중학교로의 진학은 가난의 그늘이 짙게 드리워진 곳에서 벗어나 새로운 세상으로 나가는 단초였다. 그 길을 박 선생이 열어주었고, 당시 그의 부모는 어려운 살림살이와 6명이나 되는 동생들의 처지로 인해 그의 광주 유학을 엄두도 내지 못했지만 박 선생의 설득으로 결국 허락한다.

그에게 있어 박 선생은 좋은 멘토였다. 왜냐하면 그 시기에는 아직 인생의 가치관과 방향이 정해지기 전으로, 그는 박 선생을 통해서 그의 진로를 처음으로 고민하게 되었고, 또 시골을 벗어나 광주로 진학해야겠다는 용기를 얻을 수 있었다.

이후 그는 광주에 있는 제일고등학교를 거쳐 그가 어렸을 때부터 꿈꿔왔던 서울대학교 법학과에 입학한다.

박 선생과의 만남은 그에게 있어 운명이었다. 만일 그가 박 선생과 같은 멘토를 그 시기에 만나지 못했다면 인생의 향방이 어디로 튈지 아무도 모를 일이었다. 훗날 그는 정치에 입성한 후 박 선생을 찾아 후원회장으로 모신다. 돈이 많거나 모금을 잘해서가 아니었다. 박 선생은 그가 국회의원으로 성장할 수 있도록 만들어준 그의 인생의 '원점'이기 때문이었다. 그는 박 선생이 세상을 뜬 이후 후원회장 자리를 상당 기간 공석으로 두기도 했다.

갈비씨에서 벗어나다

그는 대학교를 졸업하자마자 군대에 들어간다.

광주 31사단 훈련소와 평택 카투사 교육대를 거쳐 용산 미8군 21 수송 중대에 배치된 그는 차량 정비와 운전을 배운 뒤 행정병으로 들어간다.

그런 그가 첫 휴가를 나왔을 때 그의 어머니는 "밥은 어떻게 먹느냐?"하고 물으셨다고 한다. 그러자 그는 "끼니마다 쇠고기, 돼지고기가 나오고, 닭도 한 마리씩 나옵니다."하고 대답했더니 그의 어머니는 "미국은 참말로 부자인가 보다. 끼니마다 닭을 한 마리씩 주다니"라고 답하셨다고 한다.

당시 그는 열악한 가정환경으로 인해 밥도 제대로 먹지를 못해서 사춘기 이후 갈비뼈가 드러나지 않은 적이 없었는데, 군대에 입대한 후로는 웃통을 벗어도 갈비뼈가 드러나지 않아 좋았다고 한다.

그의 가정형편이 얼마나 어려웠는지 알 수 있는 대목이다.

아버지의 영향을 받다

그의 아버지는 야당의 열혈 당원이었다.

그런 아버지의 영향을 많이 받아 그는 어려서부터 정의감이 싹틀 수 있었고, 훗날 서울대 법대에 진학하려는 꿈도 그때부터 키웠다고 한다.

가난하다 보니 아무래도 기득권층과는 거리가 멀었던 그는 사회 부조리가 판을 치는 상황 속에서 기득권이 휘두르는 권력의 남용에 대한 저항의식이 자랐을 것이고, 야당의 열혈당원이었던 아버지를 통해 사회에 대한 비판 의식 또한 성장했을 것이다. 왜냐하면 사회의 부조리는 강자보다는 약자에게 군림하기 때문이다.

그의 아버지는 가난과 함께 그에게 정치의식 또한 물려준 셈이다.

어머니에 대한 추억

그를 포함한 일곱 자식들이 어머니에 대한 애틋한 기억들을 담은 책 '어머니의 추억'이라는 책을 펴냈다.

이 책은 일곱 자식들이 어머니 진소임 여사에 대한 저마다의 기억들을 모아 놓은 것으로, 2006년 1월 어머니의 팔순 잔치 때 각자가 추억하고 있는 어머니에 대한 기억을 몇 꼭지씩 써 책으로 만들자고 약속한 뒤, 1년여의 제작 과정을 거쳐 출간되었다.

그는 서문에서 "자식들의 속살을 드러내는 것 같아 부끄럽고, 어머니의 삶에 대해 말하는 것이 외람되게 느껴지기도 한다"며 "일곱 남매를 비뚤어지지 않게 길러주신 어머니께 한없는 감사의 마음으로 책을 드린다"고 말했다.

이 책은 입법 전문 정치주간지 〈여의도통신〉이 선정한 '아름다운 책'에 선정되는 영예를 안기도 했다. 〈여의도통신〉은 국회의원들이 쓴 54권의 책 가운데 '어머니의 추억'이 '인간의 얼굴을 가진 국회의원'의 면모를 가장 잘 보여준 책이라며 선정 이유를 밝혔다.

사람이 그러면 못 쓴다

그는 정계 입문 후 15년 넘게 같은 보좌관과 일할 정도로 의리파인데, 15년간 소용돌이치는 정세 속에서도 한번도 당을 떠나지 않았다.

바로 어머니의 가르침 때문이었다. 2003년 당시 신당이었던 열린우리당 행을 택하지 않았던 이유도 어머니의 만류가 컸다.

그는 이 책에서 "노무현 대통령이 민주당을 버리고 신당(열린우리당)을 만들었을 때 노 대통령이 두세 번쯤 사람을 보내 신당 동참을 권유했고 장관직 얘기도 있었다. 당시 분당(分黨)은 옳지 않다는 생각을 기본으로 가지고 있었지만 그래도 고민했었다"며 "그 무렵 어머니의 전화를 받았다"고 술회했다. 어머니는 "사람이 그러면 못 쓴다"며 탈당을 만류했고 결국 그는 어머니의 말씀을 따른다.

그의 어머니는 야당 정치인을 도왔던 그의 아버지가 5공 출범 시절 여당인 민정당 행을 권유를 받았을 때도 "자식들을 지조 없는 사람의 자식으로 만드는 것은 못 참는다"며 말렸다고 한다.

아내를 만나다

그는 1979년 동아일보에 입사한 다음해인 1980년 4월 아내인 김숙희 여사와 선을 본다. 그녀는 당시 미술 교사였고, 전주여자고등학교와 이화여자대학교 서양화과를 졸업한 뒤 같은 대학교 교육 대학원에서 미술교육을 전공한 재원이었다.

그의 말에 의하면 첫눈에 반해 사랑에 빠지는 그런 사랑은 아니었다고 한다.

그런데 그해 5월 광주민중항쟁이 터지게 된다. 광주민중항쟁은 1980년 5월 18일에서 27일까지 전라남도 및 광주 시민들이 군사독재와 통치를 반대하고, 계엄령 철폐, 민주정치 지도자 석방 등을 요구하여 벌인 민주화 운동이다.

뜨거운 여름, 결혼을 하다

당시 동아일보 수습 기자였던 그는 밤마다 친구들과 술을 마시며 울분을 삭였는데, 그때마다 그녀는 술자리에 동석해 함께 고민을 나누었다고 한다.

이 모습을 지켜보던 그는 그녀가 편하게 느껴지기 시작했고, 만난 지 4개월 만에 그녀와 결혼하게 된다. 어린 나이에 부모의 곁을 떠나 쫓기듯 살아왔던 그에게 그녀는 안식처와도 같았을 것이다.

그렇게 미술 교사로서 그와 함께 맞벌이를 하던 그녀는 그가 일본 주재 특파원으로 나가게 되자 그를 따라 교사를 그만둔다. 그리고 그가 21년간의 기자 생활을 접고 정치판에 들어간 후에는 정치인 아내로서의 삶을 살게 되었다.

아내, 다시 붓을 들다

그러다 그의 아내는 결혼 후 23년이 지난 2013년 8월, 서울 종로구 인사동 갤러리에서 생애 첫 개인전인 '꽃이 있는 풍경'을 연다. 그동안 정치인의 아내로서 남편을 돕느라 붓을 접고 살다가 근래 3년 동안 준비한 작품을 세상에 내놓은 것이다.

그는 그 개인전마저도 축하의 뜻을 전하고자 하는 사람들에게 꽃 대신 쌀을 보내달라고 초청장에 주문한다. 그 결과 무려 3.5톤에 이르는 쌀이 들어왔고 그는 이 쌀을 자신이 2008년부터 고문으로 일하고 있는 '사랑의 쌀 나눔운동본부(이사장 이선구 목사)'에 기증한다. 노숙인, 독거노인, 결식아동, 소년소녀가장 등 외로운 이웃들에게 쓰라는 취지였다.

이후 그의 아내는 2017년에 두 번째 개인전을 연다.

그는 무엇보다도 생애 첫 개인전을 통해 자신의 아내가 붓을 계속 들어도 되겠다는 자신감을 얻은 것을 큰 수확으로 여겼다고 한다.

어머니를 닮아가는 아내

그가 어머니의 팔순을 맞아 어머니에 대한 일곱 남매의 단상을 묶어 낸 '어머니의 추억'을 보면 아내에 대해 언급하는 글이 있다.

'어머니를 닮아가는 아내'라는 글로 아내에 대한 애잔함이 묻어나는 글이다.

"언제부터였던가요? 아내가 바뀌고 있습니다. 그것은 참 딱한 일입니다.

아내에게는 미안한 말이지만 그 징후는 여러 가지입니다. 앉았다 일어날 때에 일시적으로 허리가 구부정하다든가, 제 와이셔츠에 단추를 달 때면 돋보기 안경을 쓴다든가.

그러나 훨씬 더 중요한 징후는 따로 있습니다. 아내와 어머니의 결정적 차이는 무엇일까요? 그것은 투정이 있느냐 없느냐라고 저는 생각합니다. 아내는 남편에게 때때로 투정을 합니다. 연인이라면 투정이 더욱 심하지요. 그러나 어머니는 아들에게 투정을 하지 않습니다. 아내가 어머니처럼 되어 간다고 제가 느끼는 것은 바로 그 점입니다. 언제부턴가 아내가 저에게 투정을 하지 않는 것입니다. 제가 갑자기 훌륭해져서가 아닙니다. 저는 그냥 그대로인데, 아내가 변한 것입니다.

예를 들어볼까요? 제가 술을 마시고 밤늦게 집에 들어가도 이제 아내는 제게 잔소리를 하지 않습니다. 제가 쓸데없는 물건을 사도 아내는 아무 말도 하지 않습니다. 아내는 왜 이렇게 변했을까요? 혹시 저에 대한 믿음이 깊어졌기 때문일까요?

그렇다면 얼마나 좋겠습니까만, 그것은 아니라고 저는 확신합니다. 저는 나아진 것이 별로 없으니까요.

그렇다면 아내가 저에 대해 체념했기 때문일까요? 그럴지도 모르겠습니다. 그러나 꼭 그것만도 아닌 것 같습니다. 하여튼 아내가 왜 이렇게 변해가고 있는지 저는 잘 모르겠습니다.

아내의 변화에 저는 쓸쓸해집니다. 남편에 대한 투정을 잃어간다는 것, 그것이 아내에게 무엇을 의미하는지 저는 어렴풋이 알 것 같기 때문입니다.

어째서 삶은 점점 더 쓸쓸해지는 걸까요?"

- 〈어머니의 추억〉 "어머니를 닮아가는 아내" 발췌

나이 든 노모한테 회초리를 맞았는데 맞는 종아리보다 마음이 아팠다는 얘기가 있다. 예전에는 회초리를 맞으면 매웠는데 지금은 하나도 안 아프더라는 것이다. 어느새 부쩍 노쇠해져 팔 힘이 떨어진 어머니를 보고 울컥했다는 얘기다.

어쩌다 한번씩 보는 사이도 아니고 매일 보는 사람은 그 사람의 세월의 변화를 눈치채지 못한다. 항상 그 자리에 있을 것 같고 그 모습 그대로일 것 같다.

어머니를 닮아가는 아내의 모습을 보고 늙어가는 한 '여자'의 모습을 보았는지 모른다. 그런 단순한 사실조차도 그동안 마주하지 못한 그의 말에서 자괴감과 비애가 느껴진다.

그래서 세상은 그의 말처럼 쓸쓸할지도 모른다.

가장 행복한 순간을 맞다

그는 동아일보에서 기자 생활을 하던 중에 아들 이동한 씨를 얻는다. 1980년에 미술 교사를 하던 아내와 결혼한 지 2년만이다.

그는 그 때의 소회를 "제가 아버지가 됐다는 어리둥절한 실감, 아들이라는 한 인간의 일생을 책임져야 한다는 벅찬 의무감, 한 생명을 낳고 탈진한 아내를 보는 애잔한 마음 등등 형언할 수 없는 감동에 온몸이 떨렸다."며, "그 날이 제 인생의 가장 큰 변화였다"고 떠올린다.

그는 지금까지 가장 행복했던 순간으로 "아들을 낳았을 때"라고 주저 없이 답할 정도로 아들 사랑이 극진하다. 왜냐하면 하나 밖에 없는 외아들이기 때문이다. 게다가 전신 마취 수술을 5번 넘게 받을 만큼 허약하다 보니 더욱 신경이 쓰였을 것이다.

아무것도 해줄 수 없는 아비의 마음

그런데 그에게 있어 또 한번의 큰 인생의 변화가 찾아오는데, 바로 대학생 아들이 뇌하수체 종양 수술을 받을 때이다.

그는 수술실에 들어간 아들을 위해 그가 해줄 수 있는 것이 아무것도 없다는데 무력감을 느끼고, 기도조차 못 드리는 자신을 보며 참담함을 느낀다.

그 당시의 심정을 옮긴 그의 글을 그대로 가져왔다.

"2003년 10월 서울에서 제 외아들이 목숨을 건 수술을 받았습니다. 아들이 수술실에 들어간 아침 8시부터 수술실 밖에서는 10여 명이 기도를 올렸습니다. 아들이 핏덩어리이던 시절부터 길러주신 장모님이 다니신 교회 목사님께서 새벽에 전주를 출발, 손수 운전으로 서울까지 오셔서 수술실 앞에서 기도해주셨습니다.

그러나 수술실 앞의 10여 명 가운데는 기도도 할 줄 모르는 채, 멀뚱멀뚱 앉아 있는 사람도 있었습니다. 수술 받는 환자의 아비, 저였습니다.

저는 참담했습니다. 기도를 모르는 제가 비참했습니다. 아비 이전에 인간도 아니라고 생각했습니다. 가장 절박한 순간에 절대자께 간구하는 것이 인간이라는 생각을 처음으로 하게 됐습니다.

아들의 수술은 아들과 저의 인생을 바꿔 놓았습니다. 저는 처음으로 교회 문을 두드렸습니다."

아들의 수술이 있은 후 두 사람에게 인생의 큰 변화가 일어났음을 알 수 있다. 즉 그는 세례를 받아 신자가 되었고, 그의 아들은 진로를 바꿔 의사가 된다. 언제나 낮은 목소리로 겸손을 강조하던 그가, 신 앞에 인간 역시 겸손해야 함을 깨달은 것이다.

아들이 결혼하다

2013년 11월 그는 며느리를 맞이한다.

4선 의원의 외아들이기도 한 만큼 며느리나 사돈될 사람이 누구인지 세간의 관심을 모았다. 하지만 정작 아버지인 그는 아들의 말 한마디에 결혼을 승낙했다고 한다. 그가 남긴 글을 통해 그의 마음을 알아보자.

"사람들은 저에게 사돈이 누구신지를 묻곤 했습니다. 저는 사돈이 누구신지 모른 채로 아들의 결혼에 동의했습니다. 아들 커플은 철부지 초등학생으로 만났다가 철들어 사랑하게 됐다고 합니다. 그럼 됐다고 저는 판단했습니다."

며느리 될 사람은 그의 아들과 초등학교 동기로 만나 사랑을 키워 왔다고 한다. 단지 그거면 됐다고 결혼을 승낙한 것을 보면 얼마나 그가 무던한 사람인지 알 수 있다.

특히나 많이 아프면서 자란 아들이 장가를 드니 여러 마음이 교차한다며, 그저 반듯하고 선하게 살았으면 좋겠다고 소박한 희망을 비쳤다.

일절 금하다

그는 아들의 결혼과 관련하여 청첩장 돌리는 것을 극히 자제했다.

심지어 정치후원금 안내장 등 지역주민들에게 부담이 될 만한 행위도 자제한 그였다.

원칙적으로 지방에 청첩장을 돌리지 않다 보니, 결혼식을 뒤늦게 접한 가까운 친구들이 "아무리 그래도 우리한테까지 이럴 수 있느냐"며 서운함을 표출하기도 했다.

게다가 결혼식장도 소위 잘나가는 호텔급 웨딩홀도 아닌 서울대학교 호암교수회관에서 진행한다. 그나마 그가 서울대학교를 졸업했기에 가능한 것이었다.

명색이 4선 출신의 국회의원 외아들 결혼식인데, 조촐해도 너무 조촐했다. 그 스스로도 혼사를 조촐하게 치르려고 좀 작은 식장을 골랐음을 나중에 밝혔다.

결혼식이 끝난 후 그도 마음에 걸렸는지 주차를 못해 어려움을 겪거나 준비한 음식이 동나 점심을 못 드시고 간 하객들에게 결례를 범했다며 용서와 이해를 구하는 글을 올린다.

불효막급한 아들

그의 며느리 직업이나 사돈된 사람이 어떤 집안인지는 잘 알려지지 않았다.

다만 결혼식이 있은 지 3개월 후 그의 누님 댁에서 당시 89세 된 그의 어머니 생일잔치를 위해 온 가족이 모였는데, 그의 며느리가 바이올린으로 축하 연주를 했다고 한다. 이걸 두고 손주 며느리로서 바이올린 연주를 한 것을 보면 아마도 음악 쪽 일을 하는 게 아니냐는 추측만 돌 뿐이었다. 그는 그 소식과 함께 당시 찍은 사진을 올렸는데, 자신은 참석을 못했다며 '불효막급'이라고 덧붙이기도 했다.

저는 하피(해피)합니다

그렇게 아들을 장가보낸 후 1년이 좀 지나서 그는 할아버지가 된다. 손녀딸을 얻은 것이다.

그 뒤로 그의 SNS 계정에는 손녀에 대한 글이 심심찮게 올라오는데, 손녀 바보가 따로 없다.

손녀의 백일잔치를 맞아 올린 사진에는 잔치 내내 한번도 울지 않고 제 역할(?)을 묵묵히 수행했다며 기특해한다.

또 여름휴가를 맞아 아들 내외가 다섯 달된 손녀와 함께 그가 있는 전남에 놀러온 모양이다. 그런데 급한 도정 일로 그는 하루 만에 휴가를 반납하고 출근하는데, 온종일 손녀가 눈에 아른거린다며 아쉬움을 토로하기도 하고, 생후 7개월 손녀와 다섯 살 때의 아내 사진을 같이 올리며, 은근히 아내와 손녀가 닮지 않았냐며 페친들에게 묻기도 한다.

한번은 손녀의 외할머니 회갑 모임에서 찍었다며 아들 내외와 탤런트 송승헌 씨가 함께 찍은 사진을 올리는데, 송승헌 씨의 경우 며느리의 이종 오빠(이모네 아들)라고 한다. 그런데 손녀도 미남을 알아보는지 송승헌 씨에게서 눈을 떼지 못했다는 농담도 올린다.

그리고 갓 돌을 지난 손녀가 병원에서나, 할머니 품에 안겼을 때나, 또 그의 일자리 종합대상 수상을 보러 왔을 때나 베개를 손에서 놓지 않는 이상한 버릇이 있다며 걱정을 내비치기도 한다.

한번은 손녀가 TV에 나오는 '곰 세마리'를 따라 할머니와 함께 춤을 추는 동영상을 올리는데, 춤 가운데 발을 드는 동작이 어려워지자 거실 물건함을 붙잡고 발을 들며 춤을 추는 것을 보고, 손녀 바보 할아버지를 용서해 달라는 너스레도 떤다.

또 두 돌이 지난 손녀가 말이 좀 늦는다고 걱정하더니, 손녀가 자신을 보고 '하피'라고 부른다며, 그런 손녀 때문에 '하피(해피)'합니다'라고 말하기도 한다.

손녀 앞에서는 두 손 두 발 다 드는 영락없는 할아버지의 모습이다.

등산

그의 취미는 등산이다.

그는 이유는 알 수 없지만 골프를 하지 않는다. 그는 공개 석상에서 "골프 하러 골프장에 가 본 적이 없다"고 말하기도 했다.

공교롭게도 문재인 대통령도 취미가 등산이다. 그래서 취임 후 기자들과 함께 등산도 같이 하기도 했다.

정치인의 취미

정치인들 중에 등산이 취미인 사람이 많다.

물론 등산이 건강에도 좋고 여러 이유가 많지만 유독 정치인들의 취미 중에 등산이 많은 이유가 무엇일까?

그 이유는 크게 두 가지다.

첫째, 표심을 얻기에 최적의 장소이다.

만약 지하철 앞에서 정치인이 인사를 건네는 것과 산에서 내려오는 길에 반대편에서 힘들게 올라오고 있는 정치인이 말을 건네 오는 것 중 어느 것에 더 마음이 가겠는가. 아마도 후자일 것이다.

길거리에서 만나는 것은 아무런 연결고리 없이 우연 또는 의도적인 만남의 하나일 뿐이다. 반면 산에서 만나는 경우는 산의 정상을 밟겠다는 서로의 암묵적인 공동 목표가 전제된 만남이다. 산이라는 매개체를 통해서 정치인과 유권자가 자연히 이어지는 것이다. 마치 서로 한 배를 탄 것 같은 동지의식이 생기게 되는 것이다.

친 서민 취미

둘째, 친서민적인 이미지를 준다.

등산이야말로 두 다리만 멀쩡하고 오를 산만 있다면 돈 안 드는 최고의 취미이다. 그만큼 서민적인 취미라고 할 수 있다.

설사 취미가 골프인 정치인이라 하더라도 누가 취미가 무엇이냐고 물으면 있는 그대로 골프라고 대답하는 정치인은 없을 것이다. 골프라고 하면 왠지 돈 있고 힘 있는 사람이나 누리는 반서민적인 이미지를 주기 때문이다.

사람은 자기와 비슷한 사람에게 더 끌리고 정이 간다. 그래서 유유상종이라는 말도 있지 않은가. 유권자의 마음을 사기 위해서는 최소한 유권자와 닮거나 닮은 척이라도 하는 것이 정치인이 살아남는 생존법이다. 그래서 일부 정치인들은 선거철만 되면 그동안 별로 왕래도 안했던 전통시장을 방문하여 서민들이 즐겨먹는 국밥 같은 것을 먹는 일종의 연출을 하기도 한다.

등산은 누구나 좋아하는 취미이기도 하다 보니 정치인 입장에서는 이래저래 손해 볼 것이 없다.

숲 안에 길이 있다

하지만 그는 단순히 보여주기 식이 아니라 정말 산을 좋아한다.

왜냐하면 그가 한 말이나 글을 보면 산, 숲, 나무, 잎에 대한 단상이 많이 나오기 때문이다.

한번은 그가 대학생들 앞에서 '청춘이여, 꿈과 연애하라'는 주제로 특강을 한 적이 있었다. 그 중의 일부를 살펴보자.

"여러분께서 혹시 좌절감, 고독감, 절망감에 빠질 때는 제 말씀을 떠올렸으면 좋겠습니다. 언젠가는 알게 될 것이다, 지금 이 절망감, 도대체 여기에 어떤 길이 숨어있을 것인가. 평지에서 산을 보면 길이 안 보입니다. 그러나 숲 속에 들어가 보면 길이 나 있습니다. 그 길을 따라가다 보면 능선이 나오고 마침내는 정상까지 올라갈 수 있습니다. 여러분이 지금 놓여있는 이 현실에 여러분의 무지개 같은 미래를 위한 길이 있다."

그가 제대를 하고 가난한 가정환경과 부양할 가족에 대한 부담감 때문에 어렸을 때의 꿈인 법조인의 길을 포기하고 기자로 취직할 때를 회고하며 한 말이다.

여기서 산에 대한 얘기가 나오는데 산을 정말 멀리서 보면 어디에 길이 나 있는지 보이지 않는다. 하지만 숲 속에 들어가 보면 거짓말 같이 산 위로 올라가는 길이 보이는데, 이처럼 아무리 절망적인 순간에도 반드시 길이 있다는 것을 강조한 것이다. 또 그 길을 따라 꾸준히 올라가다 보면 정상에 설 수 있다는 믿음을 전하고 있다.

지름길

이외에도 그가 길을 비유로 든 유명한 어록이 있다.
2002년 민주당 선대위 대변인 시절 대통령후보단일화추진협의회 소속 의원들을 향해 한 말로, 지금도 회자될 정도로 유명하다.

"지름길을 모르거든 큰길로 가라. 큰길을 모르겠거든 직진하라. 그것도 어렵거든 멈춰 서서 생각해 보라."
어떻게 보면 산에도 똑같이 적용된다고 할 수 있다.

좀 더 일찍 정상을 밟겠다고 없던 길로 가다간 자칫 산에서 길을 잃을 수 있다. 이럴 때는 사람들이 많이 지나다닌 길로 가는 것이 안전하다.

그런데 그 길이 안 보인다면 위로 올라가거나, 아래로 내려가거나 둘 중 하나로 직진하면 된다. 산이라는 것이 위로 오르고 오르다 보면 언젠가 정상에 다다르는 것이 당연하고, 반대로 내려오다 보면 반드시 산 아래에 도달하기 때문이다.

그런데 그마저도 어렵다면 경거망동하지 않고 그 자리에 멈춰서 있는 것도 방편이다.

숲

그와 숲에 대한 인연은 깊다.

그는 전남 도지사가 되자 브랜드 시책으로 '가고 싶은 섬'과 '숲 속의 전남' 두 가지를 제시하는데, '숲 속의 전남' 만들기는 숲을 통해 경치를 아름답게 가꾸는 한편 소득이 보장되는 숲을 만들자는 것이다.

즉 나무를 심어 경관을 좋게 만들고, 고령화 시대를 맞아 숲을 통한 항산화 물질, 갱년기 장애를 늦춰주는 물질 등을 얻어 소득을 만들자는 것이 그 도입 취지였다.

그는 어린 시절 마당에 감나무가 있어 부러웠던 친구가 있었는데 그 나무를 심었던 친구의 아버지와 할아버지까지도 훌륭해 보였다고 한다. 그는 이런 소박한 초심으로 숲속의 전남 만들기를 시작하자고 역설한 것이다.

나무

한번은 '숲 속의 전남 만들기를 위한 나무 심기' 행사에서 그는 구실잣밤나무를 심으며 중국 격언의 말을 인용한다.

그것은 바로 "1년을 생각하며 곡식을 심고, 10년을 생각하며 나무를 심으며, 백년을 생각하며 사람을 키운다"는 말이었다.

그만큼 나무나 사람을 키우는 것은 어렵고, 또 장기적인 안목을 강조한 말이라고 할 수 있다.

잎

그는 또 자신의 SNS 계정에 '잎과 열매'라는 제목의 단상을 올리기도 했다.

즉 사과가 여물기 전 잎이 떨어지는 것을 보고 잎은 열매를 키우지만, 마지막에는 열매를 완성시키기 위해 비켜 준다며 인간이 사과에게 배워야 하지 않을까라는 글을 남긴 것이다.

그리고 기자 시절에는 '낡은 잎이 떨어진 뒤에 새싹이 나오는 게 아니다. 새싹이 나오는 힘에 밀려 낡은 잎이 떨어지는 것이다'라는 논설을 남기기도 했다.

그에게 있어 산은 취미로서가 아니라 삶의 지혜를 배우는 공간이었던 셈이다.

여름일기

그는 그의 대학생 아들이 뇌하수체 종양 수술을 받기 위해 수술실로 들어간 날 절망감을 느낀다.

아비로서 해줄 수 있는 것이 아무도 없고 그 흔한 기도조차 못하는 자신에게서 신 앞의 인간이 얼마나 나약한지를 절절히 느낀 것이다.

그래서 그는 아들의 수술이 끝난 후 세례를 받고 종교에 귀의한다.

하루는 그는 교회를 다녀와 교회 주보에 실린 이해인 수녀의 시 '여름일기 1'를 보고 문득 올리고 싶었다며 자신에 SNS 계정에 그 시를 올린다.

이해인 수녀는 부산 성 베네딕도회 수녀로서 자연과 삶의 따뜻한 모습, 수도사로서의 바람 등을 서정적으로 노래하는 시인으로 잘 알려져 있다.

당시 어떤 느낌으로 이해인 수녀의 시 〈여름 일기 1〉을 소개했는지는 모르지만, 이 시를 보면 그의 삶과 매칭되는 부분이 많다.

순백의 와이셔츠

이해인 수녀는 〈여름 일기 1〉 1연에서 '햇볕에 춤추는 하얀 빨래'를 보는 깨끗한 기쁨을 이야기하고 있는데, 총리의 순백 와이셔츠와 하얀 빨래는 잘 매칭이 된다.

한번은 그의 의원실에서 '이낙연'하면 떠오르는 단어를 올려 달라는 이벤트를 진행한 적이 있다.

그중에 적지 않은 표를 얻은 것이 바로 '순백의 와이셔츠'였다. 평소 아무리 편한 자리라도 하얀 와이셔츠를 입고 격식을 갖추는 모습을 보고 그런 이미지가 생긴 듯하다.

향기로운 땀

같은 시 2연에는 '향기로운 땀'이 나온다.

공교롭게도 그가 2014년에 쓴 책 제목이 '전남, 땀으로 적시다'였다.

당시 국회의원이었던 그는 "국회 농림수산식품위원장으로 취임한 2008년부터 전남 구석구석을 찾아다니며 사람들을 만나고 현안과 꿈을 파악해 왔다"며, "2012년 6월부터는 전남 곳곳을 방문하며 배우고 생각한 점 등을 카카오스토리에 썼는데, 카카오스토리의 경우 친구를 맺어야만 내용을 볼 수 있는 한계가 있어 그 내용을 토대로 책을 엮게 되었다"고 책을 쓴 배경을 설명했다.

이 책을 보면 그가 얼마나 전남 곳곳을 발로 뛰어다니며 전남의 앞날을 위해 고민했는지 절실히 느낄 수 있다.

시에 나오는 '향기로운 땀'을 그 역시 흘린 셈이었다.

섬

그가 도지사 된 이후 펼친 브랜드 시책으로 '가고 싶은 섬'을 빼놓을 수 없다.

그는 전라남도가 다른 어떤 시도보다 많이 가지고 있는 이 섬을 어떻게 하면 더 매력 있게 만들 것인지가 이 사업의 관건이라며, 섬 고유의 자연과 문화의 매력, 역사와 삶의 향기를 살리면서 주민과 행정기관이 관광자원을 함께 가꾸는 사업을 추진한다.

심지어 그는 2016년 9월에 열린 전국 시도지사협의회 총회에서 '국가 영토주권의 최전선이자 지킴이로서 섬의 중요성과 가치를 높이고, 도서 지역 발전을 위한 대책 마련을 촉구'하는 내용을 담아 국가적 차원에서 섬의 날을 제정해 줄 것을 정부에 건의하기까지 했다.

그야말로 이해인 수녀의 시 〈여름 일기 1〉 3연에 나오는 '오랜 세월 파도에 시달려 온 섬 이야기'를 누구보다 잘 들은 이가 아닐까. 또 침묵으로 엎드려 기도하는 섬에게서 살아가는 법을 배우고 싶다는 대목에서는 그가 평소 보인 낮은 자세의 태도를 보는 듯하다.

풀꽃의 노래

이어 그는 2016년 11월에 있던 강진신문(대표 마삼섭) 창간 15주년 기념식 축사 도중에 그의 애송시 한 구절을 인용했다.

바로 이해인 수녀의 시 '풀꽃의 노래'에 나오는 '내게도 고운 이름이 있음을/사람들은 모르지만/서운하지 않아'라는 대목이었다.

그는 이 시를 인용한 이유를 설명했는데 그 내용은 아래와 같다.

"풀꽃은 야생화입니다. 야생화는 고운 이름을 가지고 있습니다. 그것을 사람들은 모릅니다. 그래도 서운하지 않다고 야생화는 말합니다. 사실은 쬐끔 서운하다는 뜻일 겁니다. 정말로 서운하지 않으면 "서운하지 않아"라고 말하지도 않는 법이니까요. 저는 '풀꽃'을 지방 사람으로 읽습니다. 지방 사람에게도 고운 꿈이, 소중한 삶이 있습니다. 그것을 세상은 잘 알아주지 않습니다. 그게 서운합니다. 지방의 언론과 지도자들이 함께 할 일이 여기에 있습니다. 지방 사람들의 고운 꿈을, 소중한 삶을 언론과 지도자들이 알아주고 평가해 드립시다. 야생화 같은 지방 사람들의 이름을 불러 드리는 것입니다. 그들이 진심으로 서운하지 않게."

그가 얼마나 지방을 아끼는지 알 수 있는 대목이다.
요즘같이 지방 분권의 중요성이 강조되는 이 때에 그가 이야기한 '풀꽃의 노래'의 의미가 새롭게 다가오지 않을 수 없다.

문 대통령도 이해인 팬?

그가 이해인 시를 좋아하는 영향을 받아서인지 문 대통령이 2017년 추석을 맞아 이해인 시를 인용해서 인사말을 전한다.
문 대통령은 황금 추석 연휴 둘째 날인 1일 이해인 수녀의 시 '달빛기도'를 인용하며 "올 한가위는 여성과 남성이 모두 함께 즐거우면 좋겠다"고 추석 인사를 전했다.
문 대통령은 이날 청와대 홈페이지와 페이스북·트위터·유튜브 계정을 통해 공개한 영상 메시지에서 "어르신이 젊은이들에게 '못해도 괜찮다', 젊은이가 어르신들에게 '계셔주셔서 힘이 납니다', (이렇게) 서로 진심을 나누는 정겨운 시간을 보내면 좋겠다"고 말했다.
이어 "긴 연휴에도 국민이 안전하고 편하게 쉴 수 있도록 각자의 자리에서 열심히 일하시는 분들께도 깊이 감사드린다"고 밝혔다.
그러면서 문 대통령은 "국민 여러분과 함께 읽고 싶다"며 이해인 수녀의 시 '달빛기도'를 인용했다.
시 낭독을 끝낸 문 대통령은 "국민 여러분, 추석 내내 온 집안이 보름달 같은 반가운 얼굴들로 환하기를 기원합니다"라고 덧붙였다.

이어 문 대통령과 부인 김정숙 여사는 이날 오후 청와대 인근 삼청동의 한 수제비 식당을 찾아 점심 식사를 해서 화제가 되기도 했다.

비가 내리는 가운데 문 대통령 내외는 이날 오후 1시께 각자 우산을 들고 식당을 향했으며, 수제비와 함께 파전과 막걸리를 주문했다. 청와대 관계자에 말에 의하면 당시 비도 오고 해서 파전에 막걸리를 드셨다고 한다.

그는 막걸리 총리라고 불릴 만큼 막걸리 애호가로 알려졌는데, 문 대통령이 이해인 시에 이어 막걸리까지 마신 것을 보면 두 사람은 닮은 점이 매우 많다.

정치인의 노래

정치인들은 18번 노래는 항상 준비해야 한다.

왜냐하면 여기저기 가야 할 행사가 많기 때문이다. 행사에 가면 꼭 노래를 한곡 뽑아달라는 주문이 들어오는데, 어색한 분위기도 풀고 격의 없는 자리를 만들기에 노래만한 것이 없다는 것을 사회자도 잘 안다.

그러다 보니 막상 노래 주문을 받고 우물쭈물 선곡해서는 안 된다. 미리 어떤 노래를 불러야 할지 생각해 놓아야 할 뿐만 아니라 노래방에 가서 연습도 해 두는 정성이 필요하다.

또 어떤 자리냐에 따라, 청중이 누구인지에 따라 선곡도 신중히 해야 한다. 예를 들어 광주 시민들이 모여 있는 자리에서 '부산 갈매기'를 부른다면 좀 어색하지 않겠는가.

빈잔에 채워주오

그도 역시 예외는 아니었다.

바로 2016년 5월 25일 밤, 광양항 국제여객터미널에서 열린 전남 자율방범연합회 창립 8주년 기념식 겸 봉사왕 선발대회가 열렸다. 그는 전남 자율방범연합회 명예회장 자격으로 참석하였는데, 2부 여흥시간에 불려 나가 노래를 하게 된다.

그가 부른 노래는 바로 남진의 '빈잔'이었다.

남진은 나훈아와 라이벌 구도를 이루면서 1970년대에 대한민국 가요계를 주름잡은 가수다.

특히 남진과 나훈아는 호남과 영남 출신의 가수로 선의의 경쟁을 벌였다. 박진감 넘치고 활발한 성격의 남진과 조용하고 서정적인 성격을 가진 나훈아는 서로 각기 다른 개성으로 대중들에게 많은 사랑을 받으며 1970년대 가요계를 이끌었다.

전남 도지사로서 그가 남진 노래 중의 하나를 애창곡으로 가지고 있는 것은 당연지사였다.

딱히 남진의 출신지가 전남 목포여서가 아니라 전남 도민들이 남진의 노래를 많이 애창하였기 때문이다.

사람들은 아무래도 자기가 아는 노래가 나올 때 가장 환호한다. 따라 부를 수 있는 노래를 하는 것만큼 좋은 게 없는 것이다.

특히 어느 자리에서나 막걸리를 건네며 격의 없이 사람들과 함께 하는 그에게 남진의 '빈잔' 만큼 그 자리를 구수하게 채워주는 노래는 없었을 것이다. 노래 한 곡 뽑고 가사에 나와 있는 대로 '빈 잔에 채워 주오'라는 건배사를 외치기에 그만큼 자연스러운 노래는 찾기 어렵다.

서울이여 안녕

그의 두 번째 애창곡은 이미자의 '서울이여 안녕'이다.

그는 2014년 '강진군 이장단 한마음체육대회'에서 즉석 노래 제의를 받자 '서울이여 안녕'을 멋들어지게 불렀는데, 무안군 승달문화예술회관 앞 광장에서 열린 '제7회 무안읍민의 날 및 노인공경의 날' 행사에서도 역시 이 노래를 불렀다.

'서울이여 안녕'은 그만큼 그가 지방 행사에서 자주 부른 애창곡임을 알수 있다. 어쩌면 이 '서울이여 안녕'은 그의 애창시인 '풀꽃의 노래'의 노래 버전이었다.

특히 '그리운 님 찾아 바다 건너 천 리 길' 대목에 나오는 '천리 길'은 지방과 수도권에 사이의 정서적 거리감과 다름없었다.

그리고 가사를 보면 비록 님의 마음 변하고 나 홀로 돌아가면서도 결코 님을 원망하거나 미워하지도 않는다. 오히려 쿨하게 '안녕'만 외칠 뿐이다.

이런 모습은 '풀꽃의 노래'에 나오는 '내게도 고운 이름이 있음을/사람들은 모르지만/서운하지 않아' 대목과 묘하게 닮아 있다.

어쩌면 그는 이 노래를 통해 전남 도지사로서 지방에 사는 소시민들의 소외감을 달래주려 했는지도 모른다.

목포의 눈물

'서울이여 안녕'에 이어 '목포의 눈물'도 그에게 각별하다.

'목포의 눈물'은 일제 강점기인 1935년 이난영 씨가 처음 부른 뒤 오랫동안 애창되고 있는 트로트 곡으로, '한국 가요사에서 불후의 명작'으로 알려졌다.

특히 이난영 씨는 특유의 비음과 흐느끼는 듯한 창법으로 남도 판소리 가락과 같은 한이 스며 있다는 평을 받고 있다. 그녀가 부른 '목포의 눈물'은 '목포는 항구다'와 함께 목포를 대표하는 곡이 되었고, 이후 호남 지역을 연고로 한 프로 야구팀 해태 타이거즈의 응원가로서도 잘 알려지게 되었다.

특히 이 노래는 나라 잃은 슬픔을 달래주는 상징적인 곡으로 국민적인 인기를 얻었다.

2006년 목포시는 경기도 파주 공원묘지에 있던 이난영 씨의 묘를 이장, 유해를 운구해 화장하고 유골을 목포에 가져와 20년생 베롱나무 밑에 안

장했다. 당시 국내 수목장 1호였다.

그래서 다른 묘와 달리 굉장히 단출하고 소박했는데, 1,000평의 남향 언덕에 '이난영 나무'로 이름붙인 베롱나무와 '목포는 항구다', '목포의 눈물' 두 곡에 대한 노래비, 그리고 '목포의 별, 가수 이난영 공원'이라는 안내 표지석과 돌계단이 전부였다.

2014년 2월 그는 여기에 들러 다음과 같은 소회를 올린다.

"이난영 공원은 사람의 발길을 붙잡는 힘을 갖습니다. 수십년 동안 '목포'보다 유명했던 '목포의 눈물'이 여기에 살아있기 때문입니다. 호남인들이 타향의 선술집에서 막걸리라도 마시면 막판에 울음 반 노래 반으로 부르곤 했던, 해태타이거즈가 이기면 야구장을 떠나지 못하고 서로 어깨를 부둥켜안은 채 부르곤 했던 그 노래가 발길을 놓아주지 않기 때문입니다."

전남이 고향인 그로서도 전남 '목포의 애국가'라고 불릴 정도인 이 노래를 애창했을 것이다.

게다가 이난영 씨는 김대중 전 대통령의 초등학교(목포북교국민학교) 선배이자 '목포의 눈물'은 김 전 대통령의 애창곡 중 하나로 알려져 있다. 평소 김 전 대통령을 아버지 다음으로 존경하는 분으로 말해온 것을 볼 때 그에게 있어서도 각별한 노래였을 것으로 보인다.

노래방 비화

그는 동아일보 기자 시절 일본 주재 특파원을 한 경력이 있다.

이에 전여옥 작가는 채널A에서 진행하는 '외부자들' 방송에 출연해 "이 총리 후보자와 3년 가까이 도쿄 특파원을 함께 했기 때문에 모든 것을 알고 있다"며 노래방 비화 하나를 털어놓기도 했다.

전 작가는 "이 후보자는 노래방 가면 마이크를 놓지 않는다"며 "타고난 재능과 재질이 있는 줄 알았는데 알고 보니 테이프로 그 노래를 무한히 들으면서 엄청난 노력을 했던 거다. 그리고 노래방에서는 프로가수처럼 뽑는다. (그런 면에서) 밑에 있는 사람들은 굉장히 힘들 것"이라고 예언 아닌 예언을 했다.

이날 전 작가와 같이 출연한 이철희 더불어민주당 의원은 그에 대해 "의전 총리 안 할 것"이라면서 "적절한 선에서 일을 제대로 할 사람이고 대단히 잘 골랐다"고 평하기도 했다.

서편제

그는 감명 깊게 본 영화로 '서편제'와 '빠삐용'을 들고 있다.

영화 '서편제'는 1993년에 개봉한 한국 영화로 임권택이 감독을 맡았으며, 이청준의 동명 소설을 영화화 한 작품이다. 역대 한국 영화 사상 최다 관객을 기록한 영화로 판소리와 한(恨)이라는 소재를 통해 한국 전통문화에 대한 소중함을 일깨워준 영화이기도 하다.

특히 '서편제'의 경우 "원작을 바탕으로 남도의 아름다운 자연, 한을 맺고 푸는 사람들의 삶, 우리 소리의 느낌이 하나로 어우러지는 영상을 그리고자 했다."는 임권택 감독의 말처럼, 전남의 아름다운 자연 풍경을 잘 담아낸 것으로도 호평을 받았는데, 바로 이런 점이 그가 이 영화를 추천한 배경일 것이다.

왜냐하면 그가 전남 도지사 당시 브랜드 시책으로 '가고 싶은 섬' 가꾸기와 '숲 속의 전남' 만들기를 추진할 만큼 전남의 자연 경관을 활용한 관광자원 및 지역 경제 활성화에 관심이 높았기 때문이다.

변호인과 택시운전사

그는 지난 2013년 개봉한 노무현 전 대통령의 이야기를 그린 영화 '변호인'을 보고 아래와 같은 짧은 글을 남긴다.

"1월 4일 영화 '변호인'을 봤다. 그 후 30여 년, 우리 사회는 변했는가? 정의에 대한 국민의 목마름은 가셨는가? 나에게는 용기가 남아 있는가?"

영화 '변호인'은 2013년 12월 18일 개봉한 영화로 노무현 전 대통령이 변호사 시절 맡았던 부림 사건을 배경으로 한 작품이다.

부림 사건은 전두환·노태우의 신군부 정권 초기인 1981년 9월 공안 당국이 사회과학 독서모임을 하던 학생, 교사, 회사원 등 22명을 영장 없이 체포해서 불법 감금, 고문, 기소한 사건으로 노 전 대통령이 인권 변호사의 길을 걷는 계기가 된 사건이기도 하다.

변호인의 대변인

그는 노 전 대통령과 각별한 사이였는데, 노 전 대통령이 대통령으로 당선되었을 때 그의 대변인으로서 대통령 취임사를 쓰기도 했다. 당시 노 전 대통령은 그가 써 준 취임사를 토씨 하나 고치치 않고 그대로 읽어 내려갔다고 하니 얼마나 그를 신뢰했는지 알 수가 있다.

그런 그에게 노 전 대통령을 떠올리게 하는 영화 '변호인'은 감회가 남달 랐을 것이다. 노 전 대통령이 정의를 위해 싸웠던 용기가 자신에게도 남아 있는지 묻는 그에게서 시대적 소명감마저 느껴진다.

순대 국밥 마니아

그는 서민의 술인 막걸리 스타일처럼 단골 순대 국밥집 등을 찾는다. 서울 출장에서 KTX를 타고 늦은 밤 혼자 되돌아올 때 기자나 지인들에게 '번개 전화'를 걸어 광주 송정역 앞 단골 순대 국밥집에서 막걸리를 마시며 소통을 하곤 했다.

순대 국밥집에서 '정치인 이낙연'을 알아본 일부 취객이 "정치인들 쇼하지 마세요"라고 쏘아붙일 때 혼잣말로 "나는 쇼하는 거 없는데"라며 서운해 하기도 했다.

고기보다는 채식

막걸리 못지않게 그가 좋아하는 게 또 있다. 한정식집이다.

그는 저녁 약속을 거의 한정식집에서 한다. 그렇다고 한정식 자체가 '사랑의 대상'인 것은 아니다. 그는 고기를 거의 입에 대지 않는다. 채식주의자는 아니지만 유난히 채소를 좋아한다. 그런데 고기를 싫어한다고 하면 상대방이 식사 장소를 잡을 때 부담을 느낄 수밖에 없다. 그래서 찾아낸 해법이 한정식집이라고 한다. 여기는 고기며 나물이며 이것저것 음식이 풍성하게 나오니 그는 좋아하는 채소만 먹을 수 있어 좋고, 상대는 그의 몫까지 고기를 맘껏 먹을 수 있어서 좋다.

한 지인은 "그가 싫어하는 고기에 젓가락을 안 대도 다른 음식을 잘 먹으니 밥을 함께 먹는 사람들도 웬만해서는 눈치 채지 못한다"면서 "정치를 오래 한 때문도 있겠지만 워낙 품성 자체가 소탈하고 상대를 배려하는 분"이라고 전했다.

며느리에게 먹이고 싶은 음식

그는 도지사 시절 '한국 지방 자치 20주년, 광역단체장에게 듣다' 인터뷰(뉴스펌)에서 좋아하는 맛집 질문을 받는다.

이에 그는 "맛집은 너무 많다. 각 시군마다 있다. 함부로 말하면 안 될 것 같다"면서도 한 곳을 찍어달라고 고집하자 "제가 어디를 좋아한다고 하기보다는 제 며느리가 아이를 가졌을 때 데리고 갔던 곳이 장흥 삼합집"이라고 추천했다.

그는 "목포 삼합은 홍어와 돼지고기와 김치인데, 장흥삼합은 한우고기와 키조개와 표고버섯이다. 제 손녀를 가진 며느리에게 권유했던 집으로 맛집이냐 뭐냐 단골집이냐 따지기 전에 아이를 가진 며느리에게 먹여주고 싶었던 음식이 그것"이라고 엄지손가락을 치켜세웠다.

짧은 대답이지만 며느리에 대한 시아버지의 사랑이 느껴지는 대목이다.

된장찌개, 와~~!

어느 식당에 가면 유명 인사들의 사인이 적혀 있는 액자를 심심찮게 볼 수 있다.

대개 식당 주인이 받아놓은 사인이겠지만, 그만큼 유명인사들이 찾아올 만큼 맛이 좋다는 것을 식당에 온 손님들에게 어필하고 싶은 마음일 것이다.

충남 아산에 가면 한정식집이 하나 있는데, 거기에 그가 쓴 사인으로 추정되는 액자가 걸려 있어 화제다.

그가 썼다는 이유만으로 화제라기보다는 거기에 남긴 글이 눈길을 끌고 있는데, 그 내용은 바로 "모두 좋지만, 된장찌개. 와~~!/제97회 전국체전 왔다가 우연히 먹은 전남지사 이낙연"이다.

대개의 정치인들이 힘이 잔뜩 들어가 격언이나 사자성어 투로 쓰는 것과 달리 너무 투박해서 오히려 시선을 더 끈다고 한다.

그의 평소 소탈한 모습을 보는 듯하다.

또 그는 김영삼 전 대통령 빈소를 방문했을 때 방명록에 '아침에 가면 사모님의 시래깃국, 밤에 가면 대통령님의 와인을 주셨던 상도동을 기억하며 감사드립니다'라고 추억담을 기록하기도 했다.